Diogenes Taschenbuch 20641

de
te
be

Franz von Assisi

# *Fioretti*

*Gebete · Ordensregeln*
*Testament · Briefe*

*Übersetzt von*
*Wolfram von den Steinen*
*und Max Kirschstein*
*Mit einem Essay von*
*Wolfram von den Steinen*

Diogenes

Die WERKE wurden von Wolfram von den Steinen,
die FIORETTI von Max Kirschstein übersetzt
Diese Ausgabe erschien zuerst 1958 im
Rowohlt Taschenbuch Verlag
Die Übersetzung von Max Kirschstein
erscheint mit freundlicher Genehmigung des
Langen-Müller Verlags, München
Umschlagillustration:
Giotto di Bondone, ›Die Vogelpredigt‹,
Kirche San Francesco in Assisi,
frühes 14. Jahrhundert
(Ausschnitt)


www.diogenes.ch
30/04/52/9
ISBN 3 257 20641 0

# *Inhalt*

## *Die Werke*

# Die Werke

## 1. *Gebet und Preis*

### Der Sonnengesang

Du höchster, du allmächtiger, guter Herrscher,
Dein sind die Glorie, der Preis, die Ehre und jeglicher Segen,
Dir nur, du Höchster, wenden sie sich entgegen,
Und keiner der Menschen ist würdig, dich zu benennen.

Gepriesen sei, du mein Herr, mit allen geschaffenen Wesen,
Vor allem der Frau Sonne, der Schwester,
Die Tag bringt, und du erleuchtest uns durch sie,
Und schön ist sie und strahlend in hellem Entbrennen –
Sie trägt ja deine Zeichen, du Höchster und Bester.

Gepriesen sei, du mein Herr, durch Mond und Sterne, die Brüder,
Du hast sie dem Himmel verliehen als lichte und köstliche Hüter.

Gepriesen sei, du mein Herr, vom Bruder Winde
Und von den Lüften und Nebeln und trüben Wettern und linden,
Durch die du deinen Geschöpfen Erhaltung gewährst und Hilfe.

Gepriesen sei, du mein Herr, durch Schwester Quelle,
Ihr Wasser ist nützlich und keusch, demütig und helle.

Gepriesen sei, du mein Herr, durch Bruder Feuer,
Durch ihn läßt du die Nächte leuchten,
Und er ist stark und mächtig und ist uns heilig und teuer.

Gepriesen sei, du mein Herr, durch unsere Schwester Mutter Erde,
Die hilft, uns regieren und nähren,
Und schenkt uns vielerlei Früchte, Buntblumen und Kräuter und
[Ähren.

Gepriesen sei, du mein Herr, durch sie, die dir zuliebe vergeben
Und Krankheit und Trübsal bestehen.
Ja, selig alle, die in Frieden ertragen:
Sie werden von dir, du Höchster, die Krone empfangen.

Gepriesen sei, du mein Herr, durch unsern Bruder, den Tod der
[Leiber;
Dem kann kein lebendes Menschenkind enteilen.
Weh allen denen, die sterben in tödlichen Sünden –
Heil allen, die je zu deinem heiligsten Willen sich finden,
Der zweite Tod wird denen nicht Schaden bringen.

Preist meinen Herrn und spendet ihm Dank und Segen
Und bleibt in großer Demut ihm untergeben.

## Preis Gottes nach Empfang der Wundmale (1224)

*Bericht des Bruders Leo*

Der selige Franziskus hielt zwei Jahre vor seinem Tode ein vierzigtägiges Fasten auf dem Alverno zu Ehren der seligen Jungfrau Maria, der Gottesmutter, und des seligen Erzengels Michael, vom Feste der Himmelfahrt der heiligen Jungfrau Maria bis zum Fest des heiligen Michael im September. Und es kam über ihn die Hand des Herrn: nach der Schau und Anrede des Seraphim und der Prägung der Wundmale Christi in seinen Leib, dichtete er den Preis, der auf der anderen Seite dieses Blattes steht, und schrieb ihn mit eigener Hand auf, dem Herrn zu danken für die empfangene Wohltat.

*Preis Gottes*

Du bist heilig, einziger Herr und Gott, der du Wunder wirkst. Du bist stark. Du bist groß. Du bist der Höchste. Du bist der allmächtigste König, heiliger Vater du, König von Himmel und Erde. Du bist drei und einer, Herr und Gott, alles Gute. Du bist das Gute, alles Gute, höchstes Gute, Gott der Herr, lebendig und wahr. Du bist Hingabe, Liebe. Du bist Weisheit. Du bist Demut. Du bist Geduld. Du bist Sicherheit. Du bist Ruhigkeit. Du bist Freude und Befriedigung. Du bist Gerechtigkeit und Mäßigung. Du bist aller Reichtum bis zur Sättigung.

Segne dich der Herr und behüte er dich. Zeige er dir sein Antlitz und erbarme sich dein. Wende er sein Gesicht zu dir und gebe dir Frieden. Der Herr segne, Bruder Leo, dich.

T.

*Vermerk des Bruders Leo*

Der selige Franziskus schrieb mit seiner Hand diesen Segen für mich, Bruder Leo. Ingleichen machte er dies Zeichen *Tau* mit seiner Hand.

## Gruss an die selige Jungfrau Maria

Sei gegrüßt, heilige Frau, heiligste Königin, Gottzeugerin Maria: die du ewig Jungfrau bist, erkoren vom heiligsten Vater im Himmel – die er geweiht hat in seinem heiligsten lieben Sohn und dem Geist, dem Tröster – in der war und ist alle Fülle der Gnade und alles Gute. Sei gegrüßt, du sein Palast. Sei gegrüßt, du sein Schrein. Sei gegrüßt, du sein Haus. Sei gegrüßt, du sein Kleid. Sei gegrüßt, du seine Magd. Sei gegrüßt, du seine Mutter und ihr heiligen Tugenden alle, die ihr durch Huld und Erhellung des heiligen Geistes in die Herzen der Treuen euch gießet, in Gottes Gläubige Ungläubige verwandelnd.

## Preis der Tugenden

Sei gegrüßt, Königin Weisheit, der Herr gnade dir mit deiner Schwester, der heilig reinen Einfalt. Herrin heilige Armut, der Herr gnade dir mit deiner Schwester, der heiligen Demut. Herrin heilige Liebe, der Herr gnade dir mit deiner Schwester, der heiligen Zucht. Heiligste Tugenden alle, euch gnade der Herr, von dem ihr ausgeht und kommt.

Kein Mensch ist irgend in all der Welt, der eine von euch zu haben vermöchte, er sterbe denn zuvor. Alle hat, wer eine hat und die andern nicht beleidigt, und keine hat und alle beleidigt, wer eine beleidigt.

Und eine jegliche schlägt die Laster und Sünden. Heilige Weisheit schlägt den Satan und all seine Bosheit. Reine heilige Einfalt schlägt alle Weisheit dieser Welt und fleischliche Weisheit. Heilige Armut schlägt alle Begierde und Habsucht und Sorgen dieser Zeitlichkeit. Heilige Demut schlägt den Hochmut und alle Menschen dieser Welt und alles Wesen der Weltlichkeit. Heilige Liebe schlägt alle teuflischen und sinnlichen Anfechtungen und alle sinnlichen Ängste.

Heilige Zucht schlägt jeden körperlichen und fleischlichen Willen und hält ertötet den Körper zum Gehorsam unter den Geist und zum Gehorsam unter den eigenen Bruder, und macht den Menschen untertan allen Menschen dieser Welt, und nicht nur allen Menschen, nein, auch allem Getier und Gewürm, daß sie mit ihm tun können, was sie nur mögen, soweit es ihnen gegeben ist von dem Herrn droben.

# Von der vollkommenen Freude[1]

Wenn auch die Minderbrüder auf der ganzen Erde ein gutes Beispiel großer Heiligkeit und Erbauung geben, so ist doch darin nicht die vollkommene Freude. Und wenn auch ein Minderbruder Blinde erleuchtete, Verwachsene streckte, Dämonen austriebe, Tauben ihr Gehör, Lahmen ihren Schritt, Stummen das Wort wiedergäbe und, was mehr ist, einen vier Tage lang Toten erweckte: da ist nicht die vollkommene Freude. Und wenn ein Minderbruder die Sprachen aller Völker und alle Wissenschaften und Schriften wüßte, so daß er wahrsagen und offenbaren könnte, nicht nur das Künftige, sondern auch das innere Wissen der andern: da ist nicht die vollkommene Freude. Wenn ein Minderbruder mit Engelszungen redete und Sternenlauf und Kräuterkraft wüßte und alle Schätze der Erde ihm enthüllt wären, und wenn er die Kräfte und Eigenschaften von Vogel und Fisch, Tier und Mensch, Wurzel und Stein, von Baum und Wasser kennte: da ist nicht die vollkommene Freude. Und vermöchte ein Minderbruder so erhaben zu predigen, daß er alle Ungläubigen zum Glauben bekehrte: da ist nicht die vollkommene Freude. Aber wenn wir jetzt zur Stätte der heiligen Marie von den Engeln kommen, so im Regen gebadet und vom Frost erstarrt, auch beschmutzt und ausgehungert, und dann an die Pforte klopfen und der Pförtner zornig kommen und sagen wird: »Wer seid ihr?« – und wir dann sagen: »Wir sind zwei von euern Brüdern« – und er hinwieder sagte: »Nein, ihr seid zwei Landstreicher, ihr lauft überall in der Welt herum, um den Armen ihr Almosen zu rauben« – und wenn er uns nicht öffnete und uns bei Schnee und Regen, in Frost und Hunger bis zum Tode stehen ließe: dann, wenn

1 Nach der Legende diktierte Franz diese Betrachtung seinem Begleiter, als sie eines Wintertags zur Portiuncula heimkehrten (vgl. Blümlein VIII). Sie ist abseits von seinen übrigen Schriften überliefert und zu poetisch, um ganz echt zu sein. Aber echt ist der Gedanke dieser herrlichen Rede, und auch ihre Sprache entspricht dem Heiligen wohl. Wenn der Blütenhauch des späteren Dugento über sie hingegangen ist, so blieb doch in diesem Fall genug von der ursprünglichen Nüchternheit und Hoheit erhalten: wir dürfen gern glauben, daß von Franziskus manch ein Wort dieses Tones ausgegangen ist, den er selber der Schrift nicht für würdig hielt.

wir so viele Widerwärtigkeit und Unbill ohne Unruhe und Murren geduldig ertrügen und demütig und liebreich dächten: dieser Pförtner kennt uns nach der Wahrheit, und Gott reizt seine Zunge wider uns – schreib; dort ist die vollkommene Freude. Und wenn wir dann immer weiter klopften und der Pförtner nun, als wären wir Zudringliche, gegen uns herausträte, uns grausam mit Maulschellen bedächte und sagte: »Macht euch fort von hier, ihr elenden Lumpen, und geht zum Spital! Wer seid ihr auch, hier bekommt ihr gewiß nichts zu essen« – und wenn wir das dann geduldig hinnehmen und die Kränkung von ganzem Herzen in Liebe vergeben – schreib: da ist die vollkommene Freude. Und wenn wir völlig niedergeschlagen unter der Pein von Hunger und Kälte und schon im Nahen der Nacht wieder klopfen, schreien und mit Weinen flehen, daß er uns öffne, und er dann empört sagte: »Das sind ganz unverschämte, kecke Menschen, ich will sie zur Ruhe bringen« – und er käme mit einem knotigen Knüppel heraus, packte uns an der Kapuze, würfe uns in Dreck und Schnee zu Boden und prügelte uns derart mit seinem Knüppel, daß er uns ganz mit Beulen bedeckte: wenn wir so viele Übel, wenn wir so viele Kränkungen und Schläge mit Vergnügen ertragen, bedenkend, daß wir die Pein Christi des Benedeiten dulden und ertragen sollen – schreib und merke es wohl: da ist vollkommene Freude. Und vernimm den Schluß: unter allen Begnadungen des Heiligen Geistes, die Christus seinen Knechten gewährt hat und gewähren wird, ist die vornehmste, sich selbst besiegen und gern um Gottes willen und Gott zuliebe Erbärmliches aushalten. Denn in all dem Wunderbaren, das zuvor genannt ward, können wir uns nicht rühmen, weil es nicht unser, sondern Gottes ist. Was hast du auch, das du nicht empfangen hättest? Hast du's aber empfangen, was rühmst du dich, als hättest du's nicht empfangen? Aber im Kreuz der Trübsal und Widerwärtigkeit können wir uns rühmen, denn das ist unser. Und darum hat der Apostel gesagt: »Mir aber sei es fern, mich zu rühmen, außer im Kreuze unsres Herrn.«

# Lobgebet

Es beginnen die Lobgebete, wie unser seligster Bruder Franziskus sie geordnet hat; und er sprach sie zu allen Stunden des Tages und der Nacht und vor dem Amt unsrer lieben Frau, indem er begann: »Heiligster Vater unser, der du bist in dem Himmel« usw.; darauf das Glorie. Dann spreche man die Lobgebete:

Heilig, heilig, heilig ist der Herr, Gott der allmächtige, der ist und der war und der kommen wird. – *Gegenstimme:* Loben und erheben wir ihn für allezeit.

Würdig bist du, Herr unser Gott, Lob, Ruhm und Ehre und Segen zu empfangen. – *Gegenstimme:* Loben und erheben wir ihn für allezeit. *(Dies auch nach allen folgenden Sätzen bis zum Gebet.)*

Würdig bist du Lamm, das geschlachtet ward, Kraft und Gottheit und Weisheit und Tapferkeit und Ehre und Ruhm und Segen zu empfangen. – Benedeien wir Vater und Sohn mit dem Heiligen Geist. – Benedeiet vor dem Herrn alle Werke des Herrn. – Lobsinget unserm Gott, alle seine Knechte, und ihr, die ihr Gott fürchtet, klein und groß. – Es lobe ihn, den ruhmreichen, Himmel und Erde und alle Kreatur, die im Himmel ist und auf Erden und selbst unter der Erde, das Meer und was darinnen ist. – Ruhm dem Vater und Sohn und Heiligen Geist. – Wie es im Anfang war und jetzt ist und immer und für die Zeiten der Zeit.

*Gebet:* Allmächtiger, heiligster, höchster und oberster Gott, du alles Gut, höchstes Gut, ganzes Gut, der du allein gut bist! Bringen wir dir alles Lob, allen Ruhm, allen Dank, alle Ehre, allen Segen und alles Gute. Es werde, es werde! Amen.

## II. *Ordensregeln*

### Die frühere Regel[1]

Im Namen des Vaters und Sohnes und Heiligen Geistes. Amen. Dies ist das Leben des Evangeliums Jesu Christi, wie es Bruder Franziskus vom Herrn Papst Innozenz erbeten hat, daß er es ihm gestatte und bestätige; und der Herr Papst gestattete und bestätigte es ihm und seinen Brüdern, die er hatte und haben wird.

Bruder Franziskus, und wer immer Haupt dieses Bundes sein wird, gelobe Gehorsam und Ergebenheit an Herrn Innozenz den Papst und seine Folger; und alle andern Brüder seien verpflichtet, dem Bruder Franziskus und seinen Folgern zu gehorchen.

#### *1. Die Brüder sollen in Gehorsam, ohne Eigentum und in Keuschheit leben*

Regel und Leben dieser Brüder ist so: in Gehorsam, in Keuschheit und ohne Eigentum zu leben und der Lehre und Spur unsres Herrn Jesu Christi zu folgen. Der sagt: Willst du vollkommen sein, geh hin und verkaufe alles, was du hast, und gib's den Armen, so wirst du einen Schatz im Himmel haben; und komm, folge mir. Und: Wenn jemand mir nachkommen will, verleugne er sich selbst und nehme sein Kreuz und folge mir. Ferner: Will einer zu mir kommen und er hasset nicht Vater und Mutter, Gattin und Söhne und Brüder und Schwestern, ja auch noch seine Seele, so kann er mein Jünger nicht sein. Und: Ein jeder, der Vater und Mutter, Brüder und Schwestern, Gattin und Söhne, Häuser und Äcker verlassen hat um meinetwillen, hundertfach wird er's empfangen und das ewige Leben besitzen.

1 Aus den Jahren 1210–1221.

## *2. Aufnahme und Kleider der Brüder*

Will einer auf göttliche Eingebung dies Leben annehmen und kommt zu unsern Brüdern, so werde er gütig von ihnen empfangen. Und ist er fest darin, unser Leben anzunehmen, so seien unsere Brüder sehr auf der Hut, daß sie sich nicht auf seine zeitlichen Händel einlassen; sondern sie sollen ihn, sobald sie können, ihrem Diener[1] vorstellen. Der Diener aber empfange ihn gütig und bestärke ihn und lege ihm die Art unseres Lebens sorglich dar. Nunmehr, wenn der Genannte dies Leben annehmen will, verkaufe er all das Seine, wenn er kann, dem Geiste zulieb, uneingeschränkt, und strebe, es den Armen zu spenden. Hüten jedoch sollen sich die Brüder und die Diener der Brüder, sich auf seine Geschäfte auch nur im mindesten einzulassen oder irgendwie Geld von ihm anzunehmen, weder selbst noch durch Vermittler. Wenn sie indessen andrer Notdürfte des Körpers entbehren außer Geld, dürfen es die Brüder um gegenwärtigen Bedürfnisses willen annehmen wie andere Arme.

Ist er dann zurückgekehrt, so gewähre ihm der Diener das Tuch der Erprobung auf ein Jahr, nämlich zwei Kutten ohne Kapuze und Gürtel und Hosen und eine große Kapuze bis zum Gürtel. Am Ende aber von Jahr und Frist der Erprobung werde er in den Gehorsam aufgenommen. Alsdann wird ihm nicht mehr freistehen, zu einem andern Bund überzutreten oder außerhalb des Dienstes zu schweifen, nach Geheiß des Herrn Papstes: denn gemäß dem Evangelium ist keiner, der die Hand an den Pflug legt und rückwärts schaut, geschaffen für Gottes Reich. – Wenn aber einer kommt, der das Seine nicht uneingeschränkt verschenken kann, und er hat den Willen im Geist, so möge er's verlassen, und es ist ihm genug. Und keiner werde gegen Form und Satzung der heiligen Kirche aufgenommen.

Die andern Brüder nun, die Gehorsam gelobt haben, sollen nur eine Kutte mit Kapuze haben, dazu eine ohne Kapuze, wenn es nötig ist, und Gürtel und Hosen. Und die Brüder seien mit

1 Zur Bedeutung der Bezeichnungen ›Diener‹, ›Hüter‹, ›Wächter‹ vgl. S. 203.

gemeinen Kleidern angetan und sollen sie mit Sacktuch und anderm Flickwerk flicken dürfen unter Gottes Segen, wie ja der Herr im Evangelium spricht: »Die in köstlichem Kleide sind und in Lüsten und die weich sich kleiden, sind in den Häusern der Könige.« – Und möge man sie Heuchler heißen, sie sollen nicht ablassen, gut zu handeln, und nicht teure Kleider suchen in dieser Zeitlichkeit, auf daß sie das Gewand der Unsterblichkeit und der Glorie tragen mögen im Himmelreich.

### *3. Gottesamt und Fasten*

Es spricht der Herr im Evangelium: »Dies Geschlecht von Geistern kann nur in Fasten und Gebet ausgehen.« Und wiederum: »Wenn ihr fastet, werdet nicht finster wie die Heuchler.« Und: »Wachet und betet, daß ihr nicht in Anfechtung fallet.« Und: »Wenn ihr betet, sprecht: Vater unser«, usw. – Deshalb sollen alle Brüder, Laien wie Geistliche, das Gottesamt, die Lauden und die Gebete verrichten, so wie es ihnen zukommt. Die Geistlichen sollen die Messe halten und die Worte für die Lebenden und die Toten so sprechen, wie es für die Geistlichen der römischen Kirche Brauch ist. Und für Gebrechen und Lässigkeit der Brüder sollen sie jeden Tag das ›Erbarm dich mein, Herr‹ und das Vaterunser sprechen; für die verstorbenen Brüder das ›Aus der Tiefe‹ mit dem Vaterunser. Und Bücher dürfen sie nur die zur Verrichtung ihres Amtes notwendigen haben; und den Laien, die den Psalter lesen können, sei es erlaubt, den zu haben. Die Laien sollen das ›Ich glaube an Gott‹ sagen, dazu vierundzwanzig Vaterunser mit dem ›Glorie dem Vater‹ zur Matutin, zu den Lauden jedoch fünf; zur Prim ›Ich glaube an Gott‹ und sieben Vaterunser mit dem ›Glorie dem Vater‹; zur Terz, Sext und Non auch jedesmal sieben; zur Vesper zwölf; zur Komplet ›Ich glaube an Gott‹ und sieben Vaterunser mit ›Glorie dem Vater‹; für die Toten sieben Vaterunser mit ›Ewige Ruhe‹; und für Gebrechen und Lässigkeit der Brüder drei Vaterunser jeden Tag.

Und gleichermaßen sollen alle Brüder fasten vom Fest aller

Heiligen bis zur Weihnacht und vom Dreikönigstag, da unser Herr Jesus Christ zu fasten begann, bis Ostern. Zu andern Zeiten aber seien sie innerhalb dieses Lebens nicht gebunden zu fasten, außer am Freitag. Und es stehe ihnen zu, von allen Speisen zu essen, die man ihnen vorsetzt, gemäß dem Evangelium.

### *4. Von den Dienern und andern Brüdern und ihrer Ordnung*

Im Namen des Herrn! Alle Brüder, die zu Dienern und Knechten der anderen Brüder gesetzt werden, sollen in den Provinzen und an den Orten, wo sie eben sind, ihre Brüder unterbringen, sollen sie dann oft besuchen und geistlich ermahnen und stärken. Und meine andern gesegneten Brüder alle sollen ihnen fleißig in dem gehorchen, was zum Heil der Seele gehört und unserm Leben nicht zuwider ist. Und halten sollen sie's untereinander, wie der Herr sagt: »Alles, was ihr wollt, daß die Menschen euch tun, das tut ihr ihnen auch«, und: »Was du dir nicht getan wünschst, tu auch dem andern nicht an.« Und gedenken mögen Diener und Knechte, daß der Herr sagt: »Ich bin nicht da, bedient zu werden, sondern zu dienen«, und daß ihnen die Sorge für die Seelen der Brüder anvertraut ist. Wenn also deren einer durch ihr Verschulden oder böses Beispiel verloren ginge, werden sie am Tage des Gerichts Rechenschaft geben müssen vor dem Herrn Jesus Christ.

### *5. Zurechtweisung der Brüder bei Vergehen*

Und deshalb behütet eure Seelen und die eurer Brüder, denn furchtbar ist's, in die Hände des lebendigen Gottes zu fallen. Geböte aber einer der Diener einem Bruder etwas wider unser Leben oder wider seine Seele, sei der nicht gehalten, ihm zu gehorchen; denn das ist nicht Gehorsam, wobei man Verbrechen oder Sünde begeht. Indessen alle Brüder, die unter den Dienern und Knechten stehen, mögen die Taten der Diener und Knechte verständig und sorgsam betrachten, und wenn sie sehen, daß einer von jenen nach dem graden Maß unsres Lebens fleischlich und nicht geistlich wandelt, sollen sie das, im Fall er sich nach der dritten Ermahnung noch nicht gereinigt hat, auf dem Pfingstkapitel dem Diener und Knecht der ganzen Bruderschaft melden, von keinem Widerspruch behindert. Ist aber unter den Brüdern, wo sie auch seien, ein Bruder, der fleischlich und nicht geistlich wandeln will, sollen die Brüder, bei denen er ist, ihn mahnen und unterweisen und züchtigen, demütig und achtsam. Wenn er sich aber nach der dritten Ermahnung noch nicht reinigen will, sollen sie ihn, so schnell es geht, ihrem Diener und Knecht zuschicken oder bekannt geben; der Diener und Knecht aber tue mit ihm, wie es ihm mit Gott am besten abzuhelfen scheint.

Und hüten sollen sich alle Brüder, sowohl Diener und Knechte wie andere, daß sie sich wegen *eines* Sünde oder bösen Beispiels nicht verwirren oder erzürnen; denn der Teufel will durch die Missetat des Einen viele verderben. Sondern geistlich sollen sie, so gut sie können, dem beistehen, der gesündigt hat; denn nicht den Gesunden ist der Arzt not, sondern denen es schlecht geht.

Desgleichen sollen die Brüder alle keinerlei Macht oder Herrschaft haben, am wenigsten untereinander. Wie nämlich der Herr im Evangelium sagt: »Die Fürsten und Völker herrschen über sie, und die die größten sind, haben Gewalt wider sie« – nicht also wird es unter den Brüdern sein. Sondern wer der größte unter ihnen werden will, sei ihr Diener und Knecht; und wer der größte unter ihnen ist, werde wie der kleinste.

Auch soll kein Bruder dem andern Böses tun oder Böses sagen: nein, mehr sollen sie in der Liebe des Geistes einander willig dienen und gehorchen. Und dies ist der echte und heilige Gehorsam unsres Herrn Jesus Christ. Und alle Brüder, die nur irgendeinmal von den Geboten des Herrn sich lösen und außerhalb des Gehorsams schweifen, wie der Prophet sagt, sollen wissen, daß sie außerhalb des Gehorsams verflucht sind, bis daß sie aus so einer Sünde herauskommen. Und solange sie in den Geboten des Herrn verharren, die sie auf das heilige Evangelium und durch ihr Leben gelobt haben, sollen sie wissen, daß sie im echten Gehorsam stehen, und seien vom Herrn gesegnet.

## *6. Zuflucht der Brüder zu den Dienern; kein Bruder soll Oberer heißen*

An welchen Orten die Brüder auch sind – wenn sie daselbst unser Leben nicht einhalten können, sollen sie, so schnell es geht, zu ihrem Diener Zuflucht nehmen, um ihm das mitzuteilen. Der Diener aber strebe derart für sie zu sorgen, wie er selbst für sich gesorgt wünschte, wenn er im gleichen Falle wäre. – Und keiner heiße in diesem unserm Leben Oberer, sondern alle sollen insgemein Minderbrüder heißen. Und einer wasche des andern Füße.

## *7. Art des Dienens und Arbeitens*

Alle Brüder, die an irgendwelchen Orten bei andern zu Dienst und Arbeit weilen, sollen nicht Kämmerer oder Kellermeister sein, noch in den Häusern vorstehen, wo sie dienen, noch ein Amt annehmen, welches Ärgernis zeugen oder ihrer Seele Schaden tun mag. Sondern geringer sollen sie sein und allen ergeben, die im gleichen Hause sind.

Und die Brüder, die sich auf eine Arbeit verstehen, sollen arbeiten und das Handwerk ausüben, das sie können, soweit es nicht gegen das Heil ihrer Seele ist und sie es in Ehren zu leisten vermögen. Denn der Prophet spricht: »Dieweil du von deiner Hände Arbeit zehrst, bist du selig, und gut wird es dir gehen.« Und der Apostel sagt: »Wer nicht arbeiten will, soll nicht essen«, und: »Ein jeder verbleibe in dem Handwerk und Amt, dazu er berufen ist.« Und für ihre Arbeit mögen sie alle Notdurft annehmen außer Geld. Und wenn es nötig wird, mögen sie um Almosen ausgehen wie andere Arme. Und es stehe ihnen frei, das Gerät zu haben, das ihr Handwerk braucht.

Alle Brüder seien bestrebt, sich mit guten Werken abzumühen, denn geschrieben steht: »Immer sei tätig an gutem Werk, daß der Teufel dich beschäftigt antreffe«; und abermals: »Müßiggang ist der Seele feindlich.« Deshalb müssen sich Knechte Gottes allzeit dem Gebet oder einer guten Arbeit widmen.

Hüten mögen sich die Brüder, wo sie auch sind, in Einsiedeleien wie an anderen Orten, daß sie keine Stätte sich aneignen oder für jemanden verteidigen. Und wer auch zu ihnen komme, Freund oder Widersacher, Dieb oder Räuber, werde freundlich aufgenommen. Und wo auch immer Brüder sind und an welcher Stätte sie sich treffen mögen: geistlich und eifrig, ohne Murren sollen sie einander achten und verehren. Und hüten sollen sich die Brüder, daß sie sich von außen nicht traurig zeigen, nicht als düstere Heuchler, vielmehr freudig im Herrn, heiter und mit Anstand liebenswürdig.

### *8. Die Brüder sollen kein Geld nehmen*

Der Herr gebietet im Evangelium: »Seht, hütet euch vor aller Bosheit und Habsucht; und nehmt euch in acht vor der Geschäftigkeit dieser Welt und vor den Sorgen dieses Lebens. Darum soll keiner der Brüder, wo er auch sei und wohin er auch wandere, auf irgendeine Weise Geld oder Münzen aufheben oder annehmen oder annehmen lassen, weder zum Besten von Kleidern noch von Büchern, noch zum Lohn für irgendeine Arbeit, überhaupt bei keiner Gelegenheit, denn wir dürfen an Geld und Münzen keinen größeren Nutzen haben und finden als an Steinen. Und die will der Teufel verblenden, die danach begehren oder es für besser als Steine halten. Hüten wir uns denn, wir, die alles verlassen haben, daß wir um so ein Geringes nicht das Himmelreich verlieren. Und sollten wir irgendwo Münzen finden, achten wir nicht darauf! Nicht mehr als auf den Staub, den wir mit den Füßen treten – es ist Eitelkeit der Eitelkeiten und alles Eitelkeit! Und geschähe es einmal – fern sei es –, daß einer der Brüder Geld oder Münzen sammelte oder hätte, so wollen wir Brüder alle ihn für einen falschen Bruder halten, für einen Abtrünnigen und Dieb und Räuber und Judas, solange er nicht ehrlich bereut. Und auf keine Weise sollen die Brüder Geld oder Geldalmosen annehmen oder annehmen lassen, nicht danach trachten, noch danach trachten lassen, auch nicht zugunsten irgendwelcher Häuser oder Stätten, und auch mit niemandem wandern, der für derlei Stätten Geld oder Münzen sammelt. Andere Dienste aber, die unserm Leben nicht zuwider sind, dürfen die Brüder mit Gottes Segen leisten. Immerhin dürfen die Brüder bei offenbarer Not ihrer Aussätzigen Almosen für sie suchen; jedoch sollen sie vor Geld sehr auf der Hut sein. Ingleichen seien alle Brüder auf der Hut, daß sie für keinen schändlichen Erwerb im Lande umherziehen.

### *9. Erbitten von Almosen*

Alle Brüder seien bemüht, der Demut und Armut unsres Herrn Jesus Christ zu folgen, gedenkend, daß nichts anderes in der ganzen Welt uns zu haben ziemt außer, wie der Apostel sagt: »Haben wir Nahrung und womit wir uns bedecken, damit wollen wir zufrieden sein.« Und sie sollen sich freuen, wenn sie unter gemeinen und verachteten Menschen leben, unter Armen und Schwachen und Kranken und Aussätzigen und die am Wege betteln. Und wenn es nötig ist, sollen sie nach Almosen gehen. Und nicht mögen sie sich schämen, sondern lieber sich erinnern, daß unser Herr Jesus Christ, Sohn Gottes des lebendig-allmächtigen, sein Gesicht gesetzt hat wie den härtesten Stein und sich nicht geschämt hat, für uns arm und Gast zu werden, und von Almosen gelebt hat, er und die selige Jungfrau und seine Jünger. Und wo die Menschen ihnen eine Scham daraus machen und ihnen keine Almosen geben mögen, sollen sie Gott dafür danken, denn für die Beschämungen werden sie vor dem Richterstuhl unseres Herrn Jesus Christ hohe Ehre empfangen. Und wissen sollen sie, daß Scham nicht dem, der sie duldet, sondern dem, der sie erregt, zur Last fällt. Und Almosen sind das Erbe und Recht, das den Armen zukommt: unser Herr Jesus Christ hat es uns erworben. Und welcher Bruder leidet, indem er es erwirbt, der wird großen Lohn haben und bringt den Spendern Gewinn und Erwerb: denn alles, was die Menschen in der Welt zurücklassen werden, wird untergehen, aber für die Liebe und die Almosen, die sie gegeben, wird der Herr sie belohnen.

Und sorglos vertraue einer dem andern seine Not, damit ihm der das Nötige finde und verschaffe. Und ein jeglicher liebe und nähre seinen Bruder, wie die Mutter ihren Sohn liebt und nährt: darin wird der Herr ihm Gnade erzeigen. Und wer da ißt, soll den Nichtesser nicht schmähen, und wer nicht ißt, den Esser nicht richten. Und sooft die Notwendigkeit eintritt, sei es sämtlichen Brüdern erlaubt, wo sie auch seien, alle Speisen zu genießen, die Menschen essen können, wie der Herr es von David sagt, der die Schaubrote verzehrte, die zu essen einzig den Priestern erlaubt war. Und gedenken mögen sie, was der Herr sagt: »Nehmt euch in acht, daß eure Herzen nicht beschwert werden von Fraß und Trunkenheit und Sorgen dieses Lebens, und unversehens jener Tag über euch komme«; wie ein Fallstrick nämlich wird er über alle kommen, die auf dem Antlitz des Erdenrundes wohnen. – Desgleichen auch mögen zur Zeit offenbarer Not alle Brüder in ihren Bedürfnissen handeln, wie der Herr ihnen Gnade verleihe, denn Not hat kein Gebot.

## *10. Kranke Brüder*

Wenn ein Bruder in Krankheit fällt, wo es auch sei, sollen die andern Brüder ihn nicht verlassen, ehe denn einer von den Brüdern oder, wenn nötig, mehrere eingesetzt sind, ihm so zu dienen, wie sie wünschen würden, bedient zu sein; jedoch in größter Not dürfen sie ihn einem treuen Dritten überlassen, der für den Kranken zu sorgen habe. Und ich bitte den kranken Bruder, daß er für Alles dem Schöpfer Dank wisse, und wie Gott will, daß er sei, so zu sein begehre, ob gesund oder krank; denn alle, die Gott zum ewigen Leben vorbestimmt hat, hat er mit dem Sporn von Geißeln und Krankheiten und dem Geist der Reue erzogen, wie der Herr es sagt: »Ich schelte und ich züchtige die ich liebe.« Würde aber der kranke Bruder sich erregen und erzürnen, sei es gegen seinen Gott, sei es gegen die Brüder, oder forderte er etwa unruhig Arzneien in gar zu großem Verlangen nach Befreiung des Fleisches, das doch bald stirbt und der Seele feind ist, so kommt ihm das vom Bösen, und fleischlich ist der und scheint nicht zu den Brüdern zu gehören, da er mehr den Körper liebt als die Seele.

### *11. Die Brüder sollen einander nicht schmähen oder verleumden, sondern lieben*

Und alle Brüder seien auf der Hut, daß sie keinen verlästern, auch nicht mit Worten streiten, nein, sie seien bemüht, immer Schweigen zu halten, wenn Gott ihnen Gnade spendet. Und hadern sollen sie weder unter sich noch mit andern, sondern auf demütige Antworten denken und sagen: »Wir sind unnütze Knechte.« Und nicht zürnen sollen sie, denn jeder, der seinem Bruder zürnt, ist des Gerichts schuldig; wer aber zu seinem Bruder sagt ›Racha‹, ist des hohen Rats schuldig; wer aber sagt ›du Narr‹, der ist des höllischen Feuers schuldig. Und lieben sollen sie einander, wie es der Herr sagt: »Dies ist mein Gebot, daß ihr einander liebet, wie ich euch geliebt habe.« Und sie mögen in Werken die Liebe erzeigen, die sie einander schulden, wie der Apostel sagt: »Nicht mit Wort noch Zunge laßt uns lieben, sondern in Werk und Wahrheit!« Und daß sie keinen schmähen! Nicht murren, nicht andere heruntermachen – denn geschrieben steht: »Tuschler und Verleumder sind Gott verhaßt.« Auch seien sie bescheiden, voll aller Sanftmut vor allen Menschen. Sie sollen nicht richten, nicht verachten und, wie der Herr sagt, nicht auf die kleinste Sünde andrer blicken, nein, lieber den eigenen nachsinnen in Bitternis ihrer Seele; und sollen sich mühen, durch die enge Pforte einzugehen, da denn der Herr spricht: »Die Pforte ist eng und der Weg ist schmal, der zum Leben führt; und wenige sind, die ihn finden.«

## *12. Bösen Blick und Umgang der Frauen vermeiden*

Alle Brüder, wo sie auch sind und wandern, seien auf der Hut vor dem bösen Blick und dem Umgang der Frauen. Mit ihnen soll keiner sich beraten oder unterwegs allein wandern oder am Tisch aus einem Napfe essen. Die Priester sollen ehrbar mit ihnen reden, wenn sie Bußen auflegen oder einen geistlichen Rat geben. Und überhaupt soll kein Bruder von einer Frau Gehorsam annehmen, sondern hat er ihr geistlichen Rat gegeben, tue sie Buße nach ihrem Gefallen. Und sehr wollen wir alle uns bewachen und all unsre Glieder reinhalten, denn es spricht der Herr: »Jeder, der ein Weib ansieht, ihrer zu begehren, hat schon mit ihr gebuhlt in seinem Herzen.«

## *13. Bestrafung der Unzüchtigen*

Sollte ein Bruder vom Feinde gestachelt Unzucht treiben, so lege er das Gewand, das er durch seine ekle Übeltat verloren hat, ganz ab und werde aus unserm Bund überhaupt vertrieben. Und danach tue er Buße für seine Sünden.

## *14. Wie die Brüder durch die Welt gehen sollen*

Wenn die Brüder durch die Welt wandern, sollen sie nichts unterwegs tragen, weder Ranzen noch Tasche noch Brot noch Geld noch Stecken. Und wo sie in ein Haus treten, sollen sie erst sagen: »Friede diesem Hause.« Und bleiben sie in dem Hause, so sollen sie essen und trinken, was man dort hat. Sie sollen dem Übel nicht widerstehen, sondern, wenn einer sie auf die Backe schlägt, ihm auch die andere darbieten, und dem, der ihr Kleid wegnimmt, auch den Mantel nicht verwehren. Jedem Bitter sollen sie willig sein, und nimmt einer, was ihnen gehört, nichts zurückverlangen.

## *15. Die Brüder sollen kein Tier halten, auch nicht reiten*

Ich lege allen meinen Brüdern auf, Geistlichen wie Laien, die durch die Welt gehen oder an Stätten verweilen, daß sie auf keine Weise, bei sich oder bei einem andern oder irgendwie sonst, ein Tier haben; und auch reiten gebühre ihnen nicht, sofern nicht Krankheit oder große Nötigung sie zwingt.

## *16. Von denen, die unter Sarazenen und andere Ungläubige gehen*

Es spricht der Herr: »Sieh, ich schicke euch wie Schafe inmitten der Wölfe; seid also klug wie die Schlangen und ohne Falsch wie die Tauben.« Drum sollen alle Brüder, die unter die Sarazenen oder andere Ungläubige gehen wollen, hinziehen mit Erlaubnis ihres Dieners und Knechtes. Der Diener aber gebe ihnen die Erlaubnis und widerrede nicht, wenn er sieht, sie sind für die Sendung geschickt; denn er wird dem Herrn zur Rechenschaft verpflichtet sein, falls er hierin oder in anderem unbesonnen vorgeht. Die Brüder aber, die hinziehen, können auf zweierlei Art geistlich unter ihnen weilen. Die eine Art ist, daß sie weder Wortwechsel noch Streitigkeiten erregen, sondern aller menschlichen Kreatur untertan sind um Gottes willen und bekennen, sie seien Christen. Die andere Art ist, daß sie, wenn sie es Gott gefallen sehen, das Wort Gottes verkünden: sie sollten glauben an Gott den allmächtigen, Vater und Sohn und Heiligen Geist, den Schöpfer des Alls, an den Sohn als Erlöser und den Heiland als Sohn, und sollten sich taufen lassen und Christen werden: denn wer nicht wiedergeboren ist aus Wasser und Heiligem Geist, kann in Gottes Reich nicht eingehen. Dies und andres, was Gott gefällt, können sie ihnen und anderen sagen, denn es sagt der Herr im Evangelium: »Jeder, der mich vor den Menschen bekennt, den werde auch ich vor meinem Vater bekennen, der im Himmel ist; und wer sich mein und meiner Reden schämt, deß wird der Menschensohn sich schämen, wenn er kommt in seiner

Majestät mit dem Vater und den heiligen Engeln.« Und alle Brüder, wo sie auch sind, seien gedenk, daß sie für den Herrn Jesus Christ sich hingegeben und ihren Körper abgetan haben und ihm zuliebe ihn den Feinden aussetzen müssen, den sichtbaren wie den unsichtbaren; denn der Herr spricht: »Wer um meinetwillen seine Seele verliert, der wird sie erretten für das ewige Leben; selig, die um Gerechtigkeit Verfolgung erdulden, denn ihrer ist das ewige Leben. Haben sie mich verfolgt, werden sie auch euch verfolgen; wenn sie euch aber in *einer* Stadt verfolgen, flieht in die andere. Selig werdet ihr sein, wenn die Menschen euch hassen und verfluchen und euch verfolgen und trennen und euern Namen verwünschen und austreiben wie ein Böses, und jedes Arge wider euch sagen, lügend um meinetwillen; freuet euch jenes Tages und jubelt, denn groß ist euer Lohn im Himmel. Ich sage aber euch, meinen Freunden, laßt euch von ihnen nicht schrecken. Und fürchtet nicht sie, die den Körper töten und danach nichts weiter zu tun finden. Schaut, daß ihr euch nicht erregt: in eurer Geduld nämlich besitzt ihr eure Seelen. Wer aber bis zum Ende ausharrt, wird gerettet sein.«

## *17. Die Prediger*

Kein Bruder predige gegen Form und Satzung der Kirche und ehe es ihm von seinem Diener erlaubt ist. Hüten aber sollen sich die Diener, daß sie es keinem unbesonnen gestatten. Alle Brüder jedoch sollen mit Werken predigen. Und kein Diener oder Prediger eigne sich die Dienerschaft der Brüder oder das Amt der Predigt zu, sondern zu welcher Stunde ihm das auferlegt wird, lasse er von seinem Amt ohne jede Widerrede. Und so bitte ich in der Liebe, welche Gott ist, alle meine Brüder, Prediger, Beter und Arbeiter, so Geistliche wie Laien, daß sie bemüht seien, sich in allem zu demütigen, nicht sich zu rühmen oder an sich Freude zu haben oder innerlich sich zu überheben, weder wegen guter Worte noch Werke noch überhaupt irgendeines Gutes, das Gott jemals in ihnen und durch sie sagt, tut und wirkt, wie denn der

Herr spricht: »Indessen daran freut euch nicht, daß Geister sich euch unterwerfen.«

Und fest laßt uns wissen, daß nichts uns zugehört als die Laster und Sünden. Und doppelt müssen wir uns freuen, wenn wir in mancherlei Anfechtung fallen und wenn wir allerlei Bedrängnis und Trübsal an Seele und Leib in dieser Welt dulden des ewigen Lebens halber. So wollen wir Brüder alle vor jedem eitlen Ruhm und Hochmut uns hüten und uns bewachen gegen die Weisheit dieser Welt und die Klugheit des Fleisches. Der Geist des Fleisches nämlich giert und strebt viel nach Worten, aber wenig nach der Ausübung, und sucht nicht des Geistes innere Bindung und Heiligkeit, sondern will und ersehnt, was von Bindung und Heiligkeit draußen den Menschen erscheine. Und diese sind's, von denen der Herr sagt: »Wahrlich, ich sage euch, sie haben ihren Lohn dahin.« Der Geist des Herrn aber will unser Fleisch abgetötet und verachtet, gemein und verworfen und verunglimpft, und strebt nach Demut und Geduld und dem reinen, einfältigen, echten Frieden des Geistes, und immer über alles ersehnt er die göttliche Furcht und die göttliche Weisheit und die göttliche Liebe des Vaters und Sohnes und Heiligen Geistes.

Und alles Gute wollen wir Gott dem Herrn, dem obersten und höchsten, zuerkennen, und für alles den Dank Ihm widerspenden, von dem jegliches Gute ausgeht. Und er, der oberste und höchste, der wahre und einzige Gott, habe und ihm seien gegeben und er empfange alle Ehren und Verehrungen, allen Preis und Segen, allen Dank und allen Ruhm; denn sein ist alles Gute, er allein ist gut. Und wenn wir sehen oder hören, wie die Menschen Schlechtes sagen oder tun oder Gott lästern – wir wollen Gutes sagen und Gutes tun und Gott preisen, der für die Zeiten der Zeit gesegnet ist. Amen.

### *18. Wie die Diener zusammenkommen sollen*

Jedes Jahr mag jeglicher Diener mit seinen Brüdern zusammenkommen, wo es ihnen beliebt, um am Feste des heiligen Erzengels Michael über das, was Gott angeht, zu verhandeln. Alle Diener aber, die in den Landen über See oder über Berg sind, sollen alle drei Jahre, und die andern Diener alljährlich zum Pfingstfest bei der Kirche unsrer lieben Frau von der Portiuncula zum Kapitel kommen, wenn nicht vom Diener und Knecht der ganzen Bruderschaft anderes angeordnet ist.

### *19. Die Brüder sollen katholisch leben*

Alle Brüder sollen katholisch sein, katholisch leben und reden. Wenn aber einer vom katholischen Glauben und Leben in Wort oder Tat abirrt und sich nicht reinigt, werde er unbedingt aus unserer Bruderschaft vertrieben. Und alle Geistlichen und alle Mönche laßt uns zu Herren haben in dem, was zum Seelenheil gehört und von unsrer Bindung nicht abführt, und ihren Orden und Amt und Dienst im Herrn verehren.

### *20. Beichte der Brüder und Empfang des Leibes und Blutes unseres Herrn Jesus Christ*

Meine gesegneten Brüder, Geistliche so wie Laien, sollen ihre Sünden den Priestern unseres Bundes beichten. Und könnten sie das nicht, mögen sie anderen einsichtigen und katholischen Priestern beichten, fest wissend und erwartend, von welchem katholischen Priester sie auch Buße und Lösung empfangen haben mögen, daß sie ohne Zweifel von diesen Sünden gelöst sind, wenn sie die auferlegte Buße in Demut und Treue innezuhalten tätig sind. Könnten sie aber einmal einen Priester nicht haben, mögen sie ihrem Bruder beichten, wie der Apostel Jakob spricht: »Beichtet einer dem anderen eure Sünden.« Doch dürfen sie es deshalb nicht unterlassen, nachmals zum Priester zu gehen, denn die Macht des Bindens und Lösens ist allein den Priestern verliehen. Und so nach Buße und Beichte mögen sie Leib und Blut unsres Herrn Jesus Christ nehmen, mit großer Demut und Verehrung, gedenkend, was der Herr selber sagt: »Wer mein Fleisch ißt und mein Blut trinkt, hat das ewige Leben«, und: »Solches tut zu meinem Gedächtnis.«

### *21. Lob und Aufforderung, wie sie allen Brüdern erlaubt sind*

Und diese oder eine solche Mahn- und Lobrede dürfen alle meine Brüder, wann es ihnen nur gefallen mag, unter allerlei Menschen mit Gottes Segen verkünden: »Fürchtet und ehrt, dankt und betet an, lobt und segnet den allmächtigen Herrgott in Dreiheit und Einheit, Vater und Sohn und Heiligen Geist, den Schöpfer des Alls. Tut Buße, bringt würdige Früchte der Buße; denn wißt, schnell werdet ihr sterben. Gebt, und euch wird einst gegeben; vergebt, und euch wird einst vergeben; und vergebt ihr nicht, wird der Herr euch eure Sünden nicht vergeben. Beichtet all eure Sünden. Selig, die in Buße sterben, denn sie werden im Himmelreich sein. Weh denen, die nicht in Buße sterben, denn sie werden Kinder des Teufels sein, dessen Werke sie tun, und ins ewige Feuer gehn. Hütet euch und bleibt fern von allem Bösen und verharrt bis zum Ende im Guten.«

### *22. Ermahnung der Brüder*

Laßt uns, alle Brüder, beachten, was der Herr sagt: »Liebet eure Feinde und tut wohl denen, die euch hassen.« Denn auch unser Herr Jesus Christ, dessen Spuren wir Gefolgschaft schuldig sind, hat seinen Verräter Freund genannt und seinen Kreuzigern sich willig dargeboten. Freund sind uns denn alle, die uns ungerecht Trübsale und Bedrängnisse bringen, Beschämungen und Beleidigungen, Schmerzen und Mißhandlungen, Martertum und Tod: sehr müssen wir die lieben, denn aus dem, was sie uns bringen, haben wir das ewige Leben. Und in Haß wollen wir unsern Körper haben mit seinen Lastern und Sünden, denn im fleischlichen Leben will er uns die Liebe unsres Herrn Jesus Christus rauben und das ewige Leben, und sich selbst mit allem in die Hölle stürzen; denn wir sind durch eigne Schuld abscheulich, elend und dem Guten zuwider, zum Bösen jedoch geneigt, weil, wie der Herr im Evangelium sagt, »aus dem Herzen der Menschen ausgehen und hervortreten böse Gedanken, Ehebruch, Unzüchte, Totschlag, Diebstahl, Habsucht, Niedertracht, Tücke, Schamlosigkeit, böser Blick, falsche Zeugnisse, Verleumdungen, Hochmut, Narrheit. All diese Übel treten von innen aus dem Herzen des Menschen hervor, und sie sind's, die den Menschen beflecken.«

Jetzt aber, nachdem wir die Welt verlassen haben, bleibt uns nichts andres zu tun, als daß wir eifrig sind, dem Willen unsres Herrn zu folgen und ihm zu gefallen. Seien wir sehr auf der Hut, daß wir nicht Wegeserde sind oder steinige und dornige Erde, wie das der Herr im Evangelium sagt: »Der Same ist Gottes Wort. Was aber auf den Weg fiel und zertreten ward, sind die, welche das Wort vom Königreich hören und nicht begreifen: und sogleich kommt der Teufel und errafft, was in ihrem Herzen gesät ist, und nimmt das Wort aus ihrem Herzen, damit sie nicht im Glauben gerettet werden. Was aber auf das Steinige fiel, sind die, welche das kaum gehörte Wort mit Freuden aufnehmen; kommt aber Trübsal und Verfolgung des Wortes wegen, empören sie sich alsbald. Und die haben keine Wurzel in sich, sondern sind zeitlich, denn auf Zeit glauben sie, und zur Zeit der Erprobung treten sie zurück. Was aber in die Dornen fiel, sind die, welche das Wort Gottes hören; und Geschäftigkeit und Kümmernisse dieser Welt und Trüglichkeit des Reichtums und schließlich die eindringenden Begierden ersticken das Wort und nehmen ihm seine Frucht. Was aber auf gute Erde gesät war, sind die, welche in gutem und bestem Herzen das Wort hören, es begreifen und festhalten und Frucht bringen in Geduld.«

Und deswegen wollen wir Brüder, wie der Herr sagt, die Toten ihre Toten begraben lassen, und wollen uns sehr vor der Bosheit und den Ränken des Satans vorsehen, der da will, daß der Mensch seinen Sinn und sein Herz nicht auf Gott den Herrn richte. Er geht um und sucht das Menschenherz unter dem Schein eines Lohnes oder Beistandes wegzunehmen und Wort und Gebote des Herrn aus dem Gedächtnis zu tilgen: und er will das Menschenherz durch weltliche Geschäfte und Sorge blind machen und darin wohnen, wie der Herr spricht: »Wenn der unreine Geist aus dem Menschen geht, wandelt er durch dürre, wasserlose Stätten, Ruhe suchend; die findet er nicht und sagt: ›Ich will in mein Haus zurück, daher ich kam.‹ Und er kommt und findet es leer, gekehrt und geschmückt. Da zieht er aus und holt sieben neue Geister, die treten ein und wohnen da, und es wird das Letzte dieses Menschen schlimmer als der Beginn.«

Also, alle ihr Brüder, hüten wir uns sehr, sonst verdecken oder entziehen wir unter dem Scheinbild eines Lohns oder Werks oder Beistands unsern Sinn und unser Herz dem Herrn. Nein, in der heiligen Liebe, welche Gott ist, bitte ich alle Brüder, so Diener wie andre, daß sie von jedem Hindernis frei, über alle Sorge und Geschäftigkeit erhoben, so gut sie nur immer können, Gott dem Herrn fronen, ihn lieben, anbeten und ehren, mit reinem Herzen und lauterem Sinn, wie er selbst es über alles heischt. Ja, immer wollen wir ihm in uns eine Wohnung und Bleibe bereiten, ihm, dem allmächtigen Gott und Herrn, dem Vater und Sohn und Heiligen Geist. Der sagt: »Wachet denn zu aller Zeit im Gebet, damit ihr würdig erfunden werdet, allem Übel zu entrinnen, das kommen muß, und vor des Menschen Sohn zu stehen. Und stehet ihr zum Gebet, so sprecht: Vater unser, der du bist im Himmel.« Und anbeten wollen wir ihn reines Herzens – immer ist's ja not, zu beten und nicht abzulassen. Denn der Vater heischt solche Beter. Geist ist Gott, und denen, die ihn anbeten, ziemt Anbetung in Geist und Wahrheit. Und zu ihm wollen wir unsre Zuflucht nehmen als zum Hirten und Bischof unsrer Seelen, der da spricht:

»Ich bin der gute Hirte, der seine Schafe weidet, und ich setze meine Seele ein für meine Schafe. Ihr alle seid Brüder: und Vater nennet keinen auf Erden, denn Einer ist euer Vater, der im Himmel ist. Auch Meister laßt euch nicht nennen: denn Einer ist euer Meister, der im Himmel ist, Christus. Solang ihr in mir bleibt und meine Worte in euch bleiben, mögt ihr bitten, was ihr nur wollt, und es wird euch geschehen. Wo jemals zwei oder drei versammelt sind in meinem Namen, da bin ich in ihrer Mitte: seht, ich bin bei euch bis zur Vollendung der Welt. Die Worte, die ich euch gesprochen habe, sind Geist und Leben: ich bin Weg, Wahrheit und Leben.«

Halten wir also Worte, Leben und Lehre und das heilige Evangelium dessen fest, der geruht hat, für uns seinen Vater zu bitten und seinen Namen uns kundzutun in dem Wort: »Vater, ich habe deinen Namen den Menschen kundgetan, die du mir gegeben hast; denn die Worte, die du mir gegeben hast, habe ich ihnen gegeben, und sie haben es angenommen und wahrlich erkannt, daß ich von dir ausgegangen bin, und geglaubt, daß du mich gesandt hast. Ich bitte für sie; nicht für die Welt bitte ich, sondern für sie, die du mir gegeben hast: denn dein sind sie und alles meine ist dein. Heiliger Vater, erhalte die in deinem Namen, die du mir gegeben hast, daß sie eins seien wie auch wir. Dies rede ich in der Welt, daß sie Freude bis zur Fülle in sich selber haben. Ich habe ihnen deinen Spruch gegeben, und die Welt hat sie in Haß genommen, weil sie von der Welt nicht sind, wie auch ich von der Welt nicht bin. Nicht bitte ich, daß du sie von der Welt nehmest, sondern daß du sie vor Übel bewahrest. Überleuchte sie in der Wahrheit: dein Spruch ist Wahrheit. Wie du mich in die Welt gesandt hast, habe auch ich sie in die Welt gesandt. Und für sie heilige ich mich selbst, daß sie in der Wahrheit geheiligt seien. Nicht für sie allein bitte ich, auch für die, welche künftig um ihres Wortes willen an mich glauben, auf daß sie zum Einen vollendet seien und die Welt erkenne, daß du mich gesandt und sie geliebt hast, wie du auch mich geliebt hast. Und kund will ich ihnen deinen Namen tun, auf daß die Liebe, mit der du mich geliebt hast, in ihnen sei, und ich in ihnen. Vater, die du mir gegeben hast, will ich, wo ich bin, auch bei mir haben, auf daß sie deine Helle sehen in deinem Königreich.«

## *23. Gebet, Lob und Danksagung*

Allmächtiger, oberster, heiligster und höchster Gott, heiliger Vater und gerechter Herr, König von Himmel und Erde, um deiner selbst willen sagen wir dir Dank; denn durch deinen heiligen Willen und durch deinen eingeborenen Sohn mit dem Heiligen Geist hast du alles Geistige und Körperliche geschaffen, hast uns nach deinem Bild und Gleichnis gemacht und ins Paradies gesetzt, und durch unsere Schuld sind wir gefallen. Und Dank sagen wir dir; denn wie du uns durch deinen Sohn geschaffen hast, so hast du auch durch deine wahre, heilige Liebe, mit der du uns geliebt hast, ihn, den wahren Gott und wahren Menschen, von der glorreichen Jungfrau, der seligsten Sankta Maria geboren werden lassen, und hast durch dessen Kreuz und Blut und Tod uns Gefangene erlösen wollen. Und Dank sagen wir dir; denn er, dein Sohn, wird abermals kommen in der Glorie seiner Majestät, um die Verfluchten, die keine Buße getan und dich nicht erkannt haben, ins ewige Feuer zu senden und allen zu sagen, die dich erkannt und angebetet und dir in Buße gedient haben: kommt, ihr Gesegneten meines Vaters, empfangt das Reich, das euch seit Anbeginn der Welt bereitet ist.

Und weil all wir Elenden und Sünder nicht würdig sind, dich zu nennen, beten wir in Demut, daß unser Herr Jesus Christ, dein lieber Sohn, an dem du Wohlgefallen hast, zusammen mit dem Heiligen Geiste, dem Tröster, dir für alles danke, wie es dir und ihm gefällt, der dir immer zu allem genug ist, durch den du uns so Großes getan hast. Halleluja.

Und die glorreiche Mutter, die seligste Jungfrau Maria, der selige Michael, Gabriel, Raphael und alle Chöre seliger Geister: Seraphim, Cherubim und Throne, Herrschaften, Fürstentümer und Mächte, Kräfte, Engel und Erzengel, der selige Johannes der Täufer, Johannes der Evangelist, Peter, Paul, auch die seligen Patriarchen, Propheten, unschuldigen Kinder, die Apostel, Evangelisten, Jünger, die Märtyrer, Bekenner, Jungfrauen, die seligen Elias und Henoch und alle Heiligen, die da waren und sein werden und sind, die flehen wir um deiner Liebe willen demütig an, sie mögen, wie es dir gefällt, den Dank dafür dir darbringen, dem höchsten wahren Gott, dem ewigen und lebendigen, samt deinem teuersten Sohne, unserm Herrn Jesus Christus, und dem Heiligen Geiste, dem Tröster, für die Zeiten der Zeit. Amen. Halleluja.

Und wer Gott dem Herrn überhaupt innerhalb der heiligen Kirche, der katholischen und apostolischen, dienen will:

alle kirchlichen Stände: Priester, Diakone, Unterdiakone, Akoluthen, Beschwörer, Leser, Pförtner, dazu alle Geistlichen, die Mönche insgesamt und die Nonnen insgesamt,

alle Jugend und Knaben und Mädchen, Arme und Dürftige, Könige und Fürsten, Arbeiter, Bauern, Knechte und Herren, alle Jungfrauen, Keusche und Verheiratete, Laien, Männer und Weiber,

alle Kinder, Jungen, Jünglinge und Greise, die Gesunden und die Kranken, alle Kleinen und Großen,

und alles Volk: die Stämme, die Gaue und die Sprachen, alle Nationen und alle Menschen überall auf Erden, die sein werden und sind,

die ersuchen und bitten demütig wir Minderbrüder alle, unnütze Knechte, daß wir alle in wahrer Treue und Buße ausharren, weil anders keiner zu retten ist. Laßt uns alle aus ganzem Herzen, aus ganzer Seele, aus ganzem Geist, aus ganzer Tugend und Tapferkeit, aus ganzer Einsicht und allen Kräften, mit aller Anstrengung, aller Neigung, aller Tiefe, mit allem Sehnen und Wollen, laßt uns Gott den Herrn lieben, der den ganzen Körper, die ganze Seele und das ganze Leben uns allen gegeben hat und gibt, der uns geschaffen hat und erlöst hat und allein durch seine Barmherzigkeit retten wird, der uns Erbärmlichen und Elenden, Widrigen und Ekligen, Undankbaren und Bösen alles Gute getan hat und tut.

Nichts andres laßt uns denn wünschen, nichts andres wollen; nichts andres gefalle und erfreue uns als unser Schöpfer und Erlöser und Heiland, der Eine wahre Gott: der ist volles Gut, alles

Gut, ganzes Gut, wahres und höchstes Gut; der allein ist gut, fromm und mild, sanft und süß, der allein ist heilig, gerecht, gerade und wahr, der allein ist gütig, unschuldig und rein; von dem und durch den und in dem ist alle Vergebung, alle Gnade, alle Herrlichkeit für alle Büßenden, alle Gerechten, alle Seligen, die im Himmel Freudigen. Nichts also hemme, nichts trenne uns, nichts dränge sich ein. Überall laßt uns alle, an jedem Ort, zu jeder Stunde und jeder Zeit, täglich und ständig in Wahrheit und Demut glauben und im Herzen halten und lieben, ehren, anbeten, dienen, loben und benedeien, zur Glorie und zur höchsten Hoheit erheben, verherrlichen und dankbar preisen den obersten und höchsten Gott der Ewigkeit, den Dreifaltigen und Einfaltigen, den Vater und Sohn und Heiligen Geist, den Allschöpfer, den Heiland derer, die an ihn glauben und auf ihn hoffen und ihn lieben; welcher ohne Anfang und ohne Ende, unwandelbar, unsichtbar, unerzählbar, unaussprechlich, unbegreiflich, unaufspürbar, gesegnet, gepriesen, glorreich, höchsterhöht, ragend, erhaben, sanft, liebenswert, genießenswert und immer ganz über alles ersehnenswert nun und in Ewigkeit.

24.

Im Namen des Herrn bitte ich alle Brüder, daß sie Wortlaut und Sinn dessen, was in dem Leben hier zur Errettung unsrer Seele geschrieben steht, erlernen und sich häufig ins Gedächtnis zurückrufen. Und ich bete zu Gott, daß er, der allmächtig ist in der Dreiheit und Einheit, alle segne, die dies lehren, lernen, haben, festhalten und ausüben, sooft sie wiederholen und tun, was hier zu unsrer Errettung geschrieben steht. Und mit Fußkuß flehe ich alle an, daß sie dies sehr lieben, behüten und verwahren. Und im Namen des allmächtigen Gottes und des Herrn Papstes und beim Gehorsam: ich, Bruder Franziskus, gebiete fest und bestimme, daß von dem, was in dem Leben hier geschrieben steht, keiner etwas wegnehme oder darin etwas Geschriebenes hinzusetze, und keine andre Regel sollen die Brüder haben.

Glorie dem Vater und Sohn und Heiligen Geist, wie es zu Anfang war, so jetzt und immer und für die Zeiten der Zeit. Amen.

## Versprengte Regelstücke

### *Verhalten in Krankheit*

Ich bitte alle meine Brüder, daß sie sich in Krankheiten wider Gott oder die Brüder nicht erzürnen oder erregen, auch nicht sehr besorgt nach Arznei verlangen und nicht übermäßig wünschen, das todverfallene Fleisch zu befreien, das der Seele feind ist. Sondern für alles sollen sie danken, und wie Gott will, daß sie sind, so selbst wünschen, daß sie sind. Die nämlich Gott zum ewigen Leben vorbestimmt hat, die erzieht er mit den Sporen von Geißeln und Krankheiten, wie er selbst es sagt: »Die ich liebe, schelte ich und züchtige ich.«

### *Vom frommen Wohnen in Einsiedelei*

Die, welche fromm in Einsiedelei leben wollen, seien drei Brüder oder höchstens vier. Zwei von ihnen seien die Mütter und haben dann zwei Söhne oder wenigstens einen. Diese zwei, welche Mütter sind, sollen das Leben Marthas, und die zwei Söhne sollen das Leben Marias führen und ein Kloster haben, worin ein jeglicher seine Zelle habe, darin er bete und schlafe. Und immer sollen sie die Komplet am Tage gleich nach Sonnenuntergang sagen, und sich mühen, das Schweigen einzuhalten, und sollen ihre Stundengebete sprechen und früh aufstehen und zuerst das Reich Gottes und seine Gerechtigkeit suchen. Und sie sollen die Prim zu der Stunde sagen, da sich's gehört; und nach der Terz mögen sie das Schweigen lösen und dürfen nun sprechen und zu ihren Müttern gehen; und wenn es ihnen nun beliebt, dürfen sie Almosen von ihnen erbitten wie kleine arme Leute bei der Liebe Gottes des Herrn. Und danach sollen sie die Sext und Non sagen und die Vesper sagen zur Stunde, da sich's gehört.

Und ins Kloster, wo sie sich aufhalten, sollen sie keine Person einlassen, sollen auch nicht dort essen. Die Brüder, welche Mütter sind, sollen streben, jedermann ferne zu bleiben, und beim Gehorsam gegen ihren Diener ihre Söhne vor jedermann bewachen, daß niemand mit ihnen reden kann. Und die Söhne sollen mit irgendwem nicht reden außer mit ihren Müttern und mit ihrem Diener und Wächter, wenn es denen gefällt, sie mit Gottes Segen zu besuchen. Sie sollen aber bisweilen das Amt der Mütter übernehmen, wie es ihnen gut dünkt, es abwechselnd in der Zeit zu verteilen. Und all dies Genannte sollen sie eifrig und sorglich einzuhalten streben.

## Die endgültige Regel[1]

### *1. Im Namen des Herrn beginnt das Leben der Minderbrüder*

Regel und Leben der Minderbrüder ist dies: unsres Herrn Jesus Christ heiliges Evangelium zu bewahren durch ein Leben in Gehorsam, ohne Eigentum und in Keuschheit. Bruder Franziskus verspricht Gehorsam und Ehrfurcht dem Herrn Papst Honorius und dessen Folgern, die gesetzlich eintreten, und der römischen Kirche. Und die anderen Brüder seien verpflichtet, dem Bruder Franziskus und dessen Folgern zu gehorchen.

### *2. Von denen, welche dies Leben annehmen wollen, und wie man sie aufnehmen soll*

Welche etwa dies Leben annehmen wollen und zu unseren Brüdern kommen, die soll man zu den Landesdienern schicken, de-

1 Bestätigt und herausgegeben durch Papst Honorius III. am 29. November 1223.

nen allein und keinen anderen die Erlaubnis, Brüder aufzunehmen, gewährt werde. Die Diener nun sollen sie fleißig über den katholischen Glauben und die kirchlichen Sakramente prüfen. Und wenn sie das alles glauben und es treulich bekennen und bis zum Ende fest bewahren wollen, und keine Frauen haben oder, wenn doch, die Frauen schon in ein Kloster getreten sind oder, vom Bischof ihres Sprengels bevollmächtigt, ihnen nach abgelegtem Gelübde der Enthaltsamkeit die Freiheit gegeben haben, und die Frauen solchen Alters sind, daß ihrethalben keine Nachrede aufkommen kann: so sage man ihnen das Wort des heiligen Evangeliums, daß sie gehen und all das Ihre verkaufen und darauf sinnen sollen, es den Armen hinzugeben. Sollten sie das nicht können, so genügt ihnen der gute Wille. Und hüten mögen sich die Brüder und ihre Diener, um deren zeitliche Sachen besorgt zu sein, auf daß sie frei mit ihrer Habe tun, was der Herr ihnen eingebe. Wird jedoch Rat erfordert, sei den Dienern vergönnt, sie zu irgendwelchen Gottesfürchtigen zu schicken, auf deren Rat sie ihre Güter den Armen spenden mögen. Danach gewähre man ihnen das Gewand der Erprobung, nämlich zwei Kutten ohne Kapuze, dazu Gürtel und Hose und eine große Kapuze bis zum Gürtel, wenn den Dienern nicht etwas anderes mit Gott gutdünke. Ist dann das Probejahr beendet, seien sie in den Gehorsam mit dem Versprechen aufgenommen, immer dies Leben hier und die Regel einzuhalten. Und auf keine Weise wird es ihnen freistehen, aus diesem Bunde auszutreten, nach Verfügung des Herrn Papstes: denn gemäß dem heiligen Evangelium ist keiner, der seine Hand an den Pflug legt und rückwärts blickt, geschickt für Gottes Reich. Und die, welche schon den Gehorsam versprochen haben, sollen eine Kutte mit Kapuze haben und eine andre ohne Kapuze, sofern sie wollen. Und die von Not gezwungen sind, mögen Schuhe tragen. Und die Brüder alle seien mit gemeinen Kleidern angetan und sollen sie flicken dürfen mit Sacktuch und andern Flicken unter Gottes Segen. Dazu mahne und ermuntere ich sie, die Menschen weder zu verachten noch zu richten, die sie mit weichen bunten Kleidern angetan zarte Speisen und Getränke genießen sehen, vielmehr richte und verachte ein jeglicher sich selbst.

### *3. Von Gottesdienst und Fasten, und welcher Art die Brüder durch die Welt gehen sollen*

Die Geistlichen sollen den Gottesdienst nach der Ordnung der heiligen römischen Kirche verrichten, nur aus dem Psalter sollen sie Auszüge haben dürfen. Die Laien aber sollen vierundzwanzig Vaterunser zur Matutin sagen, fünf zu den Lauden, zur Prim, Terz, Sext, Non jedesmal sieben, zur Vesper dagegen zwölf, zur Komplet sieben, und für die Verstorbenen beten.

Und fasten sollen sie vom Fest aller Heiligen bis zur Weihnacht. Die heilige Fastenzeit aber, die vom Dreikönigstag an bis zu den vierzig Tagen hinereinander reicht, die der Herr durch sein heiliges Fasten geweiht hat – wer die freiwillig fastet, sei vom Herrn gesegnet, und wer nicht will, sei nicht gebunden. Aber die andere bis zur Auferstehung des Herrn sollen sie fasten. Zu anderen Zeiten aber seien sie bloß am Freitag verpflichtet zu fasten, zur Zeit offenbarer Not indessen nicht durch das körperliche Fasten gefesselt.

Ich rate aber, mahne und fordere meine Brüder auf im Herrn Jesus Christ, sie sollen, wenn sie durch die Welt wandern, nicht hadern noch mit Worten streiten noch andre richten, sondern sie seien mild, friedfertig und bescheiden, sanft und demütig, ehrbar in der Rede zu allen, wie sich's ziemt. Und ihnen gebühre kein Reiten, wenn nicht offenbare Not oder Krankheit sie zwingt. In welches Haus sie auch treten mögen, zuerst sollen sie sagen: »Friede diesem Hause«. Und gemäß dem heiligen Evangelium stehe ihnen frei, von allen Speisen, die man ihnen vorsetzt, zu essen.

### *4. Daß die Brüder kein Geld nehmen sollen*

Ich gebiete fest den Brüdern insgesamt, daß sie auf keine Weise Münze oder Geld annehmen, weder selbst noch durch Vermittler. Trotzdem sollen für Bedürfnisse der Kranken und zum Einkleiden der andern Brüder vermittels geistlicher Freunde die Diener und Wächter, nur sie, eifrige Sorge tragen, je nach Ort und Zeit und Kälte der Gegend, wie sie es dem Bedürfnis entsprechen sehen: dies allzeit wahrend, daß sie, wie es gesagt ist, Münze oder Geld nicht annehmen.

### *5. Von der Art der Arbeit*

Jene Brüder, denen der Herr die Gnade des Arbeitens gegeben hat, mögen treu und ergeben arbeiten, derart, daß sie, fern der seelenfeindlichen Muße, den Geist des heiligen Gebets und der Andacht nicht auslöschen, dem das übrige Zeitliche zu fronen hat. Zum Lohn ihrer Arbeit aber sollen sie für sich und ihre Brüder die Notdurft des Körpers annehmen außer Münze oder Geld, und das in Demut, wie sich's ziemt für Knechte Gottes und Gefolgsleute der heiligsten Armut.

### *6. Daß die Brüder sich nichts zu eigen machen sollen; und vom Almosen-Erbitten und von kranken Brüdern*

Die Brüder sollen sich nichts zu eigen machen, weder Haus noch Platz noch irgendein Ding. Und als Pilger und Fremdlinge in dieser Zeitlichkeit in Armut und Demut dem Herrn dienend, mögen sie vertrauensvoll um Almosen ausziehen, und keine Scham gebührt ihnen, da der Herr sich für uns in dieser Welt arm gemacht hat. Dies ist jene Erhabenheit der tiefsten Armut, die euch, meine teuersten Brüder, zu Erben und Königen im Königreich des Himmels gesetzt, euch arm an Habe gemacht, an Kräften geadelt hat. Die sei euer Los, das ins Land der Lebenden geleitet. Der sollt ihr, geliebteste Brüder, ganz anhangen und für den Namen unsres Herrn Jesus Christ auf alle Dauer nichts anderes unter dem Himmel haben wollen.

Und überall, wo Brüder sind und sich treffen, sollen sie sich freundlich zueinander zeigen, und sorglos offenbare einer dem andern seine Not: denn wenn eine Mutter ihren leiblichen Sohn nährt und liebt, wie viel liebender muß man seinen geistlichen Bruder lieben und nähren! Und wenn einer von ihnen in Krankheit fiele, sollen die andern Brüder ihm so dienen, wie sie selbst bedient sein wollen.

## *7. Welche Buße sündigen Brüdern aufzulegen*

Sollten Brüder vom Feinde gestachelt tödlich sündigen, so seien sie für die Sünden, derenthalben unter den Brüdern bestimmt ist, daß man einzig auf die Landesdiener zurückgehe, verpflichtet, auf diese zurückzugehen, sobald sie können, ohne Verzug. Die Diener nun sollen, wenn sie Priester sind, ihnen mit Barmherzigkeit Buße auferlegen, wenn sie aber nicht Priester sind, sie durch andre Priester des Ordens auferlegen lassen, wie es ihnen mit Gott am besten zu helfen scheint. Und hüten müssen sie sich, zornig und erregt um jemandes Sünde zu werden, denn Zorn und Erregung hemmen in sich und in andern die Liebe.

## *8. Von der Wahl des gemeinsamen Dieners dieser Bruderschaft und vom Pfingstkapitel*

Sämtliche Brüder seien verpflichtet, *einen* von den Brüdern dieses Bundes stets zum gemeinsamen Diener und Knecht der ganzen Bruderschaft zu haben, und seien fest verpflichtet, ihm zu gehorchen. Stirbt er, so geschehe die Wahl des Nachfolgers durch die Landesdiener und Wächter auf dem Pfingstkapitel, zu welchem die Landesdiener verpflichtet seien stets zusammenzukommen, wo es auch vom gemeinsamen Diener angesetzt sein mag: und das einmal in drei Jahren oder zu andrer Frist, größerer oder kleinerer, wie es von dem genannten Diener angeordnet wird. Und schiene es zu irgendeiner Zeit der Gesamtheit der Landesdiener und Wächter, der genannte Diener sei nicht genügend zum Dienst und gemeinsamen Nutzen der Brüder, so seien die genannten Brüder, denen die Wahl verliehen ist, verpflichtet im Namen des Herrn, sich einen andern zum Wächter zu wählen. Nach dem Pfingstkapitel aber dürfen die einzelnen Diener und Wächter, wenn sie wollen und es ihnen förderlich dünkt, im gleichen Jahr auf ihren Wachten einmal ihre Brüder zum Kapitel berufen.

### *9. Von den Predigern*

Die Brüder sollen im Bistum eines Bischofs nicht predigen, wenn es ihnen von ihm untersagt ist. Und kein Bruder wage vollends dem Volke zu predigen, ehe er vom gemeinsamen Diener dieser Bruderschaft geprüft und anerkannt und ihm das Amt der Predigt von ihm verliehen ist. Ich mahne zudem und erinnere diese Brüder, daß die Sprache ihrer Predigten geprüft und keusch sei, zu Nutzen und Erbauung des Volkes, indem sie Laster und Tugenden, Strafe und Glorie in Kürze der Rede ihnen verkünden; denn ein gekürztes Wort hat der Herr auf Erden gewirkt.

### *10. Von der Ermahnung und Zurechtweisung der Brüder*

Brüder, welche Diener und Knechte andrer Brüder sind, sollen ihre Brüder heimsuchen und ermahnen und sie demütig und liebreich zurechtweisen, ohne ihnen irgend zu gebieten, was gegen ihre Seele und unsre Regel ist. Die Brüder aber, die untergeben sind, seien gedenk, daß sie Gott zuliebe den eignen Willen verleugnet haben. Daher gebiete ich ihnen fest, daß sie ihren Dienern in allem gehorchen, was sie dem Herrn einzuhalten versprochen haben und der Seele und unsrer Regel nicht zuwider ist. Und wo jemals Brüder sind, die wissen und erkennen, sie vermöchten die Regel nicht geistlich einzuhalten, sollen und dürfen sie zu ihren Dienern Zuflucht nehmen. Die Diener aber mögen sie liebreich und gütig aufnehmen und so große Herzlichkeit für sie haben, daß die mit ihnen reden und tun können wie Herren mit ihren Knechten: denn so soll es sein, daß die Diener die Knechte aller Brüder sind.

Ich mahne aber und erinnere beim Herrn Jesus Christ, daß sich die Brüder hüten vor allem Hochmut, eitlen Ruhm, Mißgunst, Habsucht, Sorge und Geschäftigkeit dieser Welt, Verleumdung und Gemurr. Auch sei, wer nicht lesen kann, außer Sorge lesen zu lernen, sondern denke daran, daß er über alles sich sehnen solle, den Geist des Herrn und sein heiliges Handeln zu haben, allzeit reines Herzens zu ihm zu beten und die Demut zu haben, Geduld in Verfolgung und Krankheit, und zu lieben die, die uns verfolgen und tadeln und schelten, denn es sagt der Herr: »Liebt eure Feinde und bittet für die, die euch verfolgen und beschimpfen; selig, die Verfolgung ertragen um der Gerechtigkeit willen, denn derer ist das Himmelreich. Wer aber ausharrt bis zum Ende, der wird heil sein.«

### *11. Daß die Brüder Nonnenklöster nicht betreten sollen*

Ich gebiete fest den Brüdern insgesamt, keinen verdächtigen Umgang oder Beratung mit Frauen zu haben, auch Nonnenklöster nicht zu betreten, die Brüder ausgenommen, denen vom apostolischen Stuhl besondere Erlaubnis verliehen ist. Und sie sollen nicht Gevattern von Männern oder Frauen werden, damit kein Anlaß zum Ärgernis unter den Brüdern oder über Brüder daraus entstehe.

### *12. Von denen, die zu Sarazenen und anderen Ungläubigen gehen*

Alle Brüder, die auf göttliche Eingebung zu Sarazenen und anderen Ungläubigen gehen wollen, mögen die Erlaubnis dazu von ihren Landesdienern erbitten. Die Diener aber sollen die Erlaubnis einzig denen erteilen, die sie für die Sendung geeignet sehen.

Zu diesem lege ich es beim Gehorsam den Dienern auf, den Herrn Papst um einen Kardinal der heiligen römischen Kirche zu bitten, welcher Lenker, Schützer und Besserer dieser Bruderschaft sei, auf daß wir immer ergeben und untertan zu Füßen der heiligen Kirche, stetig im katholischen Glauben, die Armut und Demut und das heilige Evangelium unsres Herrn Jesus Christ nach unserm festen Gelübde bewahren.

## III. *Testament*[1]

Der Herr gab mir, dem Bruder Franz, diesen Anfang im Bußetun. Als ich nämlich noch in Sünden war, schien es mir gar bitter, Aussätzige zu sehen. Und der Herr selbst führte mich unter sie, und ich tat Barmherzigkeit an ihnen. Und beim Scheiden von ihnen wurde mir das, was mir bitter erschien, in Süßigkeit des Geistes und Körpers verwandelt. Und danach verzog ich nur wenig und ging aus der Weltlichkeit.

Und der Herr gab mir solches Vertrauen in die Kirchen, daß ich ganz einfach betete und sprach: »Wir beten dich an, Herr Jesus Christ, hier und in allen deinen Kirchen, die in der ganzen Welt sind, und benedeien dich, weil du durch dein heiliges Kreuz die Welt erlöst hast.«

Und der Herr gab mir dann und gibt mir so großes Vertrauen in die Priester, die nach der Norm der heiligen römischen Kirche leben, um ihres Standes willen, daß, wenn sie mir Verfolgung erregten, ich Zuflucht bei ihnen suchen will. Und wenn ich so viel Weisheit hätte, wie Salomo gehabt hat, und zu armseligen Weltpriestern käme – in den Pfarren, wo sie weilen, will ich ohne ihren Willen nicht predigen; und sie und alle andern will ich fürchten, lieben und ehren als meine Herren. Und ich will keine Sünde in ihnen anblicken, weil ich den Sohn Gottes in ihnen unterscheide und sie meine Herren sind. Und so tue ich deswegen, weil ich leibhaft in dieser Welt nur eins von ihm, dem höchsten Sohne Gottes, sehe, seinen heiligsten Leib und sein heiligstes Blut, das sie empfangen und sie allein den andern darreichen.

Und diese heiligsten Geheimnisse will ich über alles hochhalten, verehren und an kostbaren Orten verwahren. Seine heiligsten Namen und geschriebenen Worte will ich auflesen, wenn ich sie wo an unziemlichen Orten finde, und bitten, daß man sie auflese und an würdigem Orte verwahre. Und alle Theologen und

1 Vom Jahre 1226.

die der heiligsten Gottesworte walten, die müssen wir hochhalten und verehren, als die uns Geist und Leben darreichen.

Und dann, als der Herr mir Brüder gab, zeigte mir keiner, was ich tun müsse, sondern der Höchste selbst offenbarte mir, daß ich nach dem Maß des heiligen Evangeliums leben solle. Und ich ließ es mit wenigen Worten einfältig aufschreiben, und der Herr Papst bestätigte mir's. Und die da kamen, dies Leben anzunehmen, gaben alles, was sie haben mochten, den Armen und waren zufrieden mit *einem* Rock, innen und außen geflickt, samt Gürtel und Hosen; und mehr wollten wir nicht haben. Die Messe sagten wir Kleriker wie andere Kleriker, die Laien sagten: Vater unser. Und gern genug verweilten wir in den Kirchen. Und wir waren ungebildet und allen untertan.

Und ich arbeitete mit meinen Händen und will arbeiten. Auch alle andern Brüder, ich will es fest, sollen arbeiten, eine Arbeit, die ehrbar ist. Wer keine kann, lerne, nicht aus Gier, den Arbeitslohn zu bekommen, sondern zum Vorbild und um den Müßiggang zu vertreiben. Und würde uns einmal der Arbeitslohn nicht gegeben, so wollen wir uns an den Tisch des Herrn wenden und Almosen erbitten von Tür zu Tür.

Als Gruß offenbarte mir der Herr, daß wir sagten: Der Herr gebe dir Frieden.

Hüten mögen sich die Brüder, daß sie Kirchen, armselige Unterkünfte und alles, was für sie gebaut wird, keinesfalls annehmen, es wäre denn, wie es der heiligen Armut ansteht, die wir in der Regel gelobt haben; auch sollen sie dort immer herbergen wie Gäste und Pilger.

Ich gebiete fest beim Gehorsam den Brüdern insgesamt, daß, wo sie auch sind, sie nicht wagen, irgendeinen Brief vom römischen Hof zu erbitten, weder selbst noch durch Vermittler, weder für ihre Kirche noch für einen andern Ort, weder unter dem Vorwand der Predigt noch wegen Verfolgung ihrer Leiber. Sondern, wo immer man sie nicht aufnimmt, mögen sie in ein anderes Land fliehen, um Buße zu tun mit Gottes Segen.

Und fest will ich dem gemeinsamen Diener dieser Bruderschaft gehorchen und sonst dem Hüter, den es ihm gefallen wird mir zu geben. Und so will ich in seinen Händen gefangen sein, daß ich wider seinen Gehorsam und Willen nicht gehen noch handeln kann, weil er mein Herr ist. Und wiewohl ich einfältig und schwach bin, will ich doch immer einen Geistlichen haben, der mir den Gottesdienst begehe, wie es in der Regel steht.

Und alle anderen Brüder seien verpflichtet, so fest ihren Hütern zu gehorchen und nach der Regel den Gottesdienst zu begehen. Und wer erfunden würde, daß er nicht nach der Regel den Gottesdienst beginge und sonst etwas ändern wollte oder nicht katholisch wäre – alle Brüder, wo sie auch sind, seien beim Gehorsam verpflichtet, daß sie überall, wo sie einen solchen finden, ihn dem nächsten Wächter dort, wo sie ihn eben finden, vorführen müssen. Und der Wächter sei fest beim Gehorsam verpflichtet, ihn stark zu bewachen wie einen Mann in Fesseln bei Tag und bei Nacht, derart, daß er seinen Händen nicht entrissen werden kann, bis er ihn in eigener Person zu Händen seines Dieners vorführe. Und der Diener sei fest beim Gehorsam verpflichtet, ihn durch solche Brüder zu schicken, die ihn bei Tag und bei Nacht zu bewachen haben wie einen Mann in Fesseln, bis sie ihn angesichts des Herrn von Ostia vorführen, welcher der Herr, der Beschützer und Unterweiser der ganzen Bruderschaft ist.

Und kein Bruder sage: dies ist eine neue Regel; denn dies ist Erinnerung, Ermahnung, Aufmunterung und mein Testament, das ich, Bruder Franziskus, der ganz geringe, euch meinen gesegneten Brüdern deshalb mache, daß wir die Regel, die wir dem Herrn gelobt haben, besser katholisch einhalten.

Und der gemeinsame Diener und alle andern Diener und Wächter seien beim Gehorsam verpflichtet, an den Worten hier nichts zuzusetzen oder fortzunehmen. Und immer sollen sie dies geschrieben neben der Regel bei sich haben. Und auf allen Kapiteln, die sie halten, wenn sie die Regel lesen, sollen sie auch die Worte hier lesen. Und allen meinen Brüdern, Geistlichen und Laien, gebiete ich fest beim Gehorsam, daß sie keine Deutungen in die Regel setzen, auch nicht in die Worte hier, und sagen: so wollen sie verstanden sein. Sondern wie der Herr mir gegeben hat, einfältig und rein die Regel und diese Worte zu sagen und zu schreiben, so versteht ihr sie einfältig und rein ohne Deutung und bewahret sie mit heiliger Ausübung bis ans Ende.

Und einen jeden, der dies bewahrt, erfülle im Himmel der Segen des höchsten Vaters und erfülle auf Erden der Segen seines lieben Sohnes zusamt dem Heiligsten Geiste, dem Tröster, und allen Kräften des Himmels und allen Heiligen. Und ich, Bruder Franziskus, der ganz geringe, euer Knecht, bestätige euch, soviel ich nur kann, drinnen und draußen diesen heiligsten Segen.

## IV. *Briefe und Sendschreiben*

### Brief an alle Gläubigen

Im Namen des Herrn, des Vaters und Sohnes und Heiligen Geistes. Amen. Allen den Christen, Mönchen, Geistlichen und Laien, Männern und Frauen, allen, die in der ganzen Welt wohnen, entbietet Bruder Franziskus, ihr Knecht und Untertan, Dienst in Ergebenheit, wahren Frieden vom Himmel und im Herrn aufrichtige Liebe.

Da ich der Knecht aller bin, habe ich allen zu dienen und die duftenden Worte meines Herrn darzubieten. Da ich nun im Geist betrachte, wie ich euch persönlich wegen der Krankheit und Hinfälligkeit meines Körpers nicht alle besuchen kann, habe ich mir vorgenommen, durch den gegenwärtigen Brief und Boten die Worte unseres Herrn Jesus Christ, welcher das Wort des Vaters ist, euch zu bringen, dazu die Worte des Heiligen Geistes, welche Geist und Leben sind.

Dies Wort des Vaters, so würdig, so heilig und hehr, entbot der höchste Vater vom Himmel durch den heiligen Gabriel, seinen Engel, in den Schoß der heiligen und glorreichen Jungfrau Maria, und aus ihrem Schoße empfing es das wahre Fleisch unserer Menschlichkeit und Gebrechlichkeit. Da er nun reich war über alles, wollte er doch selbst zusammen mit unserer lieben Frau, seiner Mutter, die Armut erwählen. Und kurz vor seinem Leiden feierte er die Ostern mit seinen Jüngern. Da nahm er das Brot, dankte und segnete und brach es mit dem Wort: »Nehmt und eßt, dies ist mein Leib«; und nahm den Kelch und sprach: »Dies ist mein Blut des Neuen Testaments, welches für euch und für viele vergossen werden soll zur Vergebung der Sünden.« Danach betete er zum Vater mit dem Wort: »Vater, wenn es möglich ist, gehe dieser Kelch an mir vorüber.« Und es ward sein Schweiß wie Tropfen Blutes, das zur Erde fällt. Er legte jedoch seinen Willen in den Willen des Vaters, da er sprach: »Vater, geschehe dein Wille, nicht wie ich will, sondern wie du.« Der Wille aber dieses Vaters war so, daß sein benedeiter und glorreicher Sohn, den er uns gegeben hat – ja, geboren ward er für uns –, sich selbst durch sein eignes Blut als Opfer und Hostie auf dem Altar des Kreuzes darbrächte: nicht um seinetwillen, durch den alles gemacht ist, sondern um uns für unsre Sünden ein Beispiel zu lassen, damit wir seinen Spuren folgen. Und er will, daß wir alle durch ihn gerettet werden und ihn reinen Herzens und keuschen Leibes empfangen. Aber wenige sind's, die ihn annehmen und durch ihn gerettet sein wollen, wiewohl sein Joch sanft ist und seine Last leicht.

Die wollen nicht kosten, wie sanft der Herr ist, und lieben die Finsternis mehr denn das Licht: unwillig, die Gebote Gottes zu erfüllen, sind sie verflucht. Von ihnen heißt es durch den Propheten: »Verflucht, die von deinen Geboten abgehen.« Aber, o wie selig und gesegnet sind die, welche Gott lieben und tun, wie der Herr selbst im Evangelium sagt: »Du sollst lieben den Herrn deinen Gott aus deinem ganzen Herzen und aus deinem ganzen Sinn, und deinen Nächsten wie dich selbst.«

Lieben wir also Gott und beten wir zu ihm reinen Herzens und reinen Sinnes, denn solches hat er selbst über alles gesucht und gesagt: »Die wahren Beter werden den Vater in Geist und Wahrheit anbeten.« Alle nämlich, die ihn anbeten, müssen ihn im Geist der Wahrheit anbeten. Und sagen wir ihm Preise und Gebete Tag und Nacht in dem Wort: »Vater unser, der du bist im Himmel« – denn wir müssen immer beten und nicht nachlassen.

Wir sollen all unsere Sünden dem Priester beichten und Leib und Blut unsres Herrn Jesus Christ von ihm empfangen. Wer nämlich sein Fleisch nicht ißt und sein Blut nicht trinkt, kann ins Reich Gottes nicht eingehen. Würdig aber soll man essen und trinken, denn wer's unwürdig empfängt, ißt und trinkt sich das Gericht, denn er unterscheidet nicht den Leib des Herrn. Bringen wir außerdem die rechten Früchte der Buße. Und lieben wir den Nächsten wie uns selbst; und will oder kann einer ihn nicht lieben wie sich selbst, so bringe er ihm wenigstens nichts Übles, sondern tue ihm Gutes.

Wer aber Macht des Gerichtes über andere empfangen hat, übe das Gericht mit Barmherzigkeit, wie er selbst von dem Herrn Barmherzigkeit erlangen will. Denn Gericht ohne Barmherzigkeit wird die treffen, die Barmherzigkeit nicht getan haben. Haben wir also Liebe und Demut und geben wir Almosen, denn sie waschen unsere Seelen vom Schmutz der Sünden rein. Die Menschen verlieren ja alles, was sie in dieser Welt zurücklassen; doch nehmen sie mit sich den Liebessold und die Almosen, die sie gegeben, und dafür werden sie vom Herrn Lohn und würdigen Entgelt empfangen.

Wir sollen auch fasten und uns der Laster und Sünden sowie des Überflusses an Speise und Trank enthalten und katholisch sein. Wir sollen auch die Kirchen häufig besuchen und die Geistlichen ehren und verehren, nicht bloß ihrethalben, wenn sie ja Sünder sind, sondern wegen des Amtes und Dienstes am heiligsten Leib und Blut unseres Herrn Jesus Christ: denn das opfern sie auf dem Altar und nehmen es hin und bieten es den andern dar. Und fest wollen wir alle wissen, daß keiner gerettet werden kann, außer durch die heiligen Worte des Herrn und das Blut unsres Herrn Jesus Christ: und das sagen und verkünden und verwalten Geistliche, und sie allein sollen es verwalten und keine anderen. Besonders aber seien die Mönche, die auf die Welt verzichtet haben, gebunden, mehr und Größeres zu tun und doch an diesem ersten festzuhalten.

Wir sollen Haß wider unsern Körper mit seinen Lastern und Sünden fühlen, weil der Herr im Evangelium spricht: »Alle Laster und Sünden gehen vom Herzen aus.« Wir sollen unsere Feinde lieben und denen wohltun, die uns hassen. Wir sollen Gebote und Ratschläge unsres Herrn Jesus Christ einhalten. Wir sollen auch uns selbst verleugnen und unsere Leiber unter das Joch der Knechtschaft und des heiligen Gehorsams tun, wie es ein jeder dem Herrn versprochen hat.

Und kein Mensch sei aus dem Gehorsam verpflichtet, jemandem dort zu gehorchen, wo Fehl oder Sünde begangen wird. Wem aber Gehorsam gebührt und wer als der Größere geachtet wird, sei gleich dem Kleineren, sei der andern Brüder Knecht und wirke und fühle für jeden seiner Brüder Erbarmen, wie er es für sich selber haben wollte, wenn er in ähnlichem Falle wäre. Auch zürne er nicht um ein Vergehen des Bruders wider den Bruder, sondern mit aller Geduld und Demut mahne und ertrage er ihn freundlich.

Wir dürfen nicht nach dem Fleische weise und klug sein, sondern mehr sollen wir einfach, demütig und rein sein. Und wir sollen unseren Körper in Schande und Verachtung halten, weil wir alle durch unsere Schuld elend und beschmutzt, Ekel und Würmer sind, wie der Herr durch den Propheten sagt: »Ich bin Wurm und nicht Mensch, ein Spott der Leute und Auswurf des Volks.« Niemals dürfen wir wünschen, über den andern zu sein, sondern mehr sollen wir hörig und untertan sein aller menschlichen Kreatur um Gottes willen.

Und all die Männer und Weiber, die derlei tun und bis zum Ende verharren, auf denen ruhe der Geist des Herrn und nehme in ihnen Wohnung und Bleibe; und sie werden Kinder des himmlischen Vaters sein, dessen Werke sie tun, und sind Verlobte, Brüder und Mütter unsres Herrn Jesus Christ. Verlobte sind wir, wenn sich im Heiligen Geist die treue Seele mit Jesus Christ verbindet. Seine Brüder sind wir, wenn wir den Willen seines Vaters tun, der im Himmel ist. Seine Mütter sind wir, wenn wir ihn in unserem Herzen und Leibe tragen mit Liebe und reinem, lauteren Gewissen und ihn gebären mit heiligem Handeln, welches den andern als Vorbild leuchten soll. O, wie hehr und heilig und groß, einen Vater im Himmel zu haben! O, wie heilig, tröstend, schön und freundlich, einen Bräutigam im Himmel zu haben! O, wie heilig und wie lieb, wohlgefällig, demütig, friedlich, süß und freundlich und über alles ersehnlich, einen solchen Bruder zu haben, der seine Seele für seine Schafe eingesetzt und den Vater für uns gebeten hat, da er spricht: »Heiliger Vater, erhalte sie in deinem Namen, die du mir gegeben hast. Vater, alle, die du mir in der Welt gegeben hast, waren dein, und du hast sie mir gegeben. Und die Worte, die du mir gegeben hast, habe ich ihnen gegeben, und sie haben's angenommen und wahrlich erkannt, daß ich von dir ausgegangen bin, und geglaubt, daß du mich gesandt hast. Ich bitte für sie, nicht für die Welt: segne und heilige sie! Und für sie heilige ich mich selbst, daß sie in Eines geheiligt seien, wie auch wir es sind. Und ich will, Vater, daß, wo ich bin, auch sie bei mir sind, auf daß sie meine Helle sehen in deinem Reich.«

Ihm aber, der so Großes für uns ertragen und so viel Gutes uns gebracht hat und auch in Zukunft bringen wird, ihm bringe alle Kreatur, die im Himmel und auf Erden, im Meer und in den Tiefen ist, den Gottespreis, Glorie, Ehre und Segen. Denn er ist unsre Tugend und Tapferkeit, er allein ist gut, allein der höchste, allein allmächtig, wunderbar, glorreich und allein heilig, preiswürdig und gesegnet durch die unendlichen Zeiten der Welt. Amen.

All die andern aber, die nicht in der Buße sind und nicht Leib und Blut unseres Herrn Jesus Christ empfangen, und Laster und Sünden begehen und böser Begier nachziehen und böser Sucht, und nicht halten, was sie versprochen haben, und körperlich der Welt frönen in fleischlichen Wünschen, durch Sorgen und Unruhen dieser Welt und Sorgen dieses Lebens vom Teufel betrogen, dessen Kinder sie sind und dessen Werke sie tun – die sind blind, weil sie das wahre Licht, unseren Herrn Jesus Christ, nicht schauen. Die geistliche Weisheit haben sie nicht, weil sie den Sohn Gottes nicht in sich haben, welcher die wahre Weisheit des Vaters ist. Von denen heißt es: Ihre Weisheit ist verschlungen. Sie sehen, erkennen, wissen und tun das Böse, und verderben wissentlich ihre Seele. Seht doch, ihr Blinden, getäuscht von unsern Feinden, das ist dem Fleisch, der Welt und dem Teufel: dem Körper ist es süß, Sünde zu tun, und bitter, Gott zu dienen, weil alle üblen Laster und Sünden aus dem Herzen des Menschen ausgehen und vortreten, wie im Evangelium gesagt ist. Und nichts Gutes habt ihr in dieser Welt oder in der künftigen. Ihr wähnt, die Eitelkeiten dieser Welt lange zu besitzen, aber betrogen seid ihr; denn kommen wird Tag und Stunde, von denen ihr nichts denkt noch wißt noch ahnt.

Da erkrankt der Körper, der Tod naht, es kommen Verwandte und Freunde und sagen: Ordne das Deine. Wohlan, seine Frau und seine Kinder, Verwandte und Freunde tun, als ob sie weinten; da blickt er auf, sieht sie weinen, und arge Regung bewegt ihn, und sinnend sagt er im Innern: Nun denn, Seele und Leib und all das Meine lege ich in eure Hand. – Wahrlich, dieser Mensch ist verflucht, der Seele und Leib und all das Seine solchen Händen vertraut und aussetzt. Darum sagt der Herr durch den Propheten: »Verflucht der Mensch, der auf Menschen vertraut.« – Und alsbald lassen sie den Priester kommen. Spricht zu ihm der Priester: »Willst du Lösung von all deinen Sünden empfangen?« Der antwortet: »Ich will es.« – »Willst du für das Begangene genugtun, für das, worum du die Menschen gebracht und betrogen hast, genugtun, so gut du kannst, aus deinem Vermögen?« Der antwortet: »Nein.« Und der Priester spricht: »Warum nicht?« Der antwortet: »Weil ich alles in die Hände der Verwandten und Freunde gelegt habe.« Und beginnt die Sprache zu verlieren, und so stirbt dieser Arge. Aber wissen sollen alle: wo immer und wie immer der Mensch in sträflicher Sünde ohne Genugtuung stirbt, und er kann genugtun und er hat nicht genuggetan, da raubt der Teufel seine Seele aus seinem Körper mit soviel Angst und Pein, wie einzig der sie wissen kann, der sie erfährt. Und alle Gaben und Macht, Wissenschaft und Weisheit, die er zu haben glaubte, werden von ihm genommen sein. Verwandten und Freunden läßt er sein Vermögen, und sie werden's nehmen und teilen und später sagen: »Verflucht sei seine Seele, denn er hätte uns mehr geben und einbringen können, als er eingebracht hat.« Den Leib verzehren Würmer. Und so verdirbt er Leib und Seele in dieser kurzen Zeitlichkeit und geht in die Hölle – da wird er Marter finden ohne Ende. –

Im Namen des Vaters und Sohnes und Heiligen Geistes. Amen. Ihr alle, zu denen der Brief hier gelangt: Ich, Bruder Franziskus, euer geringer Knecht, bitte und beschwöre euch in der Liebe, die Gott ist, und mit dem Willen, eure Füße zu küssen, daß ihr diese Worte und die anderen unseres Herrn Jesus

Christ mit Demut und Liebe aufnehmen und gütig tun und vollkommen einhalten möget. Und die nicht lesen können, sollen sie sich oft vorlesen lassen und bei sich behalten in heiliger Ausübung bis zum Ende, denn sie sind Geist und Leben. Und wer das nicht tut, wird am Tage des Gerichts vor Christi Richterstuhl Rechenschaft geben. Und all die Männer und Frauen, die sie gütig aufnehmen und andern zur Lehre weitergeben, mögen in ihnen verharren bis zum Ende, und dafür segne sie Vater und Sohn und Heiliger Geist. Amen.

## Worte der Ermahnung

Im Namen des Vaters und Sohnes und Heiligen Geistes. Dies sind Worte hehrer Ermahnung unseres ehrwürdigen Vaters, des heiligen Franziskus, an alle Brüder.

Es sprach der Herr Jesus zu seinen Jüngern: »Ich bin der Weg, die Wahrheit und das Leben. Niemand kommt zum Vater denn durch mich. Hättet ihr mich erkannt, ihr hättet gewiß auch meinen Vater erkannt, und fortab werdet ihr ihn erkennen und habt ihn gesehen.« Spricht zu ihm Philippus: »Herr, zeig uns den Vater, und es ist uns genug.« Spricht zu ihm Jesus: »So lange Zeit bin ich bei euch, und ihr habt mich nicht erkannt? Philipp, wer mich sieht, sieht auch meinen Vater.« – Der Vater bewohnt das unnahbare Licht, und Geist ist Gott, und Gott hat keiner je gesehen. Weil Gott Geist ist, deshalb kann er einzig von Geist gesehen werden; denn der Geist ist's, der lebendig macht, das Fleisch ist nichts nütze. Doch auch der Sohn wird darin, daß er dem Vater gleich ist, von keinem anders gesehen als der Vater, anders als der Heilige Geist: und alle, die den Herrn Jesus Christ nach der Menschheit sahen, und nach dem Geist und der Gottheit nicht sahen noch glaubten, er sei Gottes wahrer Sohn, sind verdammt. So auch jetzt: alle, die das Sakrament des Leibes Christi sehen, das durch die Worte des Herrn auf dem Altar von der Hand des Priesters in Form von Brot und Wein geweiht wird, und nach dem Geist und der Gottheit nicht sehen noch glauben, dies sei wahrhaftig der heiligste Leib und das Blut unsres Herrn Jesus Christ, sind verdammt nach dem Zeugnis des Höchsten selbst. Der spricht: »Dies ist mein Leib und mein Blut des Neuen Testaments« – und: »Wer mein Fleisch ißt und mein Blut trinkt, hat das ewige Leben.«

Der Geist des Herrn, der in seinen Getreuen wohnt, der ist es also, der den heiligsten Leib und das Blut des Herrn empfängt. Alle anderen, die von diesem Geist nichts haben und sich vermessen, ihn zu empfangen, essen und trinken sich das Gericht. Darum, ihr Menschenkinder, bis wann schweren Herzens? Warum erkennt ihr nicht die Wahrheit und glaubet an Gottes Sohn? Seht, täglich demütigt er sich wie damals, als er von den Königssitzen in den Schoß der Jungfrau trat: täglich kommt zu uns er selbst, demütig anzusehen; täglich steigt er vom Busen des Vaters hernieder auf den Altar in die Hände des Priesters. Und wie den heiligen Aposteln im wahren Fleisch, so zeigt er sich jetzt auch uns im geweihten Brot. Und wie sie mit dem Blick ihres Fleisches nur sein Fleisch ersahen, aber mit geistigen Augen schauend glaubten, er sei Gott der Herr, so auch wir: sehen wir Brot und Wein mit Körperaugen, so laßt uns sehen und fest glauben, sein heiligster Leib und Blut sei lebendig und wahr. Und solcher Art ist der Herr immer bei seinen Getreuen, wie er selber sagt: »Sieh, ich bin bei euch bis zur Erfüllung der Zeit.«

Es sprach der Herr zu Adam: »Von jedem Baum des Paradieses iß; aber vom Baum des Wissens um Gut und Böse sollst du nicht essen.« – Von jedem Baum des Paradieses also durfte Adam essen; denn solange er nicht gegen den Gehorsam trat, sündigte er nicht. Der nämlich ißt vom Baum des Wissens um Gutes, der sich seinen Willen zueignet und sich des Guten überhebt, das der Herr in ihm sagt und wirkt. Und so, durch Einflüsterung des Teufels und Übertretung des Gebots, bringt ihn der Apfel zum Wissen um Böses; daher gebührt sich's, daß er Strafe trage.

Es spricht der Herr im Evangelium: »Wer nicht auf alles verzichtet, was er besitzt, kann mein Jünger nicht sein. Und wer seine Seele zum Heil bringen will, wird sie verderben.« – *Der* Mensch verläßt alles, was er besitzt, und verdirbt seinen Körper, der sich selbst ganz zum Gehorsam in die Hände seines Vorgesetzten hingibt. Und was er auch tut oder sagt – wenn er weiß, daß es nicht gegen dessen Willen ist, und solang das gut ist, was er tut, ist es wahrer Gehorsam. Und wenn einmal der Untergebene Besseres und Nützlicheres für seine Seele sieht als das, was der Vorgesetzte ihm gebietet, bringe er willig das Seine Gott zum Opfer, was aber des Vorgesetzten ist, strebe er im Werk zu erfüllen. Denn dies ist der wahre und liebende Gehorsam, der Gott und den Nächsten befriedigt. Wenn jedoch der Vorgesetzte dem Untergebenen etwas wider seine Seele gebietet, gehorche der ihm zwar nicht, aber verlasse ihn auch nicht. Und wenn er von etwelchen deshalb Verfolgung zu ertragen hat, liebe er sie nur mehr um Gottes Willen. Denn wer eher Verfolgung erträgt als von seinen Brüdern sich trennen will, verharrt fürwahr im vollkommenen Gehorsam, denn er setzt seine Seele ein für seine Brüder. Es gibt nämlich viele Mönche, die unter dem Vorwand, Besseres zu sehen als das, was ihre Vorgesetzten gebieten, hinter sich schauen und zu ihrem ausgespieenen Eigenwillen zurückkehren: die sind Totschläger und richten um ihres übeln Beispiels willen viele Seelen zugrunde.

»Ich bin nicht gekommen, bedient zu werden, sondern zu dienen«, spricht der Herr. – Die, welche über andere gestellt sind, mögen sich so dieses Vorrangs rühmen, wie wenn ihnen die Fußwaschung ihrer Brüder zum Amt gegeben wäre. Und je mehr die Entziehung ihres Vorrangs sie ärgert als das Amt der Fußwaschung, desto mehr füllen sie sich den Beutel zum Schaden der Seele.

Gib acht, o Mensch, in welche Herrlichkeit dich Gott der Herr gesetzt hat, denn er schuf und formte dich nach dem Bilde seines lieben Sohns im Körper und nach seinem Gleichnis im Geist. Und alle Geschöpfe, die unter dem Himmel sind, dienen auf ihre Art und kennen und gehorchen ihrem Schöpfer besser als du. Und auch die Dämonen haben ihn nicht gekreuzigt, aber du mit ihnen hast ihn gekreuzigt und kreuzigst ihn noch in deiner Lust an Lastern und Sünden. Wessen also darfst du dich rühmen? Denn wärst du so fein und weise, daß du alle Wissenschaft hättest und verständest alle Arten von Sprache zu dolmetschen und genau über die himmlischen Dinge zu forschen – in alledem kannst du dich nicht rühmen; denn *ein* Dämon wußte vom Himmlischen mehr und weiß jetzt vom Irdischen mehr als alle Menschen, mag auch einer gelebt haben, der Erkenntnis höchster Weisheit von Gott insbesondere empfing. Ingleichen auch, wärst du schöner und reicher denn alle und tätest du gar Wunder, daß du Dämonen zum Fliehen brächtest – alles dies ist dir entgegen und rührt nicht an dich, und gar nicht kannst du dich dabei rühmen. Aber in einem können wir uns rühmen, in unsern Gebrechen, und so schleppen wir täglich das heilige Kreuz unsres Herrn Jesus Christ. –

Geben wir acht, alle Brüder, auf den guten Hirten, der seine Schafe zu retten des Kreuzes Leiden ertrug. Die Schafe des Herrn sind ihm gefolgt in Trübsal und Verfolgung und Schmach, in Hunger und Durst, in Krankheit und Anfechtung und anderem sonst; und dafür haben sie vom Herrn das ewige Leben empfangen. So ist es große Scham für uns Knechte Gottes, daß die Heiligen Werke getan haben, und wir, wenn wir sie erzählen und predigen, davon Ehre und Ruhm ernten wollen.

Es spricht der Apostel: »Der Buchstabe tötet, der Geist aber belebt.« – Die sind tot vom Buchstaben, die bloß die Worte allein zu wissen begehren, damit sie unter den anderen für weiser gelten und großen Reichtum erwerben können, an Vettern und Freunde zu verschenken. Und die Geistlichen sind tot vom

Buchstaben, die dem Geist des heiligen Buchstabens nicht folgen wollen, sondern mehr die Worte allein zu wissen und anderen auszulegen begehren. Und die sind belebt vom Geist des göttlichen Buchstabens, die jeden Buchstaben, den sie wissen und zu wissen begehren, nicht dem Körper zukommen lassen, sondern in Wort und Vorbild dem höchsten Herrgott erstatten, dem alles Gute gehört.

Es sagt der Apostel: »Keiner kann sprechen, Herr Jesus, außer im Heiligen Geist«, und: »Da ist niemand, der Gutes tue, niemand bis auf einen.« – Wenn also wer seinem Bruder das Gute neidet, das der Herr in ihm sagt und tut, gehört es zur Sünde der Lästerung; denn er beneidet den Höchsten selbst, der alles Gute sagt und tut.

Es spricht der Herr: »Liebet eure Feinde« usw. – Der nämlich liebt wahrlich seinen Feind, den das Unrecht nicht schmerzt, das der ihm tut; aber die Sünde seiner Seele brennt ihn in seinem Gefühle Gottes, und er zeigt ihm mit Werken Liebe.

Viele gibt es, die sündigend oder Unbill erfahrend oft den Feind oder Nächsten beschuldigen. Doch ist es nicht so: denn ein jeglicher hat den Feind in seiner Macht, den Körper nämlich, durch den er sündigt. Darum selig der Knecht, der diesen in seine Macht gegebenen Feind immer gefangen hält und weise vor ihm auf der Hut ist; denn solang er das tut, wird kein anderer Feind, ob sichtbar oder unsichtbar, ihm schaden.

Dem Knecht Gottes darf kein Ding mißfallen außer der Sünde. Und welcher Art auch jemand sündigte – wenn der Knecht Gottes, nicht aus Liebe, sich deshalb erregt und erzürnt, bereichert er nur seine Schuld. Der Knecht Gottes, der nicht zürnt noch sich über irgend etwas erregt, lebt richtig ohne Eigentum. Und selig ist, wer sich nichts zurückbehält, wer, was des Kaisers ist, dem Kaiser wiedergibt, und was Gottes ist, Gott.

Also kann man den Knecht Gottes erkennen, ob er vom Geiste des Herrn hat: wenn daher, daß der Herr durch ihn etwas Gutes wirkt, sein Fleisch sich nicht überhebt – denn immer ist es jedem Gut entgegen – nein, wenn er sich dann in seinen eignen Augen nur gemeiner dünkt und geringer als alle anderen Menschen sich achtet.

Nicht kann der Knecht Gottes erkennen, wieviel Geduld und Demut er in sich habe, solang ihm das Seine zuteil wird. Kommt aber einmal die Zeit, wo ihm die, die ihm das Seine zu geben hätten, Widriges geben – so viel Geduld und Demut er dann hat, so viel hat er und nicht mehr.

»Selig die Armen im Geist, denn ihrer ist das Himmelreich.« – Viele gibt's, die in Gebet und Brevier vertieft viele Enthaltungen und Züchtigungen an ihrem Körper vollbringen, aber über ein einziges Wort, das wie Beleidigung ihres Körpers erscheint, oder über irgendein Ding, das man ihnen wegnimmt, empören sie sich gleich und kommen außer sich. Die sind nicht arm im Geist: denn wer wahrlich arm im Geist ist, haßt sich selbst und liebt die, die ihn auf den Backen schlagen.

»Selig die Friedfertigen, denn Gottes Kinder werden sie heißen.« – Die sind wahrhaftig friedfertig, die bei allem, was sie in dieser Welt leiden, aus Liebe zu unserem Herrn Jesus Christ in Geist und Körper Frieden halten.

»Selig, die reinen Herzens sind, denn sie werden Gott schauen.« – Reinen Herzens sind, die das Irdische verachten, das Himmlische suchen und nicht ablassen, Gott den Herrn, den lebendigen und wahren, reinen Herzens und Geistes immer anzubeten und zu schauen.

Selig der Knecht, der nicht stolzer auf das Gute ist, das der Herr durch ihn sagt und wirkt, als auf das, was er durch einen andern sagt und wirkt. Es sündigt der Mensch, der lieber von seinem Nächsten empfangen als Gott dem Herrn etwas von sich geben will.

Selig der Mensch, der seinen Nächsten nach seiner Gebrechlichkeit in dem erträgt, was er von ihm ertragen haben wollte, wenn er selbst in solchem Falle wäre.

Selig der Knecht, der all sein Gutes Gott dem Herrn wiedergibt; denn wer sich etwas zurückbehält, verbirgt bei sich das Geld seines Herrn, und was er zu haben glaubt, wird ihm genommen werden.

Selig der Knecht, der sich nicht besser dünkt, wenn die Menschen ihn preisen und erhöhen, als wenn man ihn für gemein, einfältig und verächtlich hält; denn wieviel ein Mensch vor Gott ist, soviel ist er und nicht mehr. Weh dem Ordensmann, der von anderen hoch gestellt ward und aus eignem Willen nicht herabsteigen mag. Und selig der Knecht, der nicht aus eignem Willen hoch gestellt wird und immer sich sehnt, unter den Füßen der andern zu sein.

Selig der Mönch, der keine Heiterkeit und Freude hat als die an den heiligsten Sprüchen und Werken Gottes und mit diesen die Menschen zur Liebe Gottes führt in Lust und Freude. Weh dem Mönch, der sich an müßigen und leeren Worten ergötzt und mit diesen die Menschen zum Lachen bringt.

Selig der Knecht, der nicht mit Hoffnung auf Lohn redet und nicht all das Seine kundtut und nicht rasch am Reden ist, sondern weise bedenkt, welche Rede und Antwort ihm gebührt. Weh dem Mönch, der das Gute, welches der Herr ihm weist, nicht in seinem Herzen festhält und anderen nicht im Handeln zeigt, sondern es mehr in Hoffnung auf Lohn mit Worten den Menschen zu zeigen begehrt. Der hat seinen Lohn dahin, und die Hörer ernten geringe Frucht.

Selig der Knecht, der Züchtigung, Anklage und Tadel so geduldig von irgendwem hinnimmt wie von sich selbst. Selig der Knecht, der einen Tadel sanft hinnimmt, schamhaft sich fügt, demütig beichtet und gern genugtut. Selig der Knecht, der nicht rasch ist, sich zu entschuldigen, und demütig Unglimpf und Tadel wegen einer Sünde erträgt, auch wo er keine Schuld hat.

Selig der Knecht, der so demütig im Kreise seiner Untergebenen erfunden wird, als wenn er im Kreise seiner Herren wäre. Selig der Knecht, der immer unter der Rute der Züchtigung bleibt. Treu ist der Knecht und klug, der, wo er auch Anstoß gibt, mit der Reue nicht säumt, innerlich durch Zerknirschung und äußerlich durch Beichte und tätige Genugtuung.

Selig der Knecht, der seinen Bruder ebenso liebt, wenn er krank ist und ihm nicht genugtun kann, wie wenn er gesund ist und ihm genugtun kann.

Selig der Knecht, der seinen Bruder so lieben und fürchten würde, wenn er fern von ihm wäre, wie wenn er bei ihm wäre, und der hinter seinem Rücken nichts von ihm sagen würde, was er nicht auch in Liebe vor seinem Angesicht sagen könnte.

Selig der Knecht Gottes, der den Geistlichen Vertrauen zubringt, die recht nach der Norm der heiligen römischen Kirche leben. Und weh denen, die sie verachten! Mögen sie ja Sünder sein, doch darf keiner sie richten, weil er, der eine Herr, sie sich zum Gerichte vorbehält. Denn soviel größer als alle anderen ihr Amt ist, das sie am heiligen Leib und Blut unseres Herrn Jesus Christ haben, welchen nur sie empfangen und sie allein den andern darreichen, um so mehr Sünde haben die Sünder unter ihnen als die unter allen andern Menschen dieser Welt. –

Wo Liebe ist und Weisheit, ist weder Furcht noch Unwissenheit. Wo Geduld und Demut ist, da ist weder Zorn noch Erregung. Wo Armut mit Freude ist, da ist weder Gier noch Geiz. Wo Ruhe und Besinnung ist, ist weder Verwirrung noch Unrast. Wo Furcht des Herrn ist, seine Schwelle zu behüten, dort hat der Feind keinen Raum zum Eintritt. Wo Erbarmen und Unterscheidung ist, ist weder Übermaß noch Verhärtung. –

Selig der Knecht, der sich die Güter im Himmel häuft, die der Herr ihm weist, und sie nicht in Hoffnung auf Lohn den Menschen kundzutun begehrt; denn der Höchste selbst wird seine Werke kundtun, wenn es ihm gut dünkt.

Selig der Knecht, der die Geheimnisse Gottes des Herrn in seinem Herzen bewahrt.

## An das Generalkapitel[1]

Im Namen der höchsten Dreifaltigkeit und heiligen Einfaltigkeit, des Vaters und Sohnes und Heiligen Geistes. Amen.

Den hochwürdigen und sehr liebenswerten Brüdern insgesamt, dem Bruder Elias, dem gemeinsamen Diener des Bundes der Minderbrüder, seinem Herrn, und den übrigen gemeinsamen Dienern, die nach ihm sein werden, und allen Dienern und Wächtern und Priestern dieser Bruderschaft, den demütigen in Christus, und allen einfachen gehorchenden Brüdern, den ersten wie den letzten, entbietet Bruder Franziskus, ein gemeiner und hinfälliger Mensch, Euer ganz geringer Diener, Heil in dem, der uns in seinem kostbarsten Blut erlöst und gereinigt hat. Den betet an, da ihr seinen Namen hört, in Furcht und Verehrung zur Erde geneigt. Herr Jesus Christ, Sohn des Höchsten, ist sein Name, der gesegnet ist für alle Zeit. Amen.

Hört ihr, meine Herren, Söhne und Brüder, und erfasset mit dem Ohr meine Worte. Neigt das Ohr eures Herzens und gehorcht der Stimme des Gottessohns. Bewahrt im ganzen Herzen seine Gebote und erfüllt seine Ratschläge vollkommenen Sinnes. Beichtet ihm, denn er ist gut, und erhöhet ihn in euern Werken; denn dazu hat er euch in alle Welt gesandt, daß ihr in Wort und Werk von seiner Stimme Zeugnis gebet und jedermann wissen lasset, keiner sei allmächtig außer ihm. Verharret in Zucht und heiligem Gehorsam und erfüllet, was ihr ihm nach gutem und festem Vorsatz versprochen habt. Gleich als seinen Kindern bietet sich euch Gott der Herr.

### *Von Verehrung des Sakramentes*

Ich ersuche darum euch Brüder alle mit Fußkuß und in so viel Liebe, als ich vermag, daß ihr alle Ergebenheit und alle Ehre dem heiligsten Leib und heiligsten Blut unsres Herrn Jesus Christ

1 Aus dem Jahre 1224.

darbringt, in welchem alle Dinge im Himmel und auf Erden mit dem allmächtigen Gott befriedet und versöhnt sind.

## *Von der Messe*

Ich bitte auch im Herrn alle meine Brüder Priester, die da sind und sein werden und Priester des Höchsten sein möchten, daß sie immer, wenn sie die Messe begehen wollen, rein in reiner Ergebenheit das echte Opfer des heiligsten Leibes und Blutes unseres Herrn Jesus Christ darbringen, in heiliger und lauterer Gesinnung und für keinerlei irdisches Gut, auch nicht aus Furcht oder Liebe irgendeines Menschen, als wollten sie Menschen gefallen. Nein, jeder Wille werde, soweit die Gnade des Allmächtigen dazu hilft, auf Gott gelenkt und begehre einzig ihm, dem höchsten Herrn, damit zu gefallen: denn einzig er wirkt dabei, wie es ihm gefällt. Wie er selber sagt: »Solches tut zu meinem Gedächtnis« – so wird jeder, der es etwa anders tut, zum Judas und Verräter, er wird mitschuldig an Leib und Blut des Herrn. Erinnert euch, meine Brüder Priester, was über das Gesetz Moses' geschrieben steht: wer es auch nur im Körperlichen übertrat, starb ohne jedes Erbarmen durch den Spruch des Herrn. Wieviel größere und schlimmere Martern verdient, wer den Sohn Gottes mit Füßen tritt und das Blut des Testaments unrein achtet, durch welches er geheiligt ist, und dem Geist der Gnade Schmach antut! Der Mensch verachtet nämlich und verunreinigt und tritt mit Füßen das Gotteslamm, wenn er, wie der Apostel sagt, das heilige Brot Christi von anderen Speisen und Werken nicht unterscheidet und getrennt hält, vielmehr unwürdig ißt – oder, wäre er auch selbst würdig, auf eitle und unwürdige Weise ißt, wie denn der Herr durch den Propheten spricht: »Verflucht der Mann, der Gottes Werk trügerisch tut.« Und die Priester, die dies nicht zu Herzen nehmen wollen, die verurteilt er in Wahrheit, da er spricht: »Ich will eure Segnungen verfluchen.« Hört, meine Brüder: wenn die selige Jungfrau Maria so geehrt wird, wie es würdig ist, weil sie Ihn im heiligsten Schoß getragen hat – wenn der selige Täufer erbebte und Gottes heiligen Scheitel nicht zu berühren wagte – wenn das Grab, wo Er eine Zeitlang gelegen hat, verehrt wird – wie heilig, gerecht und würdig muß dann der sein, welcher ihn, den nicht mehr totbestimmten, sondern ewig lebenden und verherrlichten, ihn, den die Engel anzuschauen begehren, mit Händen betastet, mit dem Herzen und mit dem Munde aufnimmt und andern zum Aufnehmen bietet!

Sehet eure Würde, ihr Brüder Priester, und seid denn heilig, weil Er heilig ist. Und wie Gott der Herr euch um dieses Geheimnisses willen über alle geehrt hat, so liebet, verehrt und erhöht auch ihr ihn über alle. Großes Elend und elende Schwäche, wenn ihr ihn so gegenwärtig habt und selbst an irgend etwas andres in der Welt denken könnt! Der ganze Mensch erschaudre, die ganze Welt erzittre und der Himmel juble, wenn auf dem Altar in der Hand des Priesters Christus ist, der Sohn des lebendigen Gottes. O wunderbare Hoheit und erstaunliche Herablassung! O erhabene Demut, o demütige Erhabenheit, wenn der Herr des Alls, Gott und Gottes Sohn, sich so erniedrigt, daß er unserm Heil zuliebe sich unter der kleinen Form des Brotes verbirgt. Seht, Brüder, Gottes Demut und schüttet euer Herz vor ihm aus; erniedrigt auch ihr euch, auf daß er euch erhöhe. Nichts von euch behaltet für euch: Er muß euch ganz empfangen, der sich ganz euch gewährt.

### *Daß nur eine Messe zu sagen*

Ich mahne außerdem und heische im Herrn, daß dort, wo Brüder weilen, nur eine Messe am Tag nach der Form der heiligen Kirche gefeiert werde. Sind aber mehrere Priester dort, so sei um der Liebe willen der eine zufrieden, den andern feiern zu hören: denn Nahe und Ferne, die seiner würdig sind, erfüllt der Herr Jesus Christ. Mag er an mehreren Orten zu sein scheinen, er bleibt doch unteilbar und kennt keinerlei Minderung: als einer wirkt er überall, wie es ihm gefällt, mit dem Herrn, dem Gottvater und dem Heiligen Tröstergeist, für die Zeiten der Zeiten. Amen.

### *Von Verehrung der geweihten Worte*

Und weil, wer aus Gott ist, Gottes Worte hört, darum müssen wir, die wir vor andern für die Gottesämter erkoren sind, nicht nur hören und tun, was Gott sagt, sondern auch – um auf die Hoheit des Schöpfers in uns und in ihm auf unsere Unterworfenheit zu deuten – die Gefäße und übrigen Geräte behüten, die sein Heiligtum bewahren. Deswegen ermahne ich alle meine Brüder und ermuntere sie in Christus, daß sie überall, wo sie Gottes Worte geschrieben finden, sie nach Kräften verehren, und wenn sie nicht gut verwahrt sind oder irgendwo unehrbar zerstreut liegen, das Ihre tun, sie zu sammeln und zu verwahren, indem sie in den Sprüchen den Herrn ehren, der sie gesprochen hat. Vieles wird ja durch Worte Gottes geweiht, und in Kraft der Worte Christi wirkt man das Altarsakrament.

### *Beichte*

Ich beichte fernerhin Gott dem Vater, dem Sohn und dem Heiligen Geist, und der seligen Maria, der Jungfrau immerdar, und allen Heiligen im Himmel und auf Erden, dem Bruder Elias, dem Diener unsres Bundes, als meinem ehrwürdigen Herrn, und den Priestern unsres Ordens und all meinen andern gesegneten Brüdern alle meine Sünden. In vielem habe ich durch schwere eigne Schuld missegetan, besonders weil ich die Regel, die ich dem Herrn gelobt, nicht gehalten habe, auch weil ich das Gottesamt nicht, wie die Regel gebietet, gesprochen habe, sei es aus Nachlässigkeit oder Schwäche, oder weil ich unwissend und töricht bin.

*Von der Regel und der Art, das Amt zu sagen, und auch von der Singart der Minderbrüder*

Und deshalb bitte ich, so viel ich kann, den Bruder Elias, meinen gemeinsamen Herrn Diener, daß er die Regel von allen unverletzlich beobachten lasse. Auch sollen die Geistlichen das Amt mit Andacht vor Gott hersagen, nicht mit Rücksicht auf den Wohlklang der Stimme, sondern auf den Einklang des Geistes, auf daß die Stimme mit dem Geist, der Geist aber mit Gott einträchtig sei, auf daß sie durch Herzensreinheit Gott sänftigen und nicht durch Stimmenreiz dem Ohr des Volkes schmeicheln mögen.

Ich selbst verspreche, dies alles fest zu behüten, soweit der Herr mir Gnade gewährt, und ich werde es den Brüdern, die mit mir sind, im Gottesdienst und allen Satzungen der Regel zu beobachten geben. Wer aber unter den Brüdern dies nicht beobachten mag, den halte ich nicht für katholisch und nicht für meinen Bruder; den will ich auch nicht sehen noch sprechen, bis er Buße getan hat. Ein gleiches sage ich auch von allen denen, die in Verachtung der Ordenszucht schweifend wandern: denn unser Herr Jesus Christ hat sein Leben gegeben, um den Gehorsam gegen den heiligsten Vater nicht aufzugeben.

Ich, Bruder Franziskus, ein unnützer Mensch und unwürdiges Geschöpf Gottes des Herrn, heiße beim Herrn Jesus Christ den Bruder Elias, den Diener unsres ganzen Bundes, und alle gemeinsamen Diener, die nach ihm sein werden, und die übrigen Wächter und Hüter der Brüder, die sind und sein werden, daß sie dies Schreiben bei sich haben, es befolgen und sorgfältig verwahren. Und ich flehe sie an, was darin geschrieben steht, eifrig festzuhalten und mit Fleiß beobachten zu lassen, gemäß dem Wohlgefallen des allmächtigen Gottes, jetzt und immer, bis diese Welt zu Ende ist. Seid vom Herrn gesegnet, ihr die es tut, und in Ewigkeit sei der Herr mit euch. Amen.

## *Gebet*

Allmächtiger, ewiger, gerechter und barmherziger Gott, gib uns Armen um deinetwillen zu tun, was wir als deinen Willen kennen, und immer zu wollen, was dir gefällt, damit wir innerlich geläutert, innerlich erleuchtet und vom Feuer des Heiligen Geistes entzündet den Spuren deines Sohnes zu folgen vermögen, unsres Herrn Jesus Christ, und zu dir, Höchster, allein durch deine Gnade gelangen, der du in vollkommener Dreifaltigkeit und einfaltiger Einheit lebst und regierst und herrlich bist, Gott du Allmächtiger für die Zeiten der Zeit. Amen.

# An alle ›Wächter‹

Allen Wächtern der Minderbrüder, zu denen der Brief hier gelangen mag, wünscht Bruder Franziskus, euer Knecht in Gott dem Herrn, der ganz geringe, Heil unter neuen Zeichen von Himmel und Erde, welche vor dem Herrn groß und hellglänzend sind und von vielen Mönchen und andern Leuten für sehr klein gehalten werden.

Ich bitte euch, und nicht nur aus mir selber, daß ihr nach Schicklichkeit und im rechten Augenblick den Geistlichen demütig anliegt, sie möchten den hochheiligen Leib und das Blut unsres Herrn Jesus Christ und seine geschriebenen heiligen Namen und Worte, die den Leib weihen, über alles in Ehre halten; sie möchten Kelche, Fronleichnamstücher, Altarschmuck und alles, was zum Opfer gehört, als Kleinodien ansehen. Und wäre irgendwo der heiligste Fronleichnam armselig hingestellt, so werde er nach dem Geheiß der Kirche von ihnen an einen köstlichen Ort gebracht und verwahrt und mit großer Verehrung getragen und mit Bescheidenheit andern dargeboten. Auch die geschriebenen Namen und Worte des Herrn soll man überall, wo sie sich an unreinen Orten finden, aufheben, und soll sie an würdigem Ort verwahren.

Und in jeder Predigt, die ihr haltet, sollt ihr das Volk an Buße erinnern und daß keiner gerettet werden kann, außer er empfängt den heiligen Leib und das Blut des Herrn. Und während er vom Priester auf dem Altar geweiht und irgendwo getragen wird, sollen alle Völker mit gebeugtem Knie Preis, Ruhm und Ehre Gott dem Herrn darbringen, dem lebendigen und wahren. Und wegen seines Preises verkündigt und predigt allen Völkern dies, daß zu jeglicher Stunde, wo man die Glocken läutet, immer die Menschen insgesamt dem allmächtigen Gott Preis und Dank erstatten sollen auf der ganzen Erde.

Und all meine Brüder Wächter, die dies Schreiben erreicht und die es abschreiben und bei sich tragen und für Brüder, welche das Predigeramt und die Wacht der Brüder haben, abschreiben lassen, und alles, was in diesem Schreiben steht, bis ans Ende predigen, die sollen wissen, sie haben den Segen Gottes des Herrn und meinen. Und das hier gelte ihnen beim wahren und heiligen Gehorsam. Amen.

## An alle Geistlichen

Achten wir, all ihr Geistlichen, auf die große Sünde und Unwissenheit, in die manche mit dem heiligsten Leib und Blut unsres Herrn Jesus Christ geraten und mit seinen hehren Namen und den geschriebenen Worten, die den Leib heiligen. Wir wissen, der Leib kann nicht sein, er werde denn zuvor durch das Wort geheiligt. Denn nichts haben und sehen wir körperlich in dieser Welt von Ihm, dem Höchsten, außer dem Leib und Blut, den Namen und Worten, durch welche wir gemacht und vom Tode zum Leben erlöst sind. Alle die nun, welche so heiliger Geheimnisse walten, mögen acht darauf geben – und am meisten, wer nicht sorgsam damit umgeht –, ob die Kelche und heiligen Tücher schlecht sind, auf denen Leib und Blut unsres Herrn geweiht wird. Denn viele lassen sie an schlechten Orten stehn und tragen sie gar kläglich unterwegs; und Leib und Blut nehmen sie unwürdig und teilen es unsorgsam andern mit. Auch seine geschriebenen Namen und Worte treten sie zuweilen mit Füßen, wie denn der sinnliche Mensch nicht faßt, was Gottes ist. Erweckt nicht dies alles unser frommes Gefühl, da doch der fromme Herr selbst sich unsern Händen darbietet und wir ihn betasten und täglich in unsern Mund nehmen? Oder wissen wir nicht, daß einst wir in seine Hand kommen? Bringen wir also all dies und anderes rasch und entschlossen ins reine, und wo immer der heiligste Leib unsres Herrn Jesus Christ unziemlich hingelegt und stehengelassen ist, entferne man ihn von dort und lege und verwahre ihn an kostbarem Ort. Ebenso die geschriebenen Namen und Worte des Herrn: wo man sie an unreinen Stätten findet, hebe man sie auf und bringe sie an einen anständigen Ort. Und wir wissen, dies alles haben wir über alles einzuhalten, nach den Geboten des Herrn und den Satzungen der heiligen Mutter Kirche. Und wer dies nicht tut, wisse, er wird vor unserm Herrn Jesus Christ am Tage des Gerichts Rechenschaft geben. – Damit dies Schreiben besser befolgt werde, sei von Gott dem Herrn gesegnet, wer es abschreiben läßt.

## An die Lenker der Völker

Sämtlichen Machthabern und Vögten, Richtern und Lenkern überall in der Welt und allen andern, zu denen der Brief hier gelangt, wünscht Bruder Franziskus, in Gott dem Herrn euer ganz kleiner und verachteter Knecht, Heil und Frieden euch allen.

Habt acht und seht, wie der Tag des Todes herannaht. Darum bitte ich euch mit Ergebenheit, so gut ich kann, vergeßt nicht wegen der Sorgen und Geschäfte dieser Welt, die ihr habt, den Herrn und geht von seinen Geboten nicht ab. Denn alle die, welche ihn vergessen und von seinen Geboten abgehen, sind verflucht und werden von ihm auch vergessen sein; und wenn der

Tag des Todes kommt, wird ihnen alles, was sie zu haben glaubten, fortgenommen werden, und je weiser und mächtiger sie in dieser Welt gewesen sind, um so größere Qualen werden sie in der Hölle erdulden.

Darum rate ich ernstlich euch, meinen Herren, daß ihr alle Sorgen und Geschäfte zurückstellt und den heiligsten Leib und das heiligste Blut unsres Herrn Jesus Christ zu seinem heiligen Gedächtnis willig empfangt. Und so viel Ehre erweiset in dem euch anvertrauten Volke dem Herrn, daß ihr jeden Abend durch einen Boten oder ein andres Zeichen kundtut, es solle das ganze Volk dem allmächtigen Herrgott Lob und Dank darbringen. Und wenn ihr das nicht tut, wißt, ihr habt vor dem Herrn, euerm Gott Jesus Christus, am Tage des Gerichts Rechenschaft abzulegen. – Wer dies Schreiben bei sich behält und danach handelt, erfahre, er ist von Gott dem Herrn gesegnet.

## An einen ›Diener‹ des Ordens[1]

Der Herr segne dich. Ich sage dir, wie ich's vermag, über den Zustand deiner Seele: was dich hindert, Gott den Herrn zu lieben, und wer immer dir ein Hindernis schafft, seien es Brüder oder andere, und wenn sie dich geißelten – all das sollst du für Gnade halten, und wolle es so und nicht anders. Und dies sei dir der wahre Gehorsam Gottes des Herrn und meiner, weil ich sicher weiß, es ist der wahre Gehorsam. Und liebe die, die dir solches antun, und wolle nichts andres von ihnen, als was der Herr dir gegeben hat; und darin liebe sie und wolle nicht, daß sie bessere Christen sind; und dies sei dir mehr als Einsiedelei.

Und darin will ich erkennen, ob du den Herrn und mich, seinen und deinen Knecht, liebst, wenn du also tust, nämlich, daß es keinen Bruder in der Welt gebe, der gesündigt hat, so sehr er nur

1 Aus dem Jahre 1223.

sündigen kann, und nachdem er deine Augen gesehen hat, jemals ohne dein Erbarmen umkehre, wenn er nach Erbarmen fragt; und wenn er nicht nach Erbarmen fragte, frage du ihn, ob er Erbarmen will. Und wenn er danach tausendmal vor deinen Augen erschiene, liebe ihn mehr als mich, damit du ihn zum Herrn ziehest, und hab immer Erbarmen mit solchen. Und das vermelde den Hütern, sobald du kannst, daß du für dich fest bist, so zu handeln.

Aus allen Kapiteln aber, die in der Regel sind, die von Todsünden reden, werden wir unter Beistand des Herrn auf dem Pfingstkapitel mit dem Rat der Brüder dies eine Kapitel hier machen: Wenn einer der Brüder vom Feinde gestachelt tödlich gesündigt hat, sei er beim Gehorsam verpflichtet, sich an seinen Hüter zu wenden. Und alle Brüder, die etwa von seiner Sünde wissen, sollen ihm weder Scham noch Nachrede erwecken, sondern großes Erbarmen mit ihm haben, und sollen ganz abgesondert die Sünde ihres Bruders halten, denn nicht den Gesunden ist der Arzt not, sondern denen es schlecht geht. Desgleichen seien sie beim Gehorsam verpflichtet, ihn mit einem Gefährten an seinen Wächter zu senden. Der Wächter soll nun barmherzig für ihn sorgen, wie er selbst für sich gesorgt haben wollte, wenn er in ähnlichem Falle wäre. Und wenn einer in eine verzeihliche Sünde gefallen ist, beichte er seinem Bruder Priester, und wenn dort kein Priester ist, beichte er seinem Bruder, bis er einmal einen Priester hat, der ihn kanonisch löse, wie es gesagt ist. Und jene Brüder sollen keinerlei Macht haben, andere Buße aufzulegen als die: Geh hin und sündige hinfort nicht mehr.

Dies Schreiben sollst du, damit es besser befolgt werde, bis Pfingsten bei dir haben: da wirst du mit deinen Brüdern sein und Sorge tragen, dies hier und alles andre, was in der Regel zu wenig ist, mit Hilfe Gottes des Herrn auszufüllen.

## An Bruder Leo

Bruder Leo: dein Bruder Francisco bietet dir Gruß und Frieden.
So sage ich dir, mein Kind, und wie eine Mutter – denn alle Worte, die wir unterwegs sprachen, verbinde ich kurz in diesem Wort und Rate, auch wenn dir später not ist, um Rat zu mir zu kommen – so nämlich rate ich dir: Auf welcherlei Weise es dir am besten scheint, Gott dem Herrn zu gefallen und seinen Spuren und seiner Armut zu folgen, möget ihr es tun unter dem Segen Gottes des Herrn und meinem Gehorsam. Und ist es dir nötig um deiner Seele oder andern Trostes willen, und willst du, Leo, zu mir kommen – komm.

## Schutzbrief für die Schwestern der heiligen Klara

Weil ihr auf göttliche Eingebung euch zu Töchtern und Mägden des obersten, höchsten Königs, des himmlischen Vaters gemacht und dem Heiligen Geiste euch verlobt habt, ein Leben gemäß der Vollkommenheit des heiligen Evangeliums erwählend, so will ich, und verspreche es für mich und meine Brüder, euch so wie ihnen selbst allzeit liebende Sorge und besondre Aufmerksamkeit widmen.

## Letzter Wille für dieselben

Ich, Bruder Franziskus, der ganz geringe, will dem Leben und der Armut unsres höchsten Herrn Jesus Christ und seiner heiligsten Mutter folgen und darin ausharren bis zum Ziel. Und ich bitte euch, meine Herrinnen, und gebe euch Rat, daß ihr in diesem heiligsten Leben und Armsein immer lebet. Und bewachet euch wohl, daß ihr durch jemandes Lehre oder Rat davon in Ewigkeit nimmermehr abweichet.

# Fioretti (Die Blümlein)

I

*Im Namen unseres Herrn Jesu Christi des Gekreuzigten, und seiner Mutter, der Jungfrau Maria. Dieses Buch enthält etliche Blümlein, das sind Wunder und fromme Beispiele des ruhmreichen Armen Christi, unseres Meisters Sankt Franziskus und einiger seiner heiligen Jünger zum Lobe Jesu Christi. Amen*

Zuvörderst bedenke, daß unser ruhmreicher Meister Sankt Franziskus in all seinen Werken sein Leben lang dem gebenedeiten Christus glich. Wie Christus, als er anhub zu predigen, zwölf Apostel wählte, auf daß sie alle Dinge der Welt verachteten, ihm in der Armut und den anderen Tugenden folgten, so erkor sich auch Sankt Franziskus, als er seinen Orden begründete, zwölf Jünger, deren Besitz die allerhöchste Armut war. Ferner: wie einer der zwölf Apostel Christi von Gott verworfen ward und sich schließlich erhängte, so ward auch einer der zwölf Gefährten des heiligen Franziskus, mit Namen Bruder Giovanni dalla Cappella, abtrünnig und erhängte sich zuletzt. Dies sei den Erwählten ein eindringliches Beispiel und ernste Mahnung zur Demut und Furcht, auf daß sie bedenken: niemand weiß, ob ihm bis an sein Ende Gottes Gnade verbleibt!

Und gleichwie die heiligen Apostel in all ihren Werken wundersam heilig, demütig und vom Heiligen Geist erfüllt waren, so waren auch die gar sehr heiligen Gefährten des Sankt Franziskus von so großer Heiligkeit, daß es seit den Lebzeiten der Apostel bis dahin keine so wunderbaren und heiligen Männer in der Welt gegeben hat. Denn einer von ihnen wurde bis zum dritten Himmel entrückt wie Sankt Paulus, und dies war Bruder Egidius; einer von ihnen, und zwar Bruder Filippo, der Lange, wurde von einem Engel mit feuriger Kohle an seinen Lippen berührt gleich dem Propheten Jesajas; einer von ihnen, und zwar Bruder Silvestro, sprach mit Gott wie ein Freund mit dem Freunde, auf die gleiche Weise, wie Moses es getan hatte; einer wurde durch seines Geistes Klarheit zum Licht der göttlichen Weisheit erhoben – er glich dem Adler, wie der Evangelist Johannes, dies war Bruder Bernardo, der Demütigste, der die Heilige Schrift auszulegen wußte; und einer von ihnen wurde von Gott selbst zum Heiligen geweiht und im Himmel schon kanonisiert, als er noch auf Erden wandelte, das war ein Edelmann aus Assisi, Bruder Ruffino. – So wurden alle nach ihrem heiligen Wandel begnadet, wie in den folgenden Begebenheiten berichtet wird.

## 2

*Von Bruder Bernardo von Quintavalle, dem ersten Gefährten des heiligen Franziskus.*

Der erste Jünger des heiligen Franziskus war Bruder Bernardo von Assisi, der auf folgende Weise bekehrt wurde: Als Sankt Franziskus noch im weltlichen Gewand einherging, ob er gleich die Freuden der Welt verschmähte und insgesamt geringachtete und überdies durch Bußübungen entkräftet war – als er von vielen wie ein Tor verspottet, wie ein Narr geschmäht, als er von Anverwandten und Fremden mit Steinen und dem Schlamm der Gosse beworfen ward und verjagt, dennoch alle Unbilden und Spottreden gleich einem Tauben und Stummen geduldig ertrug – da begann Messer Bernardo von Assisi, einer der Vornehmsten, Reichsten und Klügsten der Stadt, weislich zu bedenken, von wie gewaltiger Verachtung gegen die Welt, von wie großer Geduld im Leide Sankt Franziskus erfüllt sei; auch erkannte er, daß der Heilige, der schon zwei Jahre von jedermann verachtet und verhöhnt wurde, immer standhafter ward. Er dachte hierüber nach und sprach also zu sich selbst: Das ist wahrlich gewiß, dieser Bruder steht in großen Gnaden bei Gott!

Daher lud er ihn für den Abend zum Essen und bot ihm ein Obdach an, und der heilige Franziskus erfüllte seinen Wunsch, speiste und übernachtete bei ihm. Messer Bernardo aber gedachte in seinem Herzen, die Heiligkeit des Sankt Franziskus zu prüfen. So ließ er ihm ein Bett in seinem eigenen Gemach aufstellen, wo nachts immer eine Lampe brannte. Kaum war der heilige Franziskus in das Zimmer getreten, so warf er sich sofort, um seine Frömmigkeit zu verheimlichen, auf das Bett und tat, als ob er schliefe. Ebenso legte sich auch Messer Bernardo nieder und begann laut zu schnarchen, als sei er in gar tiefen Schlaf versunken.

Da nun Sankt Franziskus des festen Glaubens war, daß Messer Bernardo schliefe, erhob er sich in der Stunde, da der erste, tiefe Schlaf uns umfängt, von seinem Lager und bereitete sich zum Gebet. Er erhob die Augen und die Hände gen Himmel und rief voller Andacht und Inbrunst: *»Iddio mio!«* Mein Gott, mein Gott! Und diese Worte sprach er bitterlich weinend, und bis zum Morgengrauen wiederholte er: Mein Gott, mein Gott, und sprach nichts anderes!

So aber tat Sankt Franziskus, weil er, versunken in die göttliche Majestät, die Allmacht Gottes bewunderte, der in seiner Liebe zur untergehenden Welt hinabgestiegen war und seinen armen Knecht Franziskus erkoren hatte, zum Heile seiner Seele und der anderen Seelen hienieden zu wirken. So offenbarten sich ihm, dem vom Heiligen Geist Erleuchteten, prophetisch die bedeutsamen Ereignisse, die Gott durch ihn und durch seinen Orden verwirklichen wollte; und da er seine Unzulänglichkeit und Schwäche erkannte, rief er in seinem Gebet zu Gott, er möge durch seine Liebe und Allmacht, ohne die unsere menschliche Gebrechlichkeit hilflos bleibt, das erfüllen, stützen und vollenden, was er aus eigener Kraft nicht erreichen konnte.

Messer Bernardo gewahrte beim Schein der Lampe die Frömmigkeit des heiligen Franziskus und dachte über sein Gebet, das ihn tief im Herzen gerührt hatte, voller Andacht nach. Vom Heiligen Geist erleuchtet, beschloß er, seinen Lebenswandel zu ändern. Als der Morgen anbrach, rief er den heiligen Franziskus und sprach also zu ihm: »Bruder Franziskus, ich bin fest und von Herzen entschlossen, die Welt zu verlassen und dir in allem zu folgen, was du mir befehlen wirst!« Da dies Sankt Franziskus hörte, ward er fröhlichen Sinnes und sprach also: »Was Ihr plant, ist so bedeutsam und schwierig, daß es nötig ist, darüber den Rat unseres Herrn Jesus Christus zu erfragen. Wir wollen ihn bitten, er möge uns seinen Willen offenbaren und uns kundtun, wie wir ihn erfüllen können. Laßt uns deshalb zum Palast des Bischofs gehen, wo wir einen frommen Priester finden werden, der uns die Messe liest. Dann wollen wir bis um die dritte Stunde Gott bitten, er möge uns, wenn wir dreimal das Meßbuch geöffnet haben, den Weg weisen, der ihm wohlgefällt und den wir wählen sollen!« – Es entgegnete Messer Bernardo, er sei dessen zufrieden.

Und sie gingen von dannen und kamen zum Palast des Bischofs. Nachdem sie die Messe gehört und bis zur dritten Stunde gebetet hatten, nahm der Priester auf des heiligen Franziskus Bitten das Meßbuch, machte darüber das Zeichen des Kreuzes und öffnete es dreimal im Namen unseres Herrn Jesus Christus. Beim erstenmal vernahmen sie das Wort Christi an den Jüngling, der ihn nach dem Wege zur Vollkommenheit fragte: »Willst du vollkommen sein, so verkaufe deinen Besitz und gib den Erlös den Armen; dann folge mir nach!« – Beim zweitenmal vernahmen sie das Wort Christi an die Apostel, da er sie aussandte, um zu predigen: »Traget nichts bei euch auf euren Wegen, weder Stock noch Tasche, weder Schuhe noch Geld!« Mit diesen Worten gab er ihnen die Lehre, sie sollten im Leben ihre Hoffnung auf Gott setzen und ihre Seligkeit darein, das heilige Evangelium zu predigen. – Beim drittenmal vernahmen sie das Wort Christi: »Wer mir nachfolgen will, verleugne sich selbst, nehme sein Kreuz auf sich und folge mir!« – Jetzt sprach Sankt Franziskus zu Messer Bernardo: »Da hast du den Rat gehört, den Christus uns gibt; so gehe denn ans Werk und tu alles, so wie du es vernommen hast. Gebenedeiet sei unser Herr Jesus Christus, der uns voller Gnade das evangelische Leben offenbart hat!« –

Messer Bernardo gehorchte diesen Worten, ging von dannen und verkaufte sein reiches Besitztum. Er verteilte voller Freude all seine Habe an Witwen, Waisen und Gefangene, an Klöster, Spitäler und Pilger. Und in allem half ihm Sankt Franziskus getreu und sorgsam.

Und es geschah, als ein Mann namens Salvestro sah, daß Franziskus soviel Geld den Armen gab und geben ließ, da erglühte sein Herz in Gier und Geiz, und er sprach zu Sankt Franziskus: »Du hast mir noch nicht ganz die Steine bezahlt, die du von mir gekauft hast, um die Kirche auszubessern. Jetzt, da du Geld hast, bezahle mich!« Da ward Franziskus von Entsetzen über diesen Geldgierigen ergriffen, aber da er als ein wahrhaft getreuer Diener des heiligen Evangeliums nicht mit dem Sündigen streiten wollte, legte er seine Hände Messer Bernardo in den Schoß, und mit Geldstücken gefüllt, legte er sie Salvestro in den Schoß und sprach: »Willst du noch mehr haben, so werde ich dir noch mehr geben!« Salvestro aber war zufrieden und ging von dannen.

Als Salvestro daheim am Abend nachsann, was er tagsüber getan hatte, da verdroß ihn seine Habgier, zumal wenn er Messer Bernardos frommen Eifer und des Sankt Franziskus Heiligkeit bedachte. Und in der folgenden Nacht und in zwei anderen Nächten hatte er durch Gottes Fügung folgende Vision: Er erblickte ein goldenes Kreuz, das aus dem Munde des heiligen Franziskus hervorging; in der Höhe berührte es den Himmel, seitlich dehnte es sich vom Aufgang der Sonne bis zu ihrem Niedergang. – Diese Vision erschütterte ihn, daß er Gott zuliebe seinen Besitz dahingab und Minoritenbruder wurde. Und er gelangte im Orden zu solcher Heiligkeit und Gnade, daß er mit Gott sprach wie ein Freund zum Freunde. Dessen war auch Sankt Franziskus mehrmals Zeuge, und es wird davon noch die Rede sein.

Auch Messer Bernardo ward von Gott also begnadigt, daß er oft über die Betrachtung göttlicher Allmacht verzückt ward. Und Sankt Franziskus hielt ihn jeder Ehrfurcht für würdig, zumal er den Orden begründet hatte. Überdies hatte er als der erste die Welt verlassen, ohne für sich etwas zu behalten, sondern er hatte alles den Armen Christi gegeben. Er hatte sich nach dem Evangelium der Armut gelobt und sich nackt in die Arme des Gekreuzigten gegeben, der von uns gebenedeiet sei von Geschlecht zu Geschlecht. Amen.

## 3

*Wie Sankt Franziskus, um eines bösen Gedankens willen, den er gegen Bruder Bernardo hegte, diesem befahl, er solle ihm dreimal auf Hals und Mund treten.*

Der allerfrommste Knecht des Gekreuzigten, unser Meister Sankt Franziskus, war durch die Strenge seiner Bußübungen und unaufhörliches Weinen beinahe erblindet und sah nur noch wenig. Einst ging er von dem Kloster, darinnen er zu weilen pflegte, und begab sich zu dem Kloster, in dem sich Bruder Bernardo aufhielt, um mit ihm über göttliche Dinge zu sprechen. Als er in das Kloster kam, erfuhr er, daß jener im Walde sich aufhielt, wo er im Gebet der Welt entrückt, mit Gott vereinigt war. Franziskus ging im Wald umher und rief: »Komm und sprich mit diesem Blinden!« – Doch Bruder Bernardo antwortete ihm nicht, denn in seiner großen Beschaulichkeit hatte sich sein Geist zu Gott erhoben; weil er aber Gottes Wort kraft besonderer Gnade zu deuten wußte, wie es Sankt Franziskus wiederholt erprobt hatte, wünschte dieser mit ihm zu reden. Nach einer kleinen Weile rief er ihn deshalb zum zweiten und dann zum dritten Male in gleicher Weise. Doch kein einziges Mal hörte ihn Bruder Bernardo; er antwortete ihm nicht, auch kam er nicht zu ihm. Sankt Franziskus ging ein wenig ungehalten von dannen; er wunderte sich und war betrübt, daß Bruder Bernardo, den er dreimal gerufen hatte, nicht zu ihm gekommen war.

Mit diesen Gedanken entfernte sich Sankt Franziskus; aber schon nach wenigen Schritten sprach er zu seinem Begleiter: »Warte hier auf mich!« Dann begab er sich zu einer einsamen Stelle, warf sich im Gebet nieder und flehte zu Gott, er möge ihm kundtun, weshalb ihm Bruder Bernardo nicht geantwortet hatte. Da vernahm er eine Stimme Gottes, die also sprach: »Oh, du armes Menschenkind, weshalb bist du so zornig! Soll der Mensch denn einem irdischen Wesen zuliebe seinen Gott verlassen? Bruder Bernardo war, als du ihn riefst, mit mir vereint, und darum konnte er nicht zu dir kommen und dir antworten. Wundere dich nicht, daß er dir nicht antworten konnte, denn er war der Welt entrückt, so daß er keines deiner Worte gehört hat!« –

Als Sankt Franziskus die Antwort Gottes vernommen hatte, kehrte er sofort in großer Hast zu Bruder Bernardo zurück, um sich in Demut vor ihm des bösen Gedankens anzuklagen, den er gegen ihn gehegt hatte. Aber Bruder Bernardo, der ihn auf sich zukommen sah, eilte ihm entgegen und warf sich ihm zu Füßen. Da richtete ihn Sankt Franziskus auf und offenbarte ihm in großer Demut den bösen Gedanken und den Zorn, den er gegen ihn gehegt hatte, und auch die Antwort, die ihm Gott gegeben; und also schloß er: »Ich befehle dir bei dem heiligen Gehorsam, tu, was ich dich heißen werde!« – Da aber Bruder Bernardo fürchtete, daß Sankt Franziskus ihm eine maßlose Pflicht auferlegen werde, wie er zu tun pflegte, wollte er das Gebot des Gehorsams, so gut es der Anstand zuließ, umgehen. Deshalb entgegnete er: »Ich bin bereit, Euch zu gehorchen, wenn Ihr mir versprechen wollt, zu tun, was ich Euch heiße!« Und nachdem ihm Sankt Franziskus dies versichert hatte, sagte Bruder Bernardo: »Verkündet mir jetzt, Vater, was ich tun soll!« – Da sprach Sankt Franziskus: »Ich befehle dir bei dem heiligen Gehorsam folgendes: Ich werde mich jetzt rücklings auf den Boden werfen. Um nun meinen Hochmut und den Stolz meines Herzens zu strafen, tritt mir mit dem einen Fuß auf meinen Hals, mit dem anderen auf den Mund und so schreite dreimal über mich dahin, mir zu Schimpf und Schmach, und sprich zu mir: Da liegst du recht, du elender Sohn des Pietro Bernardone. Woher nimmst du deinen Stolz, du niedriger Wicht!«

Da Bruder Bernardo dies hörte, schien es ihm sehr hart, also zu tun; doch um des heiligen Gehorsams willen erfüllte er, was Sankt Franziskus ihm befohlen hatte; freilich so höflich wie er es nur vermochte. Und nachdem er dies getan hatte, sprach Sankt Franziskus zu ihm: »Jetzt gebiete du mir, was ich dir tun soll, denn ich habe dir Gehorsam versprochen!« – Bruder Bernardo entgegnete: »Ich befehle dir bei dem heiligen Gehorsam, du mögest jedesmal, wenn wir beisammen sind, mich ob meiner Fehler tadeln und hart zur Rechenschaft ziehen!« – Sankt Franziskus aber war über diese Rede gar sehr verwundert. Denn Bruder Bernardo war von so großer Heiligkeit, daß er ihn höchster Ehren wert erachtete und wußte, daß er auch nicht den geringsten Tadel verdiene.

Wegen seines Versprechens aber vermied es Sankt Franziskus fürderhin, mit jenem häufig beisammen zu sein, damit ihm kein Wort des Tadels gegen den Bruder entfalle, dessen große Heiligkeit er erkannt hatte. Wenn er aber es sich doch nicht versagen konnte, ihn zu sehen und zu hören, wie er von Gott sprach, dann verließ er ihn, sobald sein Sehnen gestillt war, so schnell als möglich, und ging von dannen. Und es war eine herzliche Erbauung, zu sehen, mit wie großer Liebe, Ehrfurcht und Demut der Vater Sankt Franziskus mit seinem erstgeborenen Sohne, Bruder Bernardo, verkehrte und sprach.

Zum Lobe und zum Ruhme Jesu Christi und des Armen, unseres lieben Franziskus!

## 4

*Wie der Engel Gottes zu Bruder Elias, den Guardian eines Klosters im Tal von Spoleto, eine Frage richtete und, als Bruder Elias ihm hoffärtig antwortete, sich gen Santiago di Compostella wandte, wo er Bruder Bernardo traf, dem er diese Begebenheit erzählte.*

In der Frühzeit, kurz nach Gründung des Ordens, da es nur wenige Brüder gab und die Klöster noch nicht errichtet waren, pilgerte Sankt Franziskus in seiner Frömmigkeit zum heiligen Jacobus von Galicien; in seiner Begleitung befanden sich einige Brüder, unter ihnen Bruder Bernardo. Als er nun mit ihnen des Weges ging, sah er einen armen Kranken an der Straße liegen, und voll Mitleid sprach er zu Bruder Bernardo: »Mein Sohn, ich will, daß du hier bleibst, diesem Kranken zu dienen!«

Da beugte Bruder Bernardo demütig das Knie, entblößte sein Haupt und, dem Gebot des heiligen Vaters gehorsam, blieb er hier zurück, während Sankt Franziskus und die anderen Gefährten ihre Wallfahrt zum heiligen Jacobus fortsetzten.

Als sie an ihr Ziel gelangt waren und die Nacht im Gebet in der Kirche des heiligen Jacobus zubrachten, da wurde dem heiligen Franziskus von Gott offenbart, daß er an vielen Orten der Welt Klöster errichten sollte. Sein Orden werde sich ausbreiten und eine große Schar von Brüdern umfassen. – Daher begann der heilige Franziskus seitdem allenthalben auf Gottes Geheiß geeignete Stätten auszuwählen. – Jetzt kehrte er auf dem gleichen Wege, den er vordem gegangen war, zurück und fand Bruder Bernardo an der Stelle, da er ihn verlassen hatte, nebst dem Kranken, der völlig genesen war. Zum Lohne erlaubte Sankt Franziskus dem Bruder Bernardo, im folgenden Jahre zum heiligen Jacobus zu wallfahrten.

Dann kehrte Sankt Franziskus in das Tal von Spoleto zurück und begab sich in eine entlegene Einsiedelei, er, Bruder Masseo, Bruder Elias und andere. Alle aber hüteten sich, ihn in seinen Gebeten zu stören, ihn abzulenken oder gar zu behindern. Dies taten sie in Ehrfurcht und im Bewußtsein, daß Gott ihm während seines Gebetes bedeutungsvolle Dinge offenbarte.

Und dies geschah eines Tages, als Sankt Franziskus im Walde betete, da kam ein schöner Jüngling, wie ein Wandersmann angetan, zur Pforte der Einsiedelei. Und er klopfte so hastig und heftig und dauernd, daß sich die Brüder ob der ihnen ungewohnten Art des Klopfens verwunderten. Bruder Masseo ging hin, öffnete die Pforte und sprach zu dem Jüngling: »Woher kommst du, mein Sohn? Mir scheint, du bist noch niemals hier gewesen. Warum hast du so gegen alle Sitte geklopft?« – Antwortete der Jüngling: »Wie muß man denn klopfen?« – Entgegnete Bruder Masseo: »Klopfe dreimal mit Unterbrechungen, dann warte so lange, wie der Bruder Zeit braucht, ein Vaterunser zu sprechen, und zu dir kommt; sollte er aber inzwischen nicht kommen, so klopfe wiederum!« – Erwiderte der Jüngling: »Ich hab' es sehr eilig, und darum klopfte ich so heftig; auch ist mein Weg noch weit. Ich bin hierher gekommen, um Bruder Franziskus zu sprechen. Er aber ist im Walde, in Andacht versunken, darin ich ihn nicht stören will. Wohlan, schicke mir Bruder Elias, dem ich eine Frage vorlegen will, denn ich weiß, er ist gar sehr weise.« –

Bruder Masseo begibt sich zu Bruder Elias und spricht zu ihm, er möge zu dem Jüngling hinaus gehen. Der aber ist ungehalten und weigert sich. Da ist Bruder Masseo ratlos, was er tun und antworten soll. Denn sagt er: Bruder Elias kann nicht kommen, so lügt er. Sagt er: er ist ungehalten und will nicht kommen, so fürchtet er, jener könne sich ein schlechtes Beispiel daran nehmen. Da es aber Bruder Masseo peinlich war, zurückzugehen, klopfte der Jüngling bereits wie früher, und ohne zu zögern, kehrte Bruder Masseo an die Pforte zurück und sprach zu dem Jüngling: »Du hast ja meine Lehre beim Klopfen nicht beobachtet!« – Der Jüngling erwiderte: »Bruder Elias will nicht zu mir kommen! Wohlan, gehe und sage dem Bruder Franziskus, ich bin gekommen, mit ihm zu sprechen; doch weil ich ihn nicht in seiner Andacht ablenken will, so sage ihm, er möge mir Bruder Elias schicken!«

Da ging Bruder Masseo zu Sankt Franziskus, der im Walde betete, das Antlitz zum Himmel erhoben, berichtete ihm die Botschaft des Jünglings und die Antwort des Bruders Elias. Jener Jüngling aber war ein Engel Gottes in menschlicher Gestalt. Sankt Franziskus, der sich weder von der Stelle bewegte noch sein Antlitz neigte, sprach zu Bruder Masseo: »Geh und sage Bruder Elias, er solle um des Gehorsams willen zu jenem Jüngling gehen!«

Als Bruder Elias den Befehl des heiligen Franziskus hörte, ging er voller Zorn an die Pforte, öffnete sie mit Ungestüm und Lärmen und rief dem Jüngling zu: »Was willst du?« Entgegnete der Jüngling: »Hüte dich, Bruder, und sei nicht zornig, wie du es scheinst; denn der Zorn hindert den Verstand, die Wahrheit zu erkennen!« – Sprach Bruder Elias: »Sage mir, was du von mir willst!« – Erwiderte der Jüngling: »Ich frage dich, ob es den Gläubigen des heiligen Evangeliums erlaubt ist, alles zu essen, was man ihnen vorsetzt, wie Christus es seine Jünger gelehrt hat;

ferner frage ich dich, ob irgendein Mensch einem anderen die Freiheit nach dem Evangelium beeinträchtigen darf.« – Voll Hoffart antwortete Bruder Elias: »Ich weiß das recht wohl, will dir aber nichts erwidern. Geh, wohin es dich treibt!« – Sprach der Jüngling: »Ich wüßte besser auf diese Frage zu antworten als du!« – Jetzt ward Bruder Elias vollends aufgebracht, schloß wütend die Pforte und ging von dannen. Dann aber hub er an, über diese Fragen zu sinnen und zu grübeln und fand keine Lösung. Hatte er doch selber als Vikar des Ordens über die Vorschrift des Evangeliums und über die Regel des heiligen Franziskus hinaus bestimmt und geboten, kein Bruder dürfe Fisch essen. So war diese Frage ausdrücklich gegen ihn gerichtet. Da er aber bei sich selbst keine Erklärung fand und an die Sittsamkeit des Jünglings dachte, zugleich aber auch an dessen Rede, er wüßte auf die Frage eine bessere Antwort, begab er sich zur Pforte zurück und öffnete sie, um den Jüngling über die Lösung zu befragen. Aber dieser war bereits davongegangen; die Hoffart des Bruders Elias machte ihn unwert, mit einem Engel zu reden.

Sankt Franziskus, dem Gott all dies geoffenbart hatte, kam jetzt aus dem Walde zurück und tadelte heftig und laut den Bruder Elias und sprach zu ihm: »Übel tut Ihr daran, hoffärtiger Bruder Elias, Gottes Engel von unserer Schwelle zu vertreiben, die, um uns zu belehren, herniedersteigen. Ich sage dir, ich fürchte wahrlich, dein Zorn wird dich am Ende aus dem Orden treiben!« – Es geschah aber also, wie Sankt Franziskus vorausgesehen hatte; er starb außerhalb des Ordens.

Am gleichen Tage und zur gleichen Stunde, da der Engel die Einsiedelei der Brüder verlassen hatte, erschien er in selbiger Gestalt dem Bruder Bernardo, der von Sankt Jacobus heimkehrte und am Ufer eines großen Flusses dahinwanderte. Er grüßte ihn in seiner Sprache: »Mein lieber, guter Bruder, Gott gebe dir Frieden!« Bruder Bernardo aber, der die Schönheit des Jünglings sah, die Sprache seiner Heimat hörte und in ein fröhliches Antlitz blickte, das ihm den Friedensgruß bot, fragte voll Staunen: »Woher kommst du, guter Jüngling?« Der Engel erwiderte: »Ich komme von der Einsiedelei, da Sankt Franziskus weilt, und war dorthin gegangen, mit ihm zu reden. Dies vermocht' ich aber nicht, denn er war im Walde, in Andacht versunken, und da wollte ich ihn nicht stören. Bei ihm sind Bruder Masseo, Bruder Egidius und Bruder Elias. Bruder Masseo hat mich gelehrt, an die Pforte zu klopfen, so wie es die Brüder tun; aber Elias wollte mir auf eine Frage, die ich ihm vortrug, nicht antworten. Später reute es ihn; er wollte mich hören und sehen – aber das gelang ihm nicht mehr.«

Nach diesen Worten sprach der Engel zu Bruder Bernardo: »Weshalb überschreitest du den Fluß nicht?« – Erwiderte Bruder Bernardo: »Es scheint mir gefährlich; ich sehe, das Wasser ist tief!« – Sprach der Engel: »Wir wollen zusammen hinübergehen; sei getrost!« Und er faßt ihn bei der Hand, und in einem Augenblick geleitet er ihn an das andere Ufer des Flusses. – Da erkannte Bruder Bernardo, daß jener ein Engel Gottes war, und mit scheuer Ehrfurcht und Freude rief er mit jubelnder Stimme: »O gebenedeieter Engel Gottes, sage mir, welches ist dein Name?« Und der Engel antwortete: »Warum fragst du nach meinem Namen, der voller Wunder ist?« Und bei diesen Worten verschwand er.

Bruder Bernardo aber blieb freudigen Herzens und zog frohlockend seines Weges; doch merkte er sich Tag und Stunde, da ihm der Engel erschienen war. Und als er zu der Stätte kam, wo Sankt Franziskus mit seinen Gefährten weilte, erzählte er ihnen der Reihe nach alles, was ihm geschehen war. Da erkannten sie, daß ihnen wie ihn am selbigen Tage, zur selbigen Stunde der gleiche Engel erschienen war.

## 5

*Wie der heilige Bruder Bernardo von Assisi auf Geheiß des heiligen Franziskus nach Bologna wanderte und dort ein Kloster gründete.*

Weil Sankt Franziskus und seine Gefährten von Gott berufen und auserwählt waren, das Kreuz Christi in Herz und Hand zu tragen, während ihr Mund geweiht war, es durch die Predigt zu verkünden, so wurden sie Gekreuzigte durch Wesen und Wandel, durch Tun und Treiben. Sie verlangten aus Liebe zu Christus mehr nach Schimpf und Spott, als nach den Ehren der Welt, nach Ruhm und dem Lobe der Menschheit; mit Freuden ertrugen sie Unrecht, mit Leiden Ehrungen. So wandelten sie durch die Welt als Pilger und Fremdlinge und führten mit sich nur Christus, den Gekreuzigten. Aber weil sie dem wahren Weinstock, welcher Christus ist, entblüht waren, trugen sie viel edle Früchte, die sie Gott darbrachten.

Es geschah in der Frühzeit des Ordens, daß Sankt Franziskus den Bruder Bernardo nach Bologna entsandte, auf daß er dort, nach der Gnade, die Gott ihm gewährte, Gottes Frucht ernte. Und Bruder Bernardo bekreuzigte sich und machte sich in heiligem Gehorsam auf den Weg.

Als er nach Bologna kam, ward er von den Kindern wegen seines seltsamen und abgenutzten Gewandes wie ein Narr verhöhnt und verspottet. Das ertrug Bruder Bernardo in Geduld und Freude Christus zuliebe; ja, damit sie ihn noch besser schmähten, setzte er sich mit Fleiß auf dem Marktplatz nieder. Und als er hier saß, scharten sich um ihn viel Kinder und Männer; einer zog ihm die Mütze nach hinten, der andere nach vorn, der eine bewarf ihn mit Staub, ein anderer mit Steinen, einer stieß ihn von hier, der andere von dort. Bruder Bernardo aber blieb stets gleichmütig, geduldig und heiter, klagte nicht und rührte sich nicht, und kehrte mehrere Tage lang zu diesem Platz zurück, nur um das Gleiche zu leiden. Geduld ist ein Zeichen der Reife, ein Beweis der Mannhaftigkeit!

Als ein weiser Rechtsgelehrter die große Beharrlichkeit und

Mannhaftigkeit Bruder Bernardos gesehen hatte, der in so viel Tagen durch keine Belästigung oder Schmähung in Zorn geriet, ward er nachdenklich und sprach bei sich: »Dieser ist ohne Zweifel ein heiliger Mann!« Und er näherte sich und fragte: »Wer bist du und weshalb kamst du hierher?« Und Bruder Bernardo griff als Antwort in die Kutte, zog die Regel des heiligen Franziskus heraus und gab sie dem Gelehrten, damit er sie lese. Nachdem er sie aber gelesen hatte, erkannte er ihre höchste Vollkommenheit und wandte sich voll Staunen und Bewunderung zu seinem Begleiter und sagte: »Wahrlich, dies ist das erhabenste Glaubensbekenntnis, das ich je vernahm. Deshalb gehört dieser wie seine Gefährten zu den heiligsten Männern in dieser Welt, und schwer versündigt sich, wer ihn schmäht. Wir wollen ihm die größte Verehrung erzeigen, denn er ist Gottes wahrer Freund.« Dann sprach er zu Bruder Bernardo: »Begehrt Ihr eine Stätte, um Gott nach Gebühr zu dienen, so will ich sie zum Heil meiner Seele Euch gern anweisen!« – Bruder Bernardo erwiderte: »Ich glaube, mein Freund, das hat Euch unser Herr Jesus Christus geheißen; so nehme ich zu Ehren Christi Euren Vorschlag gern an.«

Da führte der Richter mit großer Freude und Liebe Bruder Bernardo in sein Haus. Dann übergab er ihm die versprochene Stätte und ließ auf seine Kosten alles sorgsam herrichten, und ward in Zukunft Vater und Beschützer Bruder Bernardos und seiner Gefährten. Bruder Bernardo aber stand kraft seiner heiligen Predigten beim Volk in hohen Ehren, wer nur sein Gewand berührte oder ihn sah, pries sich glücklich. Doch als wahrer Jünger Christi und des demütigen Franziskus fürchtete er, die Ehren der Welt könnten den Frieden und das Glück seiner Seele trüben. So ging er eines Tages von dannen und kehrte zu Sankt Franziskus zurück und sprach also zu ihm: »Vater, das Kloster in der Stadt Bologna ist errichtet. Sende nun Brüder dahin, die es erhalten und darinnen wohnen. Ich konnte Euch dort keinen Gewinn mehr bringen, vielmehr mußt' ich fürchten, weil man mir zu viel Ehren erwies, selber mehr zu verlieren, als zu gewinnen.«

Als Sankt Franziskus alle Begebenheiten der Reihe nach erfahren hatte, wie sie Gott durch Bruder Bernardo vollzogen, da dankte er dem Herrn, der die armen Jünger des Kreuzes also auszubreiten begann. Dann aber entsandte er einige seiner Gefährten nach Bologna und in die Lombardei, wo sie an verschiedenen Orten viele Klöster gründeten.

## 6

*Wie Sankt Franziskus in seines Lebens Scheidestunde den heiligen Bruder Bernardo segnete und ihn zu seinem Vikar bestellte.*

Bruder Bernardo war so heilig, daß Sankt Franziskus ihm große Ehrfurcht erwies und ihn oftmals lobte. Eines Tages wurde dem heiligen Franziskus in der Stunde demütigen Gebetes von Gott offenbart, Bruder Bernardo müsse auf göttliches Geheiß viel harte Kämpfe mit den Dämonen bestehen. Sankt Franziskus aber, der großes Mitleid mit Bruder Bernardo hatte, denn er liebte ihn wie seinen Sohn, betete viele Tage lang und flehte weinend zu Gott, empfahl ihn auch Jesu Christo, auf daß er ihm den Sieg über die Dämonen verleihe. Als nun Sankt Franziskus in Demut also betete, antwortete ihm Gott eines Tages: »Franziskus, fürchte nichts! Alle Prüfungen, gegen die Bruder Bernardo ankämpfen muß, sind ihm von Gott auferlegt, auf daß seine Kraft gestählt und sein Verdienst gekrönt werde. Am Ende aber wird er all seine Feinde besiegen, denn ihm ist Amtsgewalt im himmlischen Königreich verliehen.« Ob dieser Antwort war Sankt Franziskus sehr erfreut, dankte Gott und liebte seit dieser Stunde den Bruder Bernardo nur noch inniger und ehrfurchtsvoller. Das bewies er ihm nicht nur zeitlebens, sondern auch im Tode. Denn als in des heiligen Franziskus Sterbestunde seine Söhne sich um ihn sammelten, so wie einst die Kinder Jakobs den heiligen Patriarchen umstanden, liebend und leidvoll und weinend, weil ihr guter Vater von ihnen ging, da rief er aus: »Wo ist mein Erstgeborener? Komm zu mir, mein Sohn, auf daß meine Seele dich segne, bevor ich sterbe!« – Da sprach Bruder Bernardo leise zu Bruder Elias, dem Vikar des Ordens: »Vater, tritt an die rechte Seite des Heiligen, damit er dich segne!« Aber als sich Bruder Elias zur Rechten des Heiligen stellte, legte Sankt Franziskus, dessen Sehkraft durch vieles Weinen getrübt war, seine Rechte auf das Haupt des Bruders Elias und sprach: »Dies ist nicht das Haupt meines Erstgeborenen, Bruder Bernardos.« Da trat Bruder Bernardo ihm zur Linken. Sankt Franziskus aber legte seine Arme kreuzweise übereinander und senkte die rechte Hand auf das Haupt Bruder Bernardos und die linke auf das Haupt Bruder Elias' und sprach zu Bruder Bernardo: »Es segne dich unser göttlicher Vater, der Herr Jesus Christus, mit allen Segnungen des Heiligen Geistes und den himmlischen in Christo. Wie du als Erstgeborener in diesen heiligen Orden gewählt worden bist, zum evangelischen Vorbild, und um Christo in der evangelischen Armut nachzufolgen, also hast du nicht nur alles, was dir eigen war, hingegeben und Christo zuliebe wahllos und willig an die Armen verteilt – du hast dich auch selber als ein liebliches Opfer unserem Orden dargebracht. So sei denn gesegnet von unserem Herrn Jesus Christus und von mir, seinem armen Knecht, mit dem Segen der Ewigkeit; wo du gehest und stehest, im Wachen und Schlafen, im Leben und Sterben. Wer dich segnet, ihm wird Segen in Fülle, wer dir flucht, wird nicht ungestraft bleiben. Du sollst der Fürst deiner Brüder sein, und deinem Befehl sollen alle Brüder gehorchen. Dir ist die Macht gegeben, in unseren Orden aufzunehmen, wen du willst, kein Bruder hat Macht über dich, du darfst wandeln und weilen, wie es dir gefällt!« –

Nach dem Tode des heiligen Franziskus liebten und ehrten die Brüder den Frate Bernardo wie einen verehrungswürdigen Vater. Und in seiner Sterbestunde kamen zu ihm viele Brüder aus mannigfachen Weltgegenden, unter ihnen der heilige und gottbegeisterte Bruder Egidius. Als dieser den Bruder Bernardo sah, rief er mit großer Freude: »*Sursum corda*, lieber Bruder Bernardo, *sursum corda*!« und Bruder Bernardo bat insgeheim einen seiner Genossen, er möge für Frate Egidio eine stille Stätte ausfindig machen, wo er sich seinen beschaulichen Betrachtungen widmen könne. Also geschah es.

Und als für Bruder Bernardo seines Lebens letzte Stunde gekommen war, ließ er sich emporrichten und redete mit den Brüdern, die vor ihm standen, und sprach: »Liebste Brüder, ich will euch nicht viel Worte sagen, ich bitte euch nur, beherzigt: die Stufe der Erkenntnis, die ich erklommen hatte, sollt auch ihr erlangen, und da, wo ich jetzt angelangt bin, werdet auch ihr einst euer Ziel finden. Meine Seele bekennt: nicht für tausend Welten, die der unsrigen gleichen, möchte ich wünschen, einem anderen Herrn als unserem Herrn Jesus Christus gedient zu haben. Ich klage mich all meiner Sünden an, ich bekenne mich schuldig vor meinem Heiland Jesus und vor euch. Ich bitte euch, meine liebsten Brüder, liebet einander!«

Nach diesen Worten und sonstigen guten Lehren sank er auf sein Lager zurück. Sein Antlitz leuchtete und ward über alle Maßen heiter, worüber sich alle Brüder gar sehr verwunderten. Und in Freuden ging seine heilige, von der Glorie gekrönte Seele aus diesem Leben hinüber in das glückselige Leben der Engel.

## 7

*Wie Sankt Franziskus auf einer Insel des trasimenischen Sees Fasten hielt und in vierzig Tagen und vierzig Nächten nicht mehr als ein halbes Brot verzehrte.*

Den wahrhaftigen Knecht Christi, den heiligen Franziskus, der in mancherlei Art ein zweiter Christus war, zur Welt gekommen zum Heile der Menschen, den wollte Gottvater in vielen Dingen seinem Sohne Jesu Christo gleich und ähnlich machen. Das wird uns kund durch die ehrwürdige Gemeinschaft seiner zwölf Jünger, durch das wunderbare Mysterium der heiligen Wundmale und die dauernde Enthaltsamkeit zur heiligen Fastenzeit, die er in folgender Weise beging:

Um die Fastnachtzeit war Sankt Franziskus einst in das Haus eines seiner Getreuen am See von Perugia gekommen, woselbst er

Herberge für die Nacht fand. Da erhielt er von Gott den Befehl, er solle sich auf eine der Inseln des Sees begeben, um dort während der Fastenzeit zu verweilen. Deshalb bat Sankt Franziskus diesen seinen Getreuen, er möge ihn mit seinem Schifflein auf eine Insel des Sees fahren, wo niemand wohne, und zwar solle er dies in der Nacht auf Aschermittwoch tun, damit es niemand bemerke. Jener erfüllte in herzlicher Liebe und Treue den Wunsch des heiligen Franziskus aufs sorgsamste und fuhr ihn auf die Insel. Sankt Franziskus aber nahm nichts mit sich als zwei kleine Brote.

Als sie nun auf der Insel angekommen waren und der Freund sich anschickte, heimzukehren, bat ihn Sankt Franziskus liebreich, er möge keinem seinen Aufenthalt kundtun und ihn nicht vor dem Gründonnerstag abholen. – Der Gastfreund schied. – Sankt Franziskus blieb allein. –

Da es aber dort keinerlei Obdach gab, wohin er sich hätte zurückziehen können, barg er sich in einer dichten Hecke, die sich aus Dornengestrüpp und Sträuchern gebildet hatte und einem Zufluchtsort für Getier oder einer Scheune glich. Und dort blieb er im Gebet und in die Betrachtung der himmlischen Wunder versunken während der ganzen Fastenzeit ohne Speise und Trank bis auf die Hälfte eines der beiden kleinen Brote.

So fand ihn sein Gastfreund am Gründonnerstag, als er zu ihm zurückkehrte, von den beiden Broten waren anderthalb unberührt. Man glaubt aber, daß Sankt Franziskus sich deshalb kasteite, weil er das Fasten Christi, des Gottgesegneten, ehren wollte, der sich vierzig Tage und vierzig Nächte kasteit hatte, ohne leibliche Speise zu sich zu nehmen. So verjagte er mit dem halben Brot die giftige Eitelkeit aus seinem Herzen und fastete nach Christi Beispiel vierzig Tage und vierzig Nächte.

An dem Orte aber, da Sankt Franziskus so wunderbare Enthaltsamkeit beobachtet hatte, tat Gott um seiner Frömmigkeit willen später viele Wunder. Die Menschen errichteten dort Häuser und wohnten daselbst; in kurzer Zeit ward ein großes, schönes Kastell hier erbaut, auch ein Kloster der Brüder, das den

Namen Inselkloster trägt. Männer und Frauen dieses Ortes aber halten bis auf den heutigen Tag die Stätte hoch in Ehren, da Sankt Franziskus die Fasten beging.

## 8

*Wie Sankt Franziskus auf einer Wanderung mit Bruder Leo ihn über das Wesen der vollkommenen Glückseligkeit belehrte.*

Zur Winterszeit ging einst Sankt Franziskus mit Bruder Leo von Perugia nach Santa Maria degli Angeli, und die grimme Kälte quälte sie gar sehr. Da rief er den Bruder Leo, der vorn ging, und sprach also: »Bruder Leo, wenn auch die Minderbrüder allenthalben ein rechtes Beispiel der Frömmigkeit und Erbauung geben – nichtsdestoweniger schreibe es dir auf und merk' es dir genau, das ist noch nicht völlige Glückseligkeit.«

Und als Sankt Franziskus noch ein Stück weitergegangen war, rief er ihn zum zweiten Male: »Wenn auch der Minderbruder die Blinden sehend macht, die Krummen aufrichtet, die Dämonen austreibt, den Tauben das Gehör, den Stummen Kraft zum Reden und den Lahmen zum Gehen verleiht, und was noch mehr ist, wenn er die Toten nach vier Tagen erweckt – schreib' es dir auf, auch das ist noch nicht völlige Glückseligkeit.«

Und als sie wieder eine kurze Strecke gegangen waren, rief er laut: »O Bruder Leo, wenn auch der Minderbruder alle Sprachen, alle Wissenschaften und alle Schriften verstünde, ja könnte er selbst prophezeien und nicht nur künftige Dinge, sondern auch die Geheimnisse der Gewissen und Seelen kundtun – schreib' es dir auf, auch das ist noch nicht völlige Glückseligkeit.«

Und als sie abermals ein wenig weitergegangen waren, rief Sankt Franziskus wiederum laut: »O Bruder Leo, du Lamm Gottes, wenn auch der Minderbruder mit Engelszungen redete und sich auf den Lauf der Sterne und die Kraft der Kräuter verstünde, wenn die Erde ihm ihre Schätze preisgäbe, die Vögel ihn ihren Flug lehrten und er die Art der Fische, ja aller Tiere und noch der Menschen, der Bäume, Steine, Wurzeln und Meere erkannt hätte – schreib' es dir auf, auch das ist noch nicht die volle Glückseligkeit!«

Und als sie noch ein Stück gegangen waren, rief Sankt Franziskus laut: »O Bruder Leo, wenn auch der Minderbruder so inniglich zu predigen wüßte, daß er alle Ungläubigen zur Lehre Christi bekehren würde – schreib' es dir auf, auch das ist noch nicht die volle Glückseligkeit!«

Als er diese Art Belehrung auf dem etwa zwei Meilen weiten Wege fortgesetzt hatte, fragte ihn schließlich Bruder Leo verwundert: »Vater, ich bitte dich, sage mir in Gottes Namen, welches ist denn die völlige Glückseligkeit?« Und Sankt Franziskus antwortete ihm: »Wenn wir nun nach Santa Maria degli Angeli kommen, vom Regen durchnäßt, von Kälte durchfroren, mit Kot bespritzt, von Hunger gequält, und wenn wir dann an die Pforte des Klosters klopfen und der Pförtner kommt zornig heraus und spricht: ›Wer seid ihr?‹ und wenn wir dann antworten: ›Wir sind zwei von euren Brüdern!‹ er aber entgegnet: ›Ihr redet die Unwahrheit, ihr seid zwei Strauchdiebe, die ihr die Welt betrügt und die Armen ihrer Almosen beraubt, fort mit euch!‹ – und wenn er uns nicht einläßt, sondern uns nötigt, draußen in Schnee und Regen, hungernd und frierend bis in die Nacht hinein zu bleiben – dann – wenn wir solch Unrecht, solche Grausamkeit, so harte Zurückweisung geduldig und ohne Zorn und Murren tragen werden, dann, wenn wir in Demut und Liebe bedenken, daß der Pförtner uns zwar kennt, daß Gott ihm aber die Worte wider uns eingibt – o Bruder Leo, schreib' es dir auf, das ist völlige Glückseligkeit! Und wenn wir dann nicht aufhören zu klopfen, und er zornig herauskommt und verjagt uns wie freche Landstreicher mit Schimpf und Schlägen und spricht: ›Packt euch, ihr elenden Burschen, geht in das Spital, hier bekommt ihr weder Speise noch Obdach!‹ – wenn wir auch das geduldig, heiter und in Liebe ertragen – o Bruder Leo, schreib' es dir auf, das ist völlige Glückseligkeit! Und wenn wir dennoch, von Hunger und Kälte gequält und von dem Dunkel der Nacht geängstigt, abermals klopfen und rufen und bitten und weinen, er möge uns auftun und uns nur einlassen, und wenn jener noch mehr aufgebracht ausrufen wird: ›Das sind ja ganz unverschämte Gesellen, ich werde ihnen heimzahlen, so wie sie es verdienen!‹ – und wenn er dann mit seinem Knotenstock herauskommt, uns bei der Kapuze packt, uns zu Boden wirft, uns im Schnee wälzt und uns mit seinem Stock Schlag auf Schlag versetzt, wenn wir alles geduldig und heiter ertragen, im Gedenken an die Leiden des gebenedeiten Christus, die wir ihm zuliebe dulden müssen – o Bruder Leo, schreib' es dir auf, das ist volle Glückseligkeit! –

Und nun vernimm die Lehre, Bruder Leo! Aller Gunst und Gaben Krone, die Christus mit dem Heiligen Geist seinen Freunden verleiht, hat der Mann erworben, der sich selbst besiegt und mit Fröhlichkeit Christo zuliebe Mühsal, Unrecht, Schimpf und Schmach erträgt. Denn wie könnten wir uns der Gaben Gottes rühmen, sie sind ja nicht unser, sondern Gottes Werk. Darum spricht auch der Apostel: ›Was ist dein, das du nicht von Gott empfangen hast, und was rühmest du dich, als verdanktest du es dir selber?‹ Aber des Kreuzes, der Bedrängnis, des Herzeleids dürfen wir uns rühmen, denn dieses ist unser! Und deshalb spricht der Apostel: ›Ich will mich nicht rühmen, es sei denn des Kreuzes unseres Herrn Jesu Christi!‹«

## 9

*Wie Sankft Franziskus den Bruder Leo unterwies, was er ihm antworten solle, dieser aber stets nur das Gegenteil von dem erwidern konnte, was Sankt Franziskus wünschte.*

Als einst Sankt Franziskus in der Frühzeit des Ordens mit Bruder Leo an einem Orte weilte, wo es keine Gebetbücher gab und die Stunde der Frühmette nahte, sprach er zu Bruder Leo: »Mein Lieber, wir haben kein Brevier, um daraus die Mette zu beten. Damit wir aber die Zeit zum Lobe Gottes nützen, werde ich sprechen und du wirst antworten, wie ich es dich lehren werde.

Sei aber darauf bedacht, die Worte nicht zu ändern, die ich dir sagen werde. – Ich sage wie folgt: ›Bruder Franziskus, du hast so viel Böses und so viele Sünden in deinem Leben begangen, daß du der Hölle wert bist.‹ Und du, Bruder Leo, wirst antworten: ›Das ist die Wahrheit, du verdienst den tiefsten Höllengrund!‹« Und Bruder Leo entgegnete, einfältig wie die Tauben: »Gern, mein Vater, beginne im Namen Gottes!«

Da begann Sankt Franziskus zu sprechen: »O Bruder Franziskus, du hast so viel Böses und so viele Sünden in deinem Leben begangen, daß du der Hölle wert bist!« Und Bruder Leo entgegnete: »Gott wird durch dich so viel Gutes tun, daß du in das Paradies eingehen wirst!« Sprach Sankt Franziskus: »Rede nicht also, Bruder Leo, sondern, wenn ich sage ›Bruder Franziskus, du hast so sehr gern gegen Gott gefehlt, daß du es verdienst, von Gott verdammt zu sein‹, so antworte: ›Wahrlich, du verdienst, unter den Verdammten verworfen zu sein!‹« Und Bruder Leo entgegnete: »Gern, mein Vater!«

Da begann Sankt Franziskus laut zu weinen, zu seufzen und sich an die Brust zu schlagen und sprach: »O Herr des Himmels und der Erde, ich habe mich an dir gar sehr versündigt, durch meine große Missetat bin ich wert, von dir verdammt zu sein!« Und Bruder Leo erwiderte: »O Bruder Franziskus, es ist Gottes Wille, daß du unter den Gesegneten insbesondere gesegnet seiest!«

Da erstaunte Sankt Franziskus, daß Bruder Leo stets das Gegenteil dessen antwortete, was er ihm befohlen hatte. Und er tadelte ihn und sprach: »Warum antwortest du nicht, wie ich es dich lehre? Ich befehle dir bei dem heiligen Gehorsam, daß du mir so erwiderst, wie ich es dir sage! Ich werde also sprechen: ›O du bösartiger Bruder Franziskus, denkst du, daß Gott Mitleid mit dir haben wird, nachdem du so viele Sünden gegen den Vater des Erbarmens und den trostreichen Gott begangen hast, daß du aller Barmherzigkeit unwert bist?‹ – Und du, Bruder Leo, du Schäflein, sollst also antworten: ›In keiner Weise verdienest du Barmherzigkeit!‹«

Doch als Sankt Franziskus sich seiner Sünden geziehen hatte, entgegnete Bruder Leo: »Gottvater, dessen Barmherzigkeit unergründlicher ist als deine Vergehen, wird sich deiner erbarmen und überdies noch dir reiche Gnaden erweisen!«

Über diese Antwort ward Sankt Franziskus in all seiner Sanftmut verdrossen und in all seiner Geduld verstimmt, und sprach zu Bruder Leo: »Woher kommt dir die Vermessenheit, gegen den Gehorsam zu handeln und immer wieder das Gegenteil dessen zu sprechen, was ich dich geheißen habe?« Antwortete Bruder Leo gar sehr demütig und ehrfürchtig: »Gott weiß es, mein lieber Vater, daß ich jedesmal in meinem Herzen beschloß, zu antworten, wie du es mir befohlen hast. Aber Gott läßt mich sprechen, wie es ihm gefällt, und nicht, wie es mein Wille ist!« – Darüber verwunderte sich Sankt Franziskus und sprach zu Bruder Leo: »Ich bitte dich in aller Liebe, antworte mir nur dieses Mal, wie ich es dir gesagt habe.« Bruder Leo erwiderte: »Sprich im Namen Gottes, ich werde gewiß diesmal antworten, wie du es willst!« Und Sankt Franziskus sprach weinend: »O du bösartiger Bruder Franziskus, denkst du, daß Gott Erbarmen mit dir haben wird?« – Entgegnete Bruder Leo: »Du wirst wahrlich große Gnade von Gott empfangen, er wird dich erhöhen und in Ewigkeit verklären, denn wer sich erniedrigt, wird erhöht. Ich kann nicht anders reden, denn Gott spricht durch meinen Mund!«

Und so ward ihr liebevoller Wortstreit in Demut, Trost und Tränen geführt, bis daß der Tag anbrach. –

## 10

*Wie Bruder Masseo dem heiligen Franziskus gewissermaßen Vorwürfe machte, daß die ganze Welt ihm nachliefe. Worauf er entgegnete, das täte Gott, um die Welt zu beschämen, in seiner Gnaden Fülle.*

Einst weilte Sankt Franziskus im Kloster der Portiuncula mit Bruder Masseo von Marignano, einem gar frommen Mann, der verständig und anmutig von Gott zu reden wußte. Darum liebte ihn Sankt Franziskus gar sehr. Eines Tages kehrte Sankt Franziskus aus dem Wald heim, woselbst er gebetet hatte. Und wie er aus dem Walde trat, begegnete ihm Bruder Masseo. In der Absicht, seine Demut zu prüfen, sprach er zu ihm: »Warum dir? Warum dir? Warum dir?« Sankt Franziskus erwiderte: »Was willst du damit sagen?« Sprach Bruder Masseo: »Ich meine, warum alle Welt dir nachläuft und jedermann dich zu sehen verlangt, auf dich hört und dir gehorcht. Du bist nicht schön von Angesicht, du bist nicht reich an Weisheit, noch von edler Abkunft; wie kommt es also, daß alle Welt dir nachläuft?« Als Sankt Franziskus dies hörte, war er von Herzen fröhlich, erhob sein Antlitz gen Himmel und stand lange in Gott versunken. Als er dann wieder zu sich kam, beugte er das Knie, Gott zu Lob und Preis. Hierauf wandte er sich glückseligen Sinnes an Bruder Masseo und sprach: »Willst du wissen, warum mir? Willst du wissen, warum mir? Willst du wissen, warum mir? Warum mir alle Menschen nachfolgen? Der allmächtige Gott, dessen Augen allenthalben auf Guten und Bösen ruhen, sein hochheiliger Blick hat unter den Sündern keinen gefunden, der armseliger, unzulänglicher und schuldbeladener war als ich. Um das Wunder seines Heilsplanes zu verwirklichen, hat er auf Erden kein kläglicheres Geschöpf gefunden. Darum hat er mich erwählt, um die Welt zu beschämen mit ihrem Stolz und Adel, ihrer Stärke, Schönheit und Weisheit. Auf daß wir erkennen, daß alle Kraft und alles Gute aus seiner Hand uns zufließt und nicht irdischem Wesen entstammt und niemand sich rühmen möge vor seinem Angesicht. Nein! Wer sich rühmen will, rühme sich des Herrn, ihm sei alle Ehre und Herrlichkeit und Ewigkeit!« –

Da erbebte Bruder Masseo über die fromme Inbrunst dieser Antwort; jetzt erkannte er wahrlich, wie tief Sankt Franziskus in der Demut wurzelte.

## 11

*Wie Sankt Franziskus den Bruder Masseo mehrmals rundum-rundum sich drehen ließ und dann nach Siena ging.*

Als eines Tages Sankt Franziskus mit Bruder Masseo wanderte und Bruder Masseo voranging, kamen sie an einen Ort, wo die Straße sich nach drei Seiten teilte, nach Florenz, Siena und Arezzo. Da sprach Bruder Masseo: »Mein Vater, welchen Weg sollen wir gehen?« Erwiderte Sankt Franziskus: »Den Gott will!« Sprach Bruder Masseo: »Wie aber werden wir Gottes Willen erfahren?« Entgegnete Sankt Franziskus: »An dem Zeichen, das ich dir sagen werde! Ich befehle dir bei dem heiligen Gehorsam, daß du an diesem Dreiweg, da wo du stehst, dich rundum-rundum drehst, so wie es im Spiele die Kinder tun, und dich drehest ohn' Unterlaß, bis ich's dir sage!«

Und Bruder Masseo hub an, sich im Kreise zu drehen. Und er drehte sich so lange, daß er schwindlig ward, wie es ja beim Laufen im Kreise zu geschehen pflegt, und er fiel mehrere Male zu Boden. Aber da ihm Sankt Franziskus nicht aufzuhören gebot und er ihm getreulich gehorchen wollte, erhob er sich immer wieder. Schließlich aber, als er sich ganz ungestüm drehte, sprach Sankt Franziskus: »Bleib' stehen und beweg' dich nicht!« Und er blieb stehen, und Sankt Franziskus fragte ihn: »Nach welcher Richtung blickt dein Antlitz?« Erwiderte Bruder Masseo: »Nach Siena.« Sprach Sankt Franziskus: »Dies ist der Weg, den uns Gott vorschreibt!« – Als sie nun diese Straße zogen, wunderte sich Bruder Masseo gar sehr über den Befehl, den ihm Sankt Franziskus gegeben hatte, daß er ganz wie die Kinder und vor Laien, die vorüberkamen, sich hatte im Kreise drehen müssen. Doch aus Ehrfurcht wagte er dem heiligen Vater nichts hierüber zu sagen. –

Als sie sich nun Siena näherten, erfuhr das Volk der Stadt, daß der Heilige nahe, und ging ihm entgegen; und aus Verehrung trugen sie ihn und seinen Gefährten bis zum bischöflichen Palast, so daß ihre Füße nicht den Boden berührten.

In jener Stunde hatten einige Männer von Siena Streit miteinander begonnen, und schon waren zwei von ihnen getötet worden. Da trat Sankt Franziskus herzu und predigte ihnen Gottes Wort so liebreich und fromm, daß sie fortan in Frieden, Einigkeit und Eintracht miteinander lebten.

Als der Bischof von Siena erfuhr, welch fromme Tat Sankt Franziskus vollbracht hatte, lud er ihn in sein Haus und bewirtete ihn mit hohen Ehren für diesen Tag und auch für die Nacht. Am folgenden Morgen aber erhob sich Franziskus mit seinem Gefährten beizeiten. Von aufrichtiger Demut erfüllt und in all seinen Werken nur auf Gottes Ehre bedacht, verließ er Siena, ohne daß es der Bischof wußte.

Bruder Masseo aber murrte unterwegs und sprach bei sich selbst: »Wie hat dieser gute Mann sich doch hier benommen! Zuerst mußte ich mich rundum drehen wie ein Kind, und dann beim Bischof, der ihm so viel Ehre erwiesen hat, hat er kein Wort gesprochen und ihm nicht einmal gedankt.« Und es schien dem Bruder Masseo, als ob Sankt Franziskus ein recht unvornehmes Betragen hätte. Aber dann durch göttliche Eingebung bedachte er sich und tadelte sich in seinem Herzen und sprach: »Du bist gar zu stolz, daß du dir ein Urteil über göttliche Dinge anmaßest, und der Hölle wert durch deine unerhörte Überhebung. Hat nicht Bruder Franziskus gestern so fromme Werke vollbracht, daß sie nicht wundersamer gewesen wären, wenn ein Engel sie ausgeführt hätte?! Ja, hätte er dir befohlen, mit Steinen zu werfen, so hättest du es tun und ihm gehorchen müssen. Denn was er hier getan hat, das hat er auf Gottes Geheiß getan, dessen ist das gute Ende ein Beweis. Hätte er nicht die Männer, die miteinander kämpften, versöhnt, so hätten nicht allein viele körperlich durch Messerstiche ihr Leben eingebüßt (wie sie es schon begonnen hatten), sondern der Teufel hätte auch viele Seelen der Hölle zugeführt. Du bist töricht und anmaßend, daß du darüber murrst, was offenbar auf Gottes Geheiß geschehen ist.«

Was aber Bruder Masseo, der einige Schritte vor Sankt Franziskus schritt, in seinem Herzen bedachte, wurde diesem von

Gott kundgetan. Deshalb trat Sankt Franziskus zu ihm und sprach: »An dem, was du jetzt denkst, halte fest, denn deine Gedanken sind gut und nützlich und Eingebungen Gottes; aber dein Murren vorher war blind und eitel und stolz und vom Dämon in dein Herz gesät.«

Da erkannte Bruder Masseo, daß Sankt Franziskus genau um die Geheimnisse seines Herzens wußte, und er begriff, daß der Geist göttlicher Weisheit in all seinem Tun den heiligen Vater leitete.

## 12

*Wie Sankt Franziskus dem Bruder Masseo das Amt des Pförtners, des Almoseniers und des Koches verlieh und ihn dann auf Bitten der anderen Brüder dessen enthob.*

Sankt Franziskus beschloß, den Bruder Masseo zu demütigen, damit er nicht durch die vielen Gunst- und Gnadenbeweise Gottes sich zur Eitelkeit verleiten ließe, sondern durch die Kraft der Demut erstarke und von Tugend zu Tugend aufstiege. Als er nun einst mit den Gefährten, die sich ihm zuerst angeschlossen hatten, wahrhaft frommen Männern, zu denen auch Bruder Masseo gehörte, in einer einsamen Gegend weilte, richtete er sein Wort vor all seinen Jüngern an Bruder Masseo und sprach: »O Bruder Masseo, all diesen deinen Genossen ist die Gabe der Betrachtung und des Gebetes verliehen; du aber besitzest die Gnade, das Wort Gottes zu verkünden und das Volk zu erbauen. Daher will ich, damit jene sich um so mehr der Beschaulichkeit widmen können, daß du das Amt des Pförtners, des Almoseniers und des Koches übernimmst. Und wenn die anderen Brüder essen, so sollst du außerhalb der Klosterpforte essen, damit du sogleich alle, die zu unserem Kloster kommen, noch bevor sie anklopfen, zum Willkommen mit dem Worte Gottes empfängst; denn dann braucht ja kein anderer Bruder außer dir hinauszugehen. Tu dies um des heiligen Gehorsams willen!« Da zog Bruder Masseo seine Mönchskappe herunter, neigte das Haupt, nahm demütig den

Befehl entgegen und führte ihn gehorsam aus, indem er mehrere Tage das Amt des Pförtners, des Almoseniers und des Koches versah. Hierüber aber fühlten seine Genossen, als von Gott erleuchtete Männer, in ihrem Herzen schwere Gewissensbisse und bedachten, daß Bruder Masseo ein Mann von großen Geistesgaben war – vielleicht wie sie – vielleicht aber noch mehr begnadet – und ihm waren alle Lasten des Klosters auferlegt und nicht ihnen.

Darum erhoben sie sich, alle gleichen Willens, und baten den heiligen Vater, es möge ihm gefallen, unter sie alle die Ämter zu verteilen; denn ihr Gewissen könne es keineswegs dulden, daß Bruder Masseo allein soviel Mühsal ertrüge. Als das Sankt Franziskus hörte, folgte er ihrem Rat und gab ihrem Wunsch nach, ließ Bruder Masseo rufen und sprach zu ihm: »Bruder Masseo, deine Gefährten wünschen, an den Ämtern, die ich dir verliehen habe, teilzuhaben; deshalb will ich, daß die Ämter verteilt werden.« Bruder Masseo aber, voll Demut und Geduld, erwiderte: »Vater, was du mir auch auferlegst, sei es die ganze Last oder nur ein Teil, das sehe ich als von Gott bestimmt an!« – Als Sankt Franziskus nun die Liebe seiner Jünger und die Demut des Bruders Masseo erkannte, hielt er ihnen eine wundersame Predigt über die hochheilige Demut. Er belehrte sie, daß, je größere Gnaden und Gaben uns Gott verleiht, desto demütiger wir sein müssen; denn ohne Demut gibt es keine Tugend vor Gott. Und nachdem er die Predigt gehalten hatte, verteilte er die Ämter mit größter Liebe.

## 13

*Wie Sankt Franziskus und Bruder Masseo das Brot, das sie erbettelt hatten, auf einen Stein an einem Quell niederlegten und Sankt Franziskus die Armut gar sehr pries. Dann bat er Gott, Sankt Petrus und Sankt Paulus, sie möchten ihn in der Liebe zur heiligen Armut bestärken; und wie ihm Sankt Petrus und Sankt Paulus erschienen.*

Der wundersame Knecht und Nachfolger Christi, das ist Sankt Franziskus, war bestrebt, in allen Dingen vollkommen Christo zu gleichen, der, wie es im Evangelium heißt, seine Jünger zu zweien und zweien in alle Städte und Ortschaften entsandte, wohin er selbst zu gehen beabsichtigte. Deshalb hatte er nach dem Beispiel Christi zwölf Gefährten um sich gesammelt und entsandte sie nun zu zweien und zweien in die Welt hinaus, um zu predigen. Und um ihnen ein Exempel wahren Gehorsams zu geben, begab er sich zuerst auf die Wanderung, nach dem Vorbild Christi, der seine Lehre zuerst durch die Tat und dann durch das Wort offenbarte. Er wies seinen Jüngern verschiedene Teile der Welt zu, er selber, mit Bruder Masseo als Begleiter, schlug den Weg in die Provence Frankreichs ein.

Als sie nun eines Tages in ein Dorf gekommen waren, gingen sie, recht hungrig, um sich dort ihr Brot zu erbetteln, wie es die Regel vorschreibt, von Haus zu Haus; Sankt Franziskus in dem einen Bezirk, Bruder Masseo in dem anderen. Weil aber Sankt Franziskus allzu unansehnlich und von kleiner Gestalt war und von denen, die ihn nicht kannten, als ein armseliger Bettler angesehen wurde, erhielt er nur einige Brocken und Stücklein trockenen Brotes. Bruder Masseo aber, der schön und stattlichen Wuchses war, empfing viel gute und große Stücke, ja sogar ganze Brote.

Da sie nun genug erbettelt hatten, trafen sie sich außerhalb des Dorfes zum Essen, auf einem Platz, wo sich ein schöner Quell befand und daneben ein breiter, schöner Stein, auf den sie ihre Almosen legten. Als nun Sankt Franziskus sah, daß Bruder Masseo mehr und größere und bessere Stücke als er empfangen hatte, war er voller Freude und sprach also: »O Bruder Masseo, wir sind eines so großen Schatzes nicht wert!« – Als er diese Worte mehrfach wiederholte, entgegnete ihm Bruder Masseo: »Mein Vater, wie kann man hier von einem großen Schatz sprechen, wo die größte Armut herrscht und Mangel am Allernötigsten; hier ist weder Tischtuch noch Messer, noch Schneidebrett, noch Haus, noch Tisch, noch Knecht, noch Magd.« Sprach Sankt Franziskus: »Gerade deshalb nenne ich's ja einen großen Schatz, weil hier nichts von Menschenhand bereitet ist. Nein! Alles, was du hier siehst, hat uns die göttliche Vorsehung beschert, sieh hier: das erbettelte Brot, den schönen Tisch aus Stein, den klaren Quell, und deshalb will ich, daß wir Gott bitten, er möge uns den Schatz der heiligen, so edlen Armut, dessen sich auch Gott bedient hat, von ganzem Herzen lieben lehren!« –

Nach diesen Worten sprachen sie das Gebet und erquickten sich an den Stücken Brotes und an einem Trank Wassers. Dann standen sie auf und setzten ihren Weg gen Frankreich fort. Als sie dann zu einer Kirche gekommen waren, sprach Sankt Franziskus zu seinem Begleiter: »Wir wollen in diese Kirche eintreten, um zu beten.« Und Sankt Franziskus ging hinter den Altar und hub an zu beten. Und es senkte sich Gottes Geist auf ihn hernieder, und seine Seele wurde von so inbrünstiger Glut und heftiger Liebe zur heiligen Armut entflammt, daß sein Antlitz erglühte und der Hauch seines Mundes Flammen der Liebe zu sprühen schien.

Also entflammt, ging er auf seinen Gefährten zu und rief aus: »Ach, ach, ach, Bruder Masseo, gib dich mir!« und so rief er dreimal! Und beim dritten Mal erhob Sankt Franziskus den Bruder Masseo mit seinem Atem in die Luft und ließ ihn eine gute Speerlänge von sich wieder zu Boden gleiten. Darüber war Bruder Masseo gar sehr verwundert. Er erzählte später seinen Gefährten, daß, wie ihn Sankt Franziskus mit seinem Atem also erhob und vorwärts trieb, seine Seele eine solche Süße und Seligkeit empfand, wie er sie nimmer im Leben empfunden hatte.

Hierauf sprach Sankt Franziskus: »Mein lieber Gefährte, wir wollen zu Sankt Petrus und Sankt Paulus gehen und wollen sie bitten, sie mögen uns helfen und uns lehren, wie wir den unermeßlichen Schatz der hochheiligen Armut erlangen; denn sie ist eine so herrliche und göttliche Kostbarkeit, daß wir nicht würdig sind, sie in unseren dürftigen Gefäßen zu besitzen. Denn sie ist jene Himmelsmacht, durch die wir alles, was irdisch und vergänglich ist, verachten, durch die wir die Seele von jeder Sorge befreien, daß sie sich ungehemmt mit dem ewigen Gott vereinigen mag; jene Himmelsmacht, welche die Seele noch auf Erden befähigt, mit den Engeln im Himmel zu reden; jene Himmelsmacht, die Christus bei seiner Kreuztragung begleitete, mit Christus ins Grab stieg, mit Christus erstand, mit Christus gen Himmel fuhr; jene Himmelsmacht, die noch in diesem Leben die Seelen, die sie liebend hegen, so leicht macht, daß sie es vermögen, gen Himmel zu fliegen! Sie hütet auch die Waffen der wahren Demut und Nächstenliebe. Deshalb wollen wir die heiligen Apostel Christi, die jene Perle des Evangeliums mit unvergleichlicher Liebe liebten, herzlich bitten, sie mögen diese edle Frau Armut für uns von unserem Herrn Jesu Christo erbitten; durch sein hochheiliges Erbarmen möge es uns gewährt sein, daß wir wahrhaft Liebende, Nachfolger und demütige Jünger der köstlichsten, geliebtesten evangelischen Armut werden!«

Sie waren bei diesen Worten in Rom angelangt und gingen nun in die Kirche des heiligen Petrus. Sankt Franziskus begann sein Gebet in einer Ecke der Kirche, Bruder Masseo in einer anderen. Als sie nun lange unter vielen Tränen und in tiefer Andacht gebetet hatten, erschienen dem Sankt Franziskus die allerheiligsten Apostel Petrus und Paulus in leuchtendem Glanze und sprachen: »Da du das erbittest und zu ehren begehrst, was auch Christus und die heiligen Apostel geehrt haben, so hat uns unser Herr Jesus Christus zu dir gesandt, um dir kundzutun, daß dein Gebet erhört worden ist. Dir und deinen Nachfolgern ist voll und ganz der Schatz der hochheiligen Armut gewährt worden. Auch verkünden wir dir in seinem Namen, daß, wer deinem Beispiel folgen wird und sich dieser Sehnsucht ganz ergibt, der Glückseligkeit des ewigen Lebens gewiß ist. Du und alle, die dir nachfolgen, ihr werdet von Gott gesegnet sein!«

Nach diesen Worten verschwanden sie und ließen Sankt Franziskus voll seliger Freude zurück. Er erhob sich vom Gebet und kehrte zu seinem Gefährten zurück, den er fragte, ob Gott ihm nichts offenbart hätte. Jener verneinte es. Da erzählte ihm Sankt Franziskus, wie die heiligen Apostel ihm erschienen waren und welche Botschaft sie ihm gebracht hatten. Darüber waren beide so beglückt, daß sie ihren Pilgerweg nach Frankreich nicht fortsetzten, sondern in das Tal von Spoleto zurückkehrten.

## 14

*Wie Sankt Franziskus mit seinen Minderbrüdern von Gott redete und Er mitten unter ihnen erschien.*

Als einst in der Frühzeit des Ordens Sankt Franziskus seine Jünger um sich geschart hatte, um mit ihnen von Christus zu reden, befahl er in der Glut seines Herzens einem von ihnen, er solle im Namen Gottes seinen Mund öffnen und von Gott sprechen, wie es ihm der Heilige Geist eingäbe. Der Bruder befolgte den Befehl und sprach von Gott gar wundersam. Und Sankt Franziskus hieß ihn schweigen und gab den gleichen Befehl einem anderen Bruder. Auch dieser gehorchte und sprach von Gott gar scharfsinnig. Da gebot auch ihm Sankt Franziskus zu schweigen und hieß einen dritten von Gott reden. Dieser sprach so tiefgründig über die Geheimnisse Gottes, daß Sankt Franziskus mit Sicherheit erkannte, aus ihnen allen hatte der heilige Geist geredet. Und dies ward ihnen auch durch ein Zeichen und göttliche Weisung kund. Denn als sie noch von Gott sprachen, erschien Christus, der Gebenedeite, mitten unter ihnen in Aussehen und Gestalt eines wunderschönen Jünglings. Er segnete sie und erfüllte sie mit solcher Seligkeit und Süße, daß sie vor Entzücken außer sich wie tot dalagen und der Welt entrückt waren. Als ihnen aber dann die Besinnung wiederkehrte, sprach Sankt Franziskus zu ihnen: »Meine liebsten Brüder, danket Gott, der durch den Mund der Einfältigkeit den Schatz seiner göttlichen Weisheit hat kundtun wollen; denn Gott ist es, der den Stummen den Mund öffnet und die Zungen der Einfältigen in höchster Weisheit reden läßt.«

## 15

*Wie Sankta Klara mit Sankt Franziskus und seinen lieben Brüdern in Santa Maria degli Angeli speiste.*

Oftmals, wenn Sankt Franziskus in Assisi weilte, besuchte er Sankta Klara und gab ihr fromme Weisungen. Wiederholt hatte sie ihn sehnlichst gebeten, einmal mit ihr zu speisen, aber er hatte ihr nie diese Gunst erzeigen wollen. Da aber seine Jünger den Wunsch Sankta Klaras kannten, sprachen sie zum heiligen Franziskus: »Vater, uns scheint, daß diese deine Strenge nicht der göttlichen Liebe entspreche, da du der Schwester Klara, einer so heiligen und von Gott geliebten Jungfrau, einen so geringen Wunsch, mit dir zu speisen, nicht erfüllen magst. O bedenke doch, daß sie um deiner Predigt willen den Reichtum und den Prunk der Welt verließ. Wahrlich, bäte sie dich auch um eine noch größere Gunst als diese, ihr, der du deinen Geist eingepflanzt hast, müßtest du sie erfüllen!« Entgegnete Sankt Franziskus: »Glaubt ihr wirklich, daß ich auf sie hören muß?« Antworteten die Jünger: »Ja, Vater, würdige sie dieser Gunst und Freude!« Da sprach Sankt Franziskus: »Scheint es euch gut, scheint es auch mir gut! Damit ihre Freude aber noch größer sei, wünsche ich, daß wir in Santa Maria degli Angeli speisen. Denn sie war lange Zeit in Santo Damiano eingeschlossen, und es wird sie freuen, die Kirche Santa Maria zu sehen, wo sie die Tonsur erhielt und zur Braut Christi geweiht wurde. Dort wollen wir in Gottes Namen gemeinsam speisen.«

Als nun der festgesetzte Tag gekommen war, verließ Sankta Klara das Kloster mit einer Gefährtin und begab sich, von den Jüngern des Sankt Franziskus geleitet, nach Santa Maria degli Angeli. Dort grüßte sie in Andacht die Jungfrau Maria an ihrem Altare, vor dem sie einst die Tonsur erhalten und den Schleier genommen hatte. Dann ward sie durch das Kloster geführt, bis daß die Stunde des Mahles nahte. Währenddessen hatte Sankt Franziskus die Speisen auf die ebene Erde stellen lassen, wie es seiner Gewohnheit entsprach. Und als die Zeit zum Essen gekommen war, setzten sich Sankt Franziskus und Sankta Klara gemeinsam nieder und einer von den Genossen des Sankt Franziskus mit der Genossin von Sankta Klara; die anderen Jünger nahten hernach demütig, um an dem Mahle teilzunehmen. Und als man ihnen das erste Gericht bot, begann Sankt Franziskus von Gott zu reden, so lieblich, so erhaben, so wundersam, daß die Fülle göttlicher Gnade sich über sie ergoß, und alle in Gott entzückt wurden.

Und da sie, also entzückt, ihre Augen und Hände himmelwärts erhoben hatten – da erblickten die Bewohner von Assisi und Bettona und der Bezirke im Umkreis, wie Santa Maria degli Angeli und das ganze Kloster, nebst dem Walde, welcher damals an das Kloster grenzte, in hellen Flammen standen, es schien, als wälzte sich ein gewaltiges Feuer um die Kirche, Kloster und Wald. Deshalb eilten die Männer von Assisi in Eil' und Hast herbei, die Glut zu löschen, denn wahrhaftig, sie glaubten, alles brenne! – Doch als sie zu dem Kloster kamen und keinerlei Feuer gewahrten, traten sie ein und fanden Sankt Franziskus und Sankta Klara und die Brüder allzumal entzückt vor Gottes Angesicht bei dürftigem Mahle sitzen. – Wahrlich, da erkannten sie, daß das Feuer göttlich und nicht irdisch war, daß Gott hier ein Wunder hatte geschehen lassen, um zu offenbaren und zu erweisen, daß die Seelen der frommen Brüder und Nonnen von göttlicher Liebe entbrannt waren. So gingen denn die Männer von Assisi wieder von dannen voller Glückseligkeit und frommer Erbauung im Herzen. – Als aber nach einiger Zeit Sankt Franziskus und Sankta Klara nebst den anderen wieder zum Bewußtsein kamen, da fühlten sie sich durch die Himmelsspeise so gestärkt, daß sie nach irdischer Kost kein Verlangen trugen.

Also ward das heilige Mahle geendet und Sankta Klara kehrte wohl heimgeleitet nach San Damiano zurück. Und als die Schwestern sie sahen, freuten sie sich gar sehr, denn sie fürchteten, Sankt Franziskus könne sie beauftragt haben, ein anderes Kloster zu leiten, so wie er einst schon Schwester Agnes, ihre fromme Gefährtin, entsandt hatte, um dem Kloster von Monticelli in Florenz vorzustehen. Auch hatte Sankt Franziskus bereits einige Male zu Sankta Klara gesagt: »Sei bereit, wenn ich deiner bedarf, um dich in ein anderes Kloster zu entsenden.« Und sie, ein Kind heiligen Gehorsams, hatte entgegnet: »Mein Vater, ich bin allzeit bereit zu gehen, wohin Ihr mich sendet!« – Darum waren die Schwestern inniglich erfreut, als sie sie wieder bei sich hatten. Sankta Klara aber war seit dieser Zeit von tiefer Glückseligkeit erfüllt.

## 16

*Wie Sankt Franziskus von der heiligen Klara und Bruder Silvestro den Rat erhielt, er möge durch seine Predigt die Menschheit bekehren, und wie er den dritten Orden gründete, den Vögeln predigte und den Schwalben Ruhe gebot.*

Der demütige Knecht Christi, Sankt Franziskus, der schon kurze Zeit nach seiner Bekehrung viele Jünger um sich versammelt und in den Orden aufgenommen hatte, war einst in tiefes Nachdenken und Überlegen versunken, was er tun solle: ob er sich nur dem Gebet widmen oder zuweilen auch predigen müsse. Und deshalb wünschte er sehr, hierüber Gottes Willen zu erfahren. Weil aber seine heilige Demut in ihm nicht einmal den Gedanken aufkommen ließ, daß seine Persönlichkeit oder sein Gebet etwas gälten, gedachte er, Gottes Willen durch das Gebet anderer zu erforschen.

Er rief daher Bruder Masseo und sprach zu ihm also: »Gehe zur Schwester Klara und sage ihr in meinem Namen, sie möchte mit einigen ihrer vom heiligen Geist besonders begnadeten Getreuen Gott bitten, es möge ihm wohlgefallen, mir zu offenbaren, was besser sei, ob ich mich dem Predigen widmen solle, oder nur dem Gebet. Und dann gehe zum Bruder Silvestro und sage ihm das gleiche.« Dieser Bruder Silvestro hatte noch als Weltgeistlicher einst ein goldenes Kreuz aus dem Munde des heiligen Franziskus hervorgehen sehen, das bis an den Himmel hoch, und weit bis an die Enden der Welt sich erstreckte. Und durch seine große Demut und Frömmigkeit verlieh ihm Gott, was er nur erbat; er sprach oftmals mit Gott und ward erhört. Darum stand er beim heiligen Franziskus in hohen Ehren.

Da machte sich Bruder Masseo auf den Weg, und nach dem Auftrage des heiligen Franziskus ging er zuerst zur Sankta Klara und dann zum Bruder Silvestro. Sobald dieser die Botschaft vernommen hatte, warf er sich sogleich zum Gebet nieder, und da er noch flehte, empfing er die göttliche Antwort, die er dem Bruder Masseo überbrachte: »Also spricht Gott: Sage dem Bruder Franziskus: Gott hat ihn nicht nur, daß er für sich wirke, berufen, sondern daß er die Seelen zur Reife bringe und zum Heile führe!« – Als Bruder Masseo diese Antwort erhalten hatte, kehrte er zu Sankta Klara zurück, um zu erfahren, was Gott ihr kundgetan hatte. Und sie antwortete ihm, daß sie und ihre Gefährtinnen von Gott die gleiche Antwort wie Bruder Silvestro erhalten hatten.

Mit diesem Ergebnis kehrte Bruder Masseo zu Sankt Franziskus zurück. Und Sankt Franziskus empfing ihn mit größter Liebe, wusch ihm die Füße, brachte ihm Speise und ging mit ihm nach dem Essen in den Wald. Dort warf sich Sankt Franziskus vor Bruder Silvestro auf die Knie, entblößte das Haupt, kreuzte die Arme und fragte ihn: »Was gebietet mein Herr Jesus Christus, das ich tun soll?« – Entgegnete Bruder Masseo, daß Christus aus dem Bruder Silvestro wie der Schwester Klara und den anderen Schwestern kundgetan und offenbart hatte, also sei sein Wille: »Du sollst durch die Welt gehen und predigen, denn er hat dich nicht erwählt, daß du nur für dein Heil wirken sollst, sondern zur Erlösung der anderen Seelen!«

Als Sankt Franziskus die Botschaft vernommen und den Willen Jesu Christi erfahren hatte, erhob er sich in großer Inbrunst und sprach: »Wir wollen in Gottes Namen gehen!« Und er wählte sich Bruder Masseo und Bruder Agnolo, beides fromme Männer, zu Gefährten.

Vom heiligen Geiste getrieben wanderten sie, ohne auf Weg und Richtung zu achten, und gelangten an ein Kastell namens Savurniano. Und Sankt Franziskus beschloß, hier zu predigen.

Vorher aber gebot er den Schwalben, die rings zwitscherten, sich still zu halten, bis daß er seine Predigt beendigt hätte. Und die Schwalben waren ihm gehorsam. Er aber predigte dann mit solcher Glut, daß alle Männer und Frauen des Kastells, in der Seele gerührt, mit ihm von dannen ziehen und ihre Heimat verlassen wollten. Doch Sankt Franziskus ließ es nicht zu und sprach zu ihnen: »Seid nicht unbedacht und wandert nicht mit mir! Ich will euch sagen, was ihr zum Heil eurer Seelen tun müßt!« – Damals schon gedachte er, zum Heile aller den dritten Orden zu gründen. So ließ er sie gottfrohen Herzens und zur Buße wohl bereit zurück, zog von dannen und gelangte in die Gegend zwischen Cannajo und Bevagno.

Und wie er seine Wanderung mit gotterfüllter Seele fortsetzte, da erhob er seine Augen und siehe! Einige Bäume standen am Wege, auf denen eine schier zahllose Menge Vögel saß. Darob staunte Sankt Franziskus und sprach zu seinen Jüngern: »Erwartet mich hier am Wege; ich aber will meinen Geschwistern, den Vögeln, predigen!« – Und er trat in das Gefilde und begann den Vögeln zu predigen, die sich ringsum aufhielten. Und sofort flogen sie von den Bäumen hernieder, sammelten sich um ihn und saßen unbeweglich, bis Sankt Franziskus seine Predigt beendet hatte. Auch dann flogen sie noch nicht von dannen, sondern warteten, bis er ihnen seinen Segen gegeben hatte. Und nach dem Bericht, den später Bruder Masseo dem Bruder Jacopo von Massa erstattete, wandelte Sankt Franziskus mitten unter ihnen, so daß er sie mit der Kutte streifte, aber keiner von ihnen bewegte sich.

Der Inhalt der Predigt des heiligen Franziskus aber war dieser: »Meine Geschwister! Ihr Vögel müßt Gott, eurem Schöpfer, sehr dankbar sein und ihn allezeit und allerort loben, denn er verlieh euch die Kraft, allenthalben zu fliegen, auch gab er euch Kleidung doppelt und dreifach, ferner bewahrte er euren Samen in der Arche Noahs, so daß sich eure Art nicht minderte. Dann müsset ihr auch dankbar sein für das Element der Luft, das er euch zugewiesen hat. Und zum dritten: Ihr säet nicht und mähet nicht und Gott gibt euch Speise und tränket euch aus den Flüssen und Quellen; er gewährt euch Zuflucht in den Bergen und Tälern und in den hohen Bäumen, darinnen ihr euch eure Nester baut! Und ob ihr gleich nicht zu spinnen und zu nähen wisset, Gott kleidet euch, euch und eure Kinder. Oh, wie sehr liebt euch also euer Schöpfer, er erweiset euch so viel Huld, und drum hütet euch, meine Geschwister, vor der Sünde der Undankbarkeit und seid allzeit beflissen, Gott zu loben!«

Als Sankt Franziskus diese Worte zu ihnen gesprochen hatte, begannen all jene Vögel die Schnäbel zu öffnen, die Hälse zu rekken, die Flügel zu breiten und ehrfurchtsvoll ihre Köpfe zur Erde zu neigen und durch Schwingen und Zwitschern kundzutun, daß der heilige Vater sie gar sehr ergötzt hatte. Und Sankt Franziskus erfreute und ergötzte sich mit ihnen, er wunderte sich sehr über die große Menge der Vögel, über ihre schöne Mannigfaltigkeit, über ihre Aufmerksamkeit und Zutraulichkeit. Hierfür pries er in ihrem Kreise andächtig den Schöpfer. –

Als Sankt Franziskus dann die Predigt beendet hatte, machte er über ihnen das Zeichen des Kreuzes und entließ sie. Da erhoben sich all jene Vögel mit frohen Liedern in die Lüfte. Nach den Richtungen des Kreuzes, das Sankt Franziskus über ihnen geschlagen hatte, teilten sie sich in vier Scharen: die eine nahm ihren Flug gen Sonnenaufgang, die zweite gen Untergang, die dritte gen Mittag, die vierte gen Mitternacht; und jede Schar flog dahin und sang wundervolle Lieder. In diesen brachten sie zum Ausdruck, daß gleichwie Sankt Franziskus, der Bannerträger des Christuskreuzes, ihnen gepredigt und über ihnen das Kreuz Christi geschlagen hatte, das ihrem Fluge die vier Richtungen der Erde gewiesen: also werde die Predigt des Christuskreuzes durch Sankt Franziskus zu neuem Leben geweckt, von ihm und den Brüdern durch die ganze Welt getragen werden. Und diese Brüder besitzen, wie die Vögel, nichts auf Erden, sondern haben ihr Leben einzig und allein Gottes Vorsehung befohlen!

## 17

*Wie ein junges Brüderlein, als Sankt Franziskus in der Nacht betete, Christus und die Jungfrau Maria und viele andere Heilige erblickte, die mit jenem sprachen.*

Ein Knabe, gar reinen Herzens und unschuldig, ward noch bei Lebzeiten des heiligen Franziskus in den Orden aufgenommen. Er wohnte in einem armseligen Kloster, in dem die Brüder aus Not auf Matten schliefen. Einst kam Sankt Franziskus in dieses Kloster, des abends aber, nach dem Beten legte er sich nieder, um nachts, wenn die anderen Brüder schliefen, sich zum Gebete erheben zu können, wie er es gewohnt war. Jener Knabe aber hatte in seinem Herzen beschlossen, die Wege des heiligen Franziskus sorgsam zu überwachen, um seine Heiligkeit zu erkennen, insbesondere aber, zu erkunden, was er in der Nacht täte, wenn er aufgestanden sei. Und damit der Schlaf ihn nicht darum betrüge, legte sich der Knabe zum Schlafen dem heiligen Franziskus zur Seite nieder und knüpfte seinen Strick an den Strick des Sankt Franziskus, um zu merken, wenn jener sich erhebe. Hiervon freilich gewahrte Sankt Franziskus nichts.

In der Nacht aber, als die Brüder im ersten tiefen Schlaf lagen, erhob sich Sankt Franziskus und fand seinen Strick mit dem anderen Strick verknüpft; er löste ihn leise, damit der Knabe es nicht merkte und ging allein in den Wald, der sich nahe dem Kloster befand, und trat in eine Zelle, die dort stand, und kniete zum Gebete nieder.

Nach einiger Zeit erwachte der Knabe. Er findet den Strick gelöst, und da er nun weiß, daß Sankt Franziskus sich erhoben hat, steht auch er auf und eilt ihm nach. Da er die Tür offen sieht, durch die man in den Wald tritt, denkt er, daß Sankt Franziskus dorthin gegangen sei, und geht ebenfalls in den Wald hinein. Und wie er der Stelle naht, da Sankt Franziskus betet, vernimmt er ein gar mächtiges Reden. Und als er noch näher hinzutritt, um die Sprechenden zu sehen und ihre Worte zu verstehen, da erblickt er ein wundersames Geleucht, das Sankt Franziskus umfließt, im

Strahlenglanz erblickt er Christus, die Jungfrau Maria, den heiligen Johannes den Täufer und den Evangelisten, nebst einer gar großen Menge Engel, die mit dem heiligen Franziskus sprechen. Als der Knabe solches sieht und hört, fällt er wie entseelt zu Boden.

Als dann das Wunder der heiligen Erscheinung geschwunden ist und Sankt Franziskus in das Kloster zurückkehrt, berührt er mit dem Fuß den Knaben, der wie tot daliegt. Mitleidsvoll hebt er ihn auf und schließt ihn in seine Arme, wie es der gute Hirte mit seinen Schafen tut. – Und als er später von dem Knaben vernahm, daß er die Erscheinung gesehen habe, gebot er ihm, zu niemandem – solange er lebe – hiervon zu sprechen. Der Knabe erwuchs in der Gunst Gottes und der Liebe des heiligen Franziskus und ward ein tüchtiger Ordensbruder. Nach dem Tode des heiligen Franziskus aber offenbarte er diese Erscheinung auch den anderen Brüdern.

## 18

*Von dem wunderreichen Kapitel, das Sankt Franziskus in Santa Maria degli Angeli abhielt, dem mehr als fünftausend Brüder beiwohnten.*

Franziskus, der allgetreue Knecht Christi, hielt einst ein Generalkapitel in Santa Maria degli Angeli ab, zu welchem sich mehr als fünftausend Brüder versammelt hatten. Dort hatte sich auch Sankt Dominikus eingestellt, das Haupt und der Grundstein des Ordens der Predigerbrüder, der damals von Burgund nach Rom wanderte. Er hatte nämlich von dem Zusammentreten des Kapitels Kunde erhalten, das Sankt Franziskus zu Santa Maria degli Angeli hielt, und war mit sieben seiner Ordensbrüder deshalb gekommen, ihm beizuwohnen. Auch ein Kardinal, der dem heiligen Franziskus von Herzen ergeben war, war zu diesem Kapitel gekommen; ihm hatte er geweissagt, er würde einst Papst werden, wie es auch geschah. Dieser Kardinal war aus Liebe zum heiligen Franziskus aus Perugia, wo der Papst damals Hof hielt, nach Assisi gekommen. Jeden Tag kam er, um Sankt Franziskus und die Brüder zu sehen, zuweilen las er auch die Messe und predigte den Brüdern während des Kapitels. Und besagter Kardinal fand gar großes Wohlgefallen und Andacht, wenn er die heilige Versammlung aufsuchte. – Und als er in der Ebene um Santa Maria degli Angeli die Brüder vereint sah, Schar bei Schar, hier vierzig, dort hundert, dort achtzig beisammen, alle von den Worten Gottes beseelt, im Gebet, in Tränen, in den Werken der Liebe – und wie sie still und bescheiden sich verhielten, daß man weder Lärm noch Raunen vernahm – da staunte er über die Ordnung, die unter dieser großen Menge herrschte, und er sprach in Tränen und voll Ehrfurcht also: »Wahrlich, dies ist das Lager und das Heer der Ritter Gottes!« – Man hörte in dieser Schar kein eitles oder närrisches Geschwätz; vielmehr, wo sich eine Anzahl von Brüdern vereinigt hatte, da beteten sie und hielten Andacht, oder beweinten ihre Sünden und die ihrer Wohltäter, oder sprachen vom Heile der Seelen. – Auf dem Felde waren Hallen, mit Stroh und Weidengeflecht überdeckt, errichtet worden, worin sich in einzelnen Gruppen die Brüder der verschiedenen Provinzen zusammenfanden. Darum nannte man jenes Kapitel das Kapitel der Weiden- oder der Strohdächer. Ihr Bett war die nackte Erde, nur einige hatten etwas Stroh darüber gebreitet. Als Kopfkissen diente ihnen ein Stein oder ein Holzblock. Aus diesem Grunde bezeugten ihnen alle, die sie hörten oder sahen, gar aufrichtige Ehrerbietung; und so groß war der Ruf ihrer Frömmigkeit, daß aus Perugia, wo damals der Papst Hof hielt, und aus den Orten des Tales von Spoleto, viele Grafen, Barone und Ritter, ferner Edelleute, Popolanen, Kardinäle, Bischöfe, Äbte und sonstige Geistliche herbeigeeilt waren, um diese so große, heilige und demutsvolle Versammlung zu sehen, derengleichen noch niemals auf Erden erlebt worden war. Insbesondere aber waren sie gekommen, um das Haupt und den heiligsten Vater dieses heiligen Volkes zu sehen, der der Welt eine so schöne Beute entrissen hatte und eine so schöne und fromme Herde vereint hatte, um den Spuren des wahrhaftigen Hirten Jesu Christi zu folgen.

Als sich jetzt alle zum Generalkapitel versammelt hatten, da verkündete ihnen Sankt Franziskus, den sie ihren heiligen Vater und Ordensgeneral nannten, in glühender Hingebung das Wort Gottes und predigte ihnen mit heller Stimme, was der Heilige Geist ihm zu sprechen gebot. Der Inhalt seiner Rede war etwa folgender: »Meine lieben Söhne! Große Dinge haben wir Gott versprochen und allzu Herrliches hat Gott uns verheißen, wenn wir ihm unsere Gelöbnisse halten; und wir wollen gewißlich darauf vertrauen, was er uns verheißen hat. Kurz sind die Freuden der Welt, ewig aber ist die Qual, die ihnen folgt; gering ist die Qual dieses Lebens, sonder Maßen aber die Herrlichkeit der Ewigkeit!« – Über diese Worte predigte er voll Inbrunst, zur Erbauung der Brüder, die er im heiligen Gehorsam, in der Ehrfurcht vor der Mutter Kirche und in brüderlicher Eintracht bestärkte! Er ermahnte sie, Gottes Gnade für das ganze Volk zu erflehen, Gleichmut in den Widerwärtigkeiten der Welt, Maßhalten im Glück, Reinheit und himmlische Keuschheit zu bewahren, in Frieden und Einigkeit mit Gott, der Menschheit und dem eigenen Gewissen zu leben und auch die heilige Armut zu lieben und zu beachten. Darüber sprach er: »Ich befehle euch kraft des heiligen Gehorsams also: Keiner von euch, die ihr hier versammelt seid, soll in Sorge und Kümmernis darauf bedacht sein, woher er Speise und Trank oder des Leibes Notdurft nehme, sondern jeder nur sich dem Gebet und dem Lobe Gottes widmen. Alles Sorgen für euer leibliches Wohl stellet Gott anheim, denn er sorget für euch ganz besonders!« – Und alle vernahmen diesen Befehl mit frohem Herzen und heiterem Antlitz, und, nachdem Sankt Franziskus seine Predigt beendet hatte, warfen sich alle betend auf die Knie.

Sankt Dominikus aber, der bei all diesem zugegen war, wunderte sich gar sehr über das Gebot des Sankt Franziskus und hielt es für unverständig. Er konnte es nicht fassen, wie man eine solche Menge leiten und lenken könne, ohne der leiblichen Notdurft zu sorgen und zu achten.

Doch der hochheilige Hirte, Christ der Gebenedeiete, wollte seine Sorge für seine Herde und seine einzige Liebe für seine Armen erweisen und offenbarte sogleich seinen Willen den Bewohnern von Perugia, Spoleto, Foligno, Spello, Assisi und den anderen Bezirken ringsum, daß sie der heiligen Versammlung Speise und Trank bringen sollten. Und so geschah es. Plötzlich kamen aus den genannten Bezirken Männer mit Saumtieren, Pferden, Wagen, beladen mit Brot und Wein, Bohnen und Käse und anderen guten Eßwaren, wie sie die Armen Christi benötigten. Ferner brachten sie Tischtücher, Krüge, Näpfe, Becher und sonstige Gefäße, wie sie für eine so große Menge erforderlich waren, und glücklich pries sich, wer am meisten herbeizuschaffen oder am aufmerksamsten zu dienen vermochte. Selbst die Ritter und Barone, die nur, um all die Brüder zu sehen, gekommen waren, dienten ihnen mit größter Demut und Ergebenheit.

Sankt Dominikus aber, der nun sah und in Wahrheit erkannte, wie die göttliche Vorsehung sich an ihnen offenbarte, ward sich in Demut bewußt, daß er Sankt Franziskus zu Unrecht eines unverständigen Gebotes geziehen hatte. Er trat vor ihn, beugte das Knie, bekannte demütig sein Vergehen und fügte hinzu: »In Wahrheit, Gott wendet seine besondere Sorge diesen seinen lieben, frommen Armen zu, und ich wußte es nicht. Von Stund an gelobe ich, der heiligen evangelischen Armut zu dienen und fluche im Namen Gottes allen Brüdern meines Ordens, die sich vermessen, Eigentum zu haben!« –

So ward Sankt Dominikus von dem Glauben des hochheiligen Franziskus gar sehr erbaut, zugleich von der so großen Verehrung, die die gesamte Bruderschaft der Armut zollte; auch erkannte er die göttliche Vorsehung und die Fülle aller Güte.

Auf dem gleichen Ordenskapitel wurde dem heiligen Franziskus gemeldet, daß viele Brüder einen Stachelpanzer auf dem bloßen Körper und eiserne Ringe trügen, wodurch manche erkrankten oder gar stürben, die meisten aber in der Andacht gehindert wurden. Da gebot Sankt Franziskus, als einsichtsvoller Vater, ihnen kraft des heiligen Gehorsams, ein jeglicher, der einen Panzer oder einen eisernen Ring trüge, solle ihn von sich tun und vor ihm niederlegen. Und sie taten also. Und es wurden wohl fünfhundert eiserne Panzer und weit mehr noch Eisenringe für Arm und Leib gezählt, die zu einem großen Hügel aufgeschichtet waren. Und Sankt Franziskus ließ sie dort liegen.

Als dann das Kapitel beendet war, bestärkte Sankt Franziskus sie alle in ihren guten Vorsätzen und unterwies sie, wie sie ohne Sünde in dieser bösen Welt leben könnten und entließ sie mit Gottes und seinem Segen allesamt in ihre Heimat getrost und im Geiste beseligt.

## 19

*Wie im Weinberge des Priesters von Rieti, in dessen Hause Sankt Franziskus betete, die große Menge Volkes, welche zu ihm kam, die Trauben abgerissen und gepflückt hatte und dann durch ein Wunder die Weinstöcke mehr Trauben als je trugen, so wie Sankt Franziskus es verheißen hatte. – Und wie Gott dem Sankt Franziskus offenbarte, er werde nach seinem Ableben in das Paradies eingehen.*

Als Sankt Franziskus einst an einem Augenübel schwer erkrankt war, schrieb ihm der Kardinal Ugolino, der Beschützer des Ordens, in großer Herzlichkeit, er möge zu ihm nach Rieti kommen, wo es sehr gute Augenärzte gab. Da begab sich Sankt Franziskus, nachdem er den Brief des Kardinals empfangen hatte, zuvörderst nach San Damiano, zur heiligen Klara, der frommen Braut Christi, ihr eine Freude zu bereiten, und dann erst beabsichtigte er, den Kardinal aufzusuchen.

In der Nacht aber, die seiner Ankunft in San Damiano folgte, verschlimmerte sich das Augenleiden so sehr, daß er kein Licht mehr sah. Und weil er deshalb nicht abreisen konnte, errichtete ihm die heilige Klara eine Rohrhütte, damit er dort ungestörter ruhen möge. Aber Sankt Franziskus konnte vor Schmerzen seiner Krankheit und wegen der Menge Mäuse, die ihn sehr belästigten, durchaus keine Ruhe finden, weder bei Tage noch bei

Nacht. Und da er immer mehr Qual und Pein litt, bedachte und erkannte er, daß dies eine Geißel Gottes ob seiner Sünden war. Und er begann mit Herz und Mund Gott zu lobsingen und er flehte mit lauter Stimme und rief: »O Herr, mein Gott, ich verdiene all das und noch das Schlimmste obendrein! O mein Herr Jesus Christus, du guter Hirte, der du uns Sündern durch mannigfache Leiden und körperliche Nöte deine Barmherzigkeit erweisest, gewähre mir, deinem Schäflein die Huld und Kraft, daß kein Gebrechen, Leid und Schmerz mich von dir scheiden könne!«

Und auf dieses Gebet erscholl eine Stimme vom Himmel also: »Franziskus, gib mir Antwort: Wenn die ganze Erde Gold wäre und alle Meere, Quellen und Flüsse Balsam, und wären alle Berge, Hügel und Felsen Edelgestein und du fändest einen anderen Schatz, um so viel kostbarer wie diese Dinge, als Gold kostbarer ist denn Erde, Balsam denn Wasser, Edelgestein denn Berg und Fels – sag' an, wenn dir um dieser Krankheit willen dieser herrliche Schatz zuteil würde, solltest du nicht dessen wohl zufrieden und fröhlich sein?« – Erwiderte Sankt Franziskus: »Herr, ich bin eines so köstlichen Schatzes nicht würdig!« Und die Stimme Gottes sprach zu ihm: »Freue dich, Franziskus, dies ist der Schatz des ewigen Lebens, den ich für dich bewahre und mit dem ich dich von dieser Stunde an belehne. Und diese Krankheit und Trübnis ist dir ein Unterpfand jenes seligen Schatzes!«

Da rief Sankt Franziskus voll Freude über eine so glorreiche Verheißung seinen Gefährten herbei und sprach: »Auf, wir wollen zum Kardinal wandern!« Vorerst aber tröstete er die heilige Klara noch mit frommen Worten und, nachdem er sich von ihr huldreich verabschiedet hatte, zog er des Weges gen Rieti.

Als er sich der Stadt näherte, ging ihm eine so große Menge Volkes entgegen, daß er deshalb nicht durch die Tore eintreten wollte. Sondern er ging in eine Kirche, die etwa zwei Meilen vor der Stadt lag. Die Bürger aber eilten, auf die Kunde, daß er sich in dieser Kirche befände, allesamt herbei, um ihn zu sehen. Und es geschah, daß der Weinberg der Kirche verwüstet ward und die

Trauben alle abgepflückt wurden. Darum ward der Priester in seinem Herzen gar sehr betrübt und grämte sich, daß er Sankt Franziskus in seine Kirche aufgenommen hatte. – Die Gedanken des Priesters wurden aber Sankt Franziskus von Gott offenbart, und er rief ihn zu sich und sprach zu ihm: »Mein liebster Vater, wieviel Maß Wein trägt dir dieser Weinberg jährlich, wenn der Ertrag ganz besonders reich ist?« – Er entgegnete: »Zwölf Maß!« – Sprach Sankt Franziskus: »Ich bitte dich, Vater, hab' Geduld, wenn ich noch einige Tage hier verweile, wo ich so viel Ruhe finde, und laß nur jedermann Trauben von deinem Weinberg pflükken, Gott zuliebe und um meinetwillen, des Poverello, des Armen Gottes. Und ich verspreche dir im Namen meines Herrn Jesus Christus, daß der Weinberg dir alljährlich zwanzig Maß tragen wird.«

Deshalb aber hatte Sankt Franziskus beschlossen, dort zu bleiben, weil er all die Früchte in den Seelen derer reifen sah, die ihn aufsuchten. Gar viele wurden von göttlicher Liebe beseligt und wandten sich von der Eitelkeit der Welt.

Der Priester aber vertraute auf das Versprechen des heiligen Franziskus und überließ den Weinberg jedem, der ihn betrat. Welch Wunder! Die Reben wurden vernichtet und zerpflückt, so daß kaum einige Stiele mit Trauben übrigblieben. Und es kommt die Zeit der Weinlese. Der Priester sammelt diese Trauben, legt sie in die Kufe und preßt sie. Und gemäß dem Versprechen des heiligen Franziskus erntet er zwanzig Maß besten Weines.

Durch dieses Wunder wird uns offenbar zu erkennen gegeben, daß ebenso wie durch Verdienst des heiligen Franziskus der seiner Trauben beraubte Weinberg Überfluß an Wein erbrachte, so das christliche Volk, durch seine Sünde der Tugend bar, durch die Lehre und das Beispiel des Sankt Fanziskus gar oftmals gute Früchte der Buße im Überfluß trug.

## 20

*Von einer sehr schönen Erscheinung, die ein junger Bruder erblickte; dieser verabscheute die Kutte so sehr, daß er entschlossen war, das Mönchsgewand abzulegen und den Orden zu verlassen.*

Ein edler, gar verwöhnter Jüngling war in den Orden des heiligen Franziskus eingetreten. Aber schon nach einigen Tagen hub er an, vom Teufel verlockt, das Mönchsgewand, das er trug, so zu verabscheuen, daß er meinte, er sei in einen häßlichen Sack gekleidet. Die Ärmel bereiteten ihm Verdruß, die Kapuze Abscheu und das lange, rauhe Gewand dünkte ihn eine untragbare Last. Und da sein Mißfallen an dem Orden nur wuchs, so entschloß er sich zuletzt, das Mönchsgewand abzulegen und in die Welt zurückzukehren. Schon aber war ihm die Weisung seines Meisters zur Gewohnheit geworden: allezeit, sooft er am Altar des Klosters vorüberschritt, in dem Christi Leib geboren wurde, ehrfurchtsvoll niederzuknien, das Haupt zu entblößen und mit gekreuzten Armen sich zu neigen.

Und es geschah, daß er in der Nacht, da er von dannen gehen und den Orden verlassen wollte, am Altare des Klosters vorüberschritt und sich nach seiner Gewohnheit niederwarf und neigte. Plötzlich aber wurde sein Geist entrückt und von Gott mit einer wundersamen Erscheinung begnadet. Er sah vor sich eine gar endlose Menge von Heiligen in einer Prozession vorüberziehen, zu zweien und zweien in sehr schöne und köstliche Seidengewänder gekleidet. Ihr Antlitz und ihre Hände leuchteten wie die Sonne und sie wandelten dahin beim Sang und Saitenspiel der Engel. Unter den Heiligen aber waren zwei, die waren herrlicher gekleidet und geschmückt als alle anderen, und sie waren von solcher Klarheit umstrahlt, daß alle, die sie anblickten, darob erstaunten. Und fast am Ende der Prozession erblickte er einen Jüngling, so herrlich angetan wie ein eben durch den Ritterschlag Geadelter, der vor den anderen ausgezeichnet wird.

Als der Jüngling diese Erscheinung gewahrte, wunderte er sich und verstand nicht die Bedeutung der Prozession, vermochte aber nicht, die Heiligen danach zu fragen, von der Seligkeit der Vision benommen. Trotzdem – als die Prozession nahezu vorübergezogen war – faßt er sich ein Herz, läuft hinter den letzten her und fragt sie in aller Ehrfurcht also: »Oh, ihr Lieben, ich bitte euch, wollet mir sagen, wer jene so wundersamen Männer sind, die in dieser anbetungswürdigen Prozession vorübergezogen sind?« Und es antwortete ihm der Heilige: »Wisse, mein Sohn, wir sind alle Minderbrüder und kommen jetzt aus der Herrlichkeit des Paradieses.« Und er fragt weiter: »Wer sind jene beiden, strahlender als die anderen alle?« Und vernimmt: »Das sind Sankt Franziskus und Sankt Antonius; jener letzte aber, den du so hoch geehrt sahest, ist ein heiliger Bruder, der erst kürzlich gestorben ist. Weil er wacker gegen alle Versuchungen angekämpft und bis ans Ende ausgeharrt hat, geleiten wir ihn im Triumph in die Herrlichkeit des Paradieses. Und die schönen Seidengewänder, die wir tragen, hat uns Gott anstatt der rauhen Kutten gegeben, die wir geduldig in dem Orden getragen haben; und die glorreiche Klarheit, die du an uns gewahrst, hat uns Gott für die Demut und Geduld und für die heilige Armut und den Gehorsam und die Keuschheit verliehen, die wir bis an unser Lebensende gewahrt haben. Deshalb, mein Sohn, soll es dir nicht hart erscheinen, die Mönchskutte zu tragen, denn deiner wartet reicher Lohn. Denn wenn du im Gewand des heiligen Franziskus Christo zuliebe die Welt verachtest, des Fleisches Lust ertötest und wacker gegen den Dämon kämpfest, so wirst du mit uns gleiches Gewand empfangen und in Glanz und Klarheit wandeln!« –

Als der Jüngling diese Worte vernommen hatte, änderte er seinen Sinn. Durch die Vision ermutigt, bannte er die Versuchung und bekannte seine Schuld vor dem Guardian und den Brüdern allen. Seitdem ersehnte er nur die Rauheit der Buße und der Kutte und beschloß sein Leben im Orden in großer Heiligkeit.

## 21

*Von dem heiligen Wunder, das Sankt Franziskus wirkte, indem er den wilden Wolf von Gubbio bekehrte.*

Zu der Zeit, als Sankt Franziskus in der Stadt und dem Bezirk Gubbio weilte, erschien dort ein ungeheuer schrecklicher und wilder Wolf, der nicht nur die Tiere, sondern auch die Menschen fraß. Darob lebten alle Bürger in Furcht und Schrecken, denn oftmals lief er durch die Stadt. Alle gingen schließlich nur bewaffnet, wenn sie ihr Haus verließen, gerade, als wenn sie in den Kampf zögen, und doch hätte ein einzelner, wenn er dem Wolf begegnet wäre, sich nicht gegen ihn wehren können. Zuletzt kamen die Leute von Gubbio so weit, daß niemand es wagte, auszugehen.

Der heilige Franziskus aber hatte Mitleid mit den Bewohnern dieser Stadt, und er beschloß, den Wolf aufzusuchen, obwohl die Städter es ihm widerrieten. Er machte das Zeichen des Kreuzes, ging mit seinen Gefährten durch die Gefilde, voller Zuversicht auf Gottes Hilfe. Und da die anderen nach einer Weile zögerten, ihn zu begleiten, so ging er allein nach jener Gegend, wo der Wolf hauste. Und siehe! Es geschah vor den Augen vieler Bürger, die gekommen waren, das Wunder zu sehen, daß jener Wolf mit offenem Rachen auf Sankt Franziskus losrannte; doch als er sich ihm näherte, machte Sankt Franziskus über ihm das Zeichen des heiligen Kreuzes, rief ihn zu sich und sprach zu ihm also: »Komm her, Bruder Wolf, ich gebiete dir im Namen Christi, nimmer Böses zu tun, weder mir noch irgendeinem anderen!« O Wunder! Sowie Sankt Franziskus das Zeichen des Kreuzes gemacht hatte, schloß der fürchterliche Wolf den Rachen und hemmte seinen Lauf. Und als er den Befehl vernommen hatte, kam er sanftmütig wie ein Lamm heran und legte sich dem Sankt Franziskus zu Füßen nieder.

Da sprach Sankt Franziskus also zu ihm: »Bruder Wolf, du hast allhier viel Böses getan und mancherlei arge Missetat, indem du Gottes Geschöpfe gegen sein Gebot vernichtet und getötet hast, und nicht nur die Tiere hast du ums Leben gebracht und gefressen, du hast auch gewagt, die Menschen zu töten, die im Ebenbilde Gottes geschaffen sind. Deshalb verdienst du den Tod durch den Galgen als ein schuldbeladener Dieb und Mörder. Und alle Welt schreit und murrt wider dich und alle Lande hier sind dir feind. Ich aber, Bruder Wolf, ich will Frieden stiften, zwischen dir und diesen. Du sollst ihnen fürderhin nicht mehr schaden, sie aber werden dir all deine früheren Missetaten vergeben und weder die Menschen noch die Hunde sollen dich künftig verfolgen!« –

Als der Wolf diese Worte vernommen hatte, wedelte er mit dem Schweif und gab durch seine Blicke, durch Bewegungen und durch Neigen seines Kopfes zu verstehen, daß er einverstanden sei mit dem Vorschlage des heiligen Franziskus und ihn annähme. Und Sankt Franziskus sprach wiederum: »Bruder Wolf, da du eingewilligt hast, diesen Frieden zu schließen und zu halten, so verspreche ich dir, ich will dafür sorgen, daß dir, solange du lebst, diese Männer deine Kost darreichen, daß du künftig nicht mehr Hunger leidest; denn ich weiß wohl, daß du nur, weil du Hunger littest, alles Böse getan hast. Doch da ich diese Gunst dir erwirkte, so will ich, Bruder Wolf, daß du mir versprechest, nimmermehr weder Mensch noch Tier Schaden zu tun – versprichst du mir das?«

Und der Wolf gab durch Neigen des Kopfes deutlich kund, daß er es versprach. Und Sankt Franziskus redete weiter zu ihm also: »Bruder Wolf, ich will dein feierliches Gelöbnis für dieses Versprechen, damit ich dir vertrauen kann!« Und Sankt Franziskus streckte ihm seine Hand entgegen, um sein Gelöbnis zu empfangen, und der Wolf erhob seine Tatze und legte sie freundlich in die Hand des heiligen Franziskus und gab, so gut er es vermochte, sein Treuegelöbnis.

Da sprach Sankt Franziskus: »Bruder Wolf, ich befehle dir im Namen Jesu Christi, ohne Zögern mit mir zu kommen. Wir wollen gehen und diesen Frieden im Namen Gottes bekräftigen.« Und der Wolf ging mit ihm, gehorsam wie ein sanftes Lamm.

Als das die Bürger sahen, verwunderten sie sich gar sehr; und sofort erfuhr man dieses seltsame Geschehnis in der ganzen Stadt.

Da eilte alles Volk, Mann und Weib, groß und klein, jung und alt, auf den Marktplatz, um den Wolf mit dem heiligen Franziskus zu sehen. Wie nun alle diese Menschen versammelt waren, hub Sankt Franziskus an, ihnen zu predigen und sagte ihnen unter anderem, wie Gott ihnen für ihre argen Sünden und Missetaten solche Strafen auferlege, daß aber die Flammen der Hölle, deren Glut für die Verdammten ewig währe, weit furchtbarer seien als der Grimm des Wolfes, der nur den Körper zu töten vermöge. »Wie müsset ihr da erst den Rachen der Hölle fürchten, wenn schon der Rachen eines so kleinen Tieres eine so große Menge, wie ihr es seid, in Scheu und Schrecken versetzt. So kehrt denn, meine Geliebten, zu Gott zurück und bekennt ihm in aufrichtiger Reue eure Sünden. Dann wird euch Gott in diesem Leben von dem Wolf und im künftigen von der Glut der Hölle befreien!«

Als Sankt Franziskus seine Predigt beendet hatte, sprach er: »Höret, meine Brüder! Bruder Wolf, der vor euch steht, hat mir versprochen und gelobt, Frieden mit euch zu halten und euch in keiner Weise zu schaden. So versprecht denn auch ihr, an jedem Tage ihm, was er benötigt, zu reichen. Und ich will für ihn bürgen, daß er den Friedenspakt getreulich halten wird.« Da versprach das ganze Volk einstimmig, ihn dauernd zu beköstigen. Und Sankt Franziskus sprach vor allen zu dem Wolfe: »Und du, Bruder Wolf, versprichst du diesem Volke, den Friedenspakt zu wahren, keinem zu schaden, weder Mensch noch Tier, noch irgendeinem Lebewesen?« Und der Wolf kniete nieder, neigte den Kopf und bekräftigte mit freundlichen Gebärden des Leibes, des Schweifes und der Ohren, wie er es vermochte, daß er den Pakt in jeder Hinsicht wahren wolle. Sprach Sankt Franziskus: »Bruder Wolf, ich will, daß, wie du mir vor den Toren Treue gelobt hast, du auch innerhalb der Stadt vor allem Volke mir dein Wort verpfändest, daß du mich nimmer hintergehen wirst, nachdem ich für dich gebürgt habe.« Da erhob der Wolf seine Tatze und legte sie in Sankt Franziskus Hand.

Über dieses Geschehnis und die hier gemeldeten Dinge herrschte Jubel und freudiges Staunen im ganzen Volke; nicht minder über die Frömmigkeit des Heiligen, über das herrliche Wunder und den Frieden mit dem Wolfe. Und alle riefen zum himmlischen Vater, lobten und benedeiten Gott, daß er ihnen Sankt Franziskus gesandt hatte, durch dessen Verdienste sie vor dem Rachen des grimmigen Tieres gerettet wurden. –

Der Wolf lebte noch zwei Jahre in Gubbio. Er ging zutraulich von Haus zu Haus, von Tür zu Tür, ohne irgendwem ein Leid zuzufügen und ohne daß ihm ein Leid widerfuhr; und er wurde liebevoll von allen gefüttert. Und wenn er durch den Ort von Haus zu Haus ging, bellte niemals ein Hund hinter ihm her. Schließlich nach zwei Jahren starb Bruder Wolf an Altersschwäche. Darüber waren die Bürger sehr traurig, denn wenn sie ihn so sanftmütig durch die Stadt gehen sahen, so waren sie besser der Tugend und Heiligkeit des Sankt Franziskus eingedenk!

## 22

*Wie Sankt Franziskus die Waldtauben zähmte.*

Ein Jüngling hatte einst viele Turteltauben gefangen. Und da er sie zum Verkaufe trug, begegnete ihm Sankt Franziskus, der stets mit sanftmütigen Geschöpfen besonderes Mitleid hatte. Er sah die Turteltauben mit milden Augen an und sprach zu dem Jüngling: »Guter Jüngling, gib mir diese sanftmütigen Turteltauben, denen in der Heiligen Schrift die keuschen, demütigen und getreuen Seelen verglichen werden, auf daß sie nicht in die Hände der Grausamen fallen, die sie töten.« Und sogleich gab sie jener, nach Gottes Willen, alle dem heiligen Franziskus. Dieser nahm sie in seinen Schoß und sprach gar freundlich zu ihnen: »O ihr meine Schwestern, ihr Turteltauben, voller Einfalt, Unschuld und Reinheit, warum lasset ihr euch fangen? Jetzt will ich euch vom Tode retten, euch Nester bauen, auf daß ihr fruchtbar seid und euch mehret nach dem Geheiß unseres Schöpfers!« –

Und Sankt Franziskus ging hin und baute Nester für alle. Und sie benützten sie und begannen angesichts der Brüder Eier zu legen und zu zeugen; und sie wurden gar vertraut und zahm gegenüber Sankt Franziskus und den anderen Brüdern, wie sonst nur die Hühner, die allezeit ihr Futter empfangen. Und sie flogen erst davon, als ihnen Sankt Franziskus mit seinem Segen Urlaub gab.

Und zu dem Jüngling, der ihm die Turteltauben gegeben hatte, sprach Sankt Franziskus: »Mein Sohn, du wirst ein Bruder in diesem Orden werden und Jesu Christo in Demut dienen!« Und so geschah es. Jener Jüngling ward ein Mönch, der im Orden in großer Heiligkeit lebte.

## 23

*Wie Sankt Franziskus einen Bruder rettete, der durch seine Sünde dem Teufel verfallen war.*

Einst betete Sankt Franziskus im Kloster Portiuncula; da sah er durch göttliche Offenbarung, wie das Kloster ringsum von den Dämonen umzingelt und belagert wurde wie von einem großen Heere. Aber keiner von diesen vermochte in das Kloster einzudringen, denn die Mönche waren so gottesfürchtig, daß den Dämonen der Zugang zu ihnen verwehrt war.

So blieb es eine Zeitlang. Eines Tages aber ergrimmte einer der Brüder über einen anderen und gedachte in seinem Herzen, wie er ihn anzuklagen und sich an ihm zu rächen vermöchte. Weil er sich aber bösem Denken hingab, fand der Teufel freien Zutritt, drang in das Kloster und setzte sich dem Bruder auf den Nacken. Als aber der fromme und wachsame Hirt, der stets über seine Herde wachte, es gewahr wurde, daß der Wolf eingedrungen war, um seine Schäflein zu fressen, ließ er sofort den Mönch vor sich kommen und gebot ihm, er solle sogleich ihm den Grund für den giftigen Haß kundtun, den er gegen seinen Nächsten hege, weil ihn sein Zorn dem Bösen in die Hände geliefert habe. Da erschrak der sündige Bruder, der sich vom heiligen Vater durchschaut sah, offenbarte ihm den giftigen Groll, der ihn erfüllte, bekannte ihm sein Vergehen und bat ihn demütig um Buße und Erbarmen. Darauf aber, als er von seiner Sünde losgesprochen war und Vergebung empfangen hatte, fuhr sogleich angesichts des heiligen Franziskus der Dämon aus ihm. Der Bruder aber, aus den Krallen des Ungeheuers durch die Güte seines milden Hirten befreit, dankte Gott. Belehrt und bekehrt schloß er sich der Herde des heiligen Hirten wieder an und lebte in ihr in großer Heiligkeit.

## 24

*Wie Sankt Franziskus den Sultan von Babylon bekehrte und wie ein ruchloses Weib den Heiligen zur Sünde verleiten wollte.*

Von Begeisterung für Christi Glauben entflammt und von dem Wunsche beseelt, als Märtyrer sein Leben hinzugeben, zog Sankt Franziskus einst über das Meer und mit ihm seine zwölf heiligsten Jünger, um sich graden Weges zum Sultan von Babylon zu begeben. Sie kamen in eine Stadt der Sarazenen. Dort waren alle Straßen von so grausamen Männern bewacht, daß kein Christ sie zu durchschreiten wagte, es sei denn, er büßte seinen Mut mit dem Leben. Gott aber gefiel es, daß sie nicht starben, sondern ergriffen, gebunden, geschlagen und vor den Sultan geführt wurden.

Und als sie vor ihm standen, predigte Sankt Franziskus, vom Heiligen Geiste beseelt, so gotterfüllte Worte über den Glauben Christi, ja, er begehrte sogar, für seinen Glauben durch das Feuer zu schreiten, so daß der Sultan innige Ehrfurcht vor dem Heiligen empfand, sowohl wegen der Standhaftigkeit, die er im Glauben, wie auch wegen der Mißachtung, die er der Welt gegenüber bekundete. Auch bewunderte er seine Enthaltsamkeit, weil er keine Geschenke annehmen, sondern ganz arm bleiben wollte, und sein mutiges Herz, weil er das Martyrium ersehnte. Seitdem hörte der Sultan gern auf seine Worte und bat ihn, oft zu ihm zu kommen, erlaubte auch ihm und seinen Gefährten, überall zu predigen, wo es ihnen beliebte. Ferner verlieh er ihnen ein Abzeichen, das sie gegen jede Unbill feite.

Nachdem nun Sankt Franziskus volle Freiheit erlangt hatte, entsandte er seine geliebten Jünger zu zweien und zweien in die verschiedenen Teile des Sarazenenreiches, um den Heiden den Glauben Christi zu predigen. Er selbst zog mit einem Gefährten gleichfalls durch die Lande. Nun kam er, der Ruhe bedürftig, einst in eine Herberge. Dort traf er ein Weib, herrlich an Gestalt, unrein aber an Seele. Und dieses sündhafte Weib begehrte, den heiligen Franziskus zur Sünde zu verleiten. Und Sankt Franziskus sprach zu ihr: »Ich nehme deinen Vorschlag an; wir wollen uns niederlegen.« Und sie führte ihn auf ihr Zimmer. Sprach Sankt Franziskus: »Komm du mit mir, ich will dich zu dem allerschönsten Lager führen!« Und er geleitete sie an ein gar mächtiges Feuer, das in diesem Hause brannte, und in seines Geistes Glut entkleidete er sich und warf sich mitten auf den von Flammen durchglühten Herd. Dann rief er: »Folge mir, entkleide auch du dich, komm und erfreue dich der Wonnen dieses herrlichen, federweichen Lagers!« Und nach einer geraumen Weile erst erhob sich Sankt Franziskus fröhlichen Antlitzes, nicht verbrannt und nicht versengt. Jenes Weib aber, von der Gewalt des Wunders erschüttert, bereute ihre Sünde, ließ ab von ihrer Verderbtheit und ward zu Christi Glauben bekehrt. Ihre Frömmigkeit war so groß, daß viele Seelen in jenen Gegenden durch sie gerettet wurden.

Als schließlich Sankt Franziskus erkannte, daß er im Reiche der Sarazenen keine Frucht mehr ernten konnte, beschloß er auf Gottes Geheiß, mit all seinen Gefährten in das Land der Gläubigen zurückzukehren. Er versammelte sie, begab sich noch einmal mit ihnen zu dem Sultan und nahm von ihm Abschied.

Da sagte ihm der Sultan: »Bruder Franziskus, ich würde mich gern zum Glauben Christi bekehren, fürchte mich aber, es sogleich zu tun; denn wenn jene es erfahren, würden sie dich töten und mich und all deine Gefährten. Du aber kannst noch viel Gutes tun, ich muß noch mancherlei Bedeutsames ausführen und deshalb will ich weder meinen, noch deinen Tod verursachen. Aber unterweise mich, wie ich meine Seele retten kann, ich bin bereit, zu tun, was du mich heißest!«

Darauf erwiderte Sankt Franziskus »Herr, ich scheide jetzt von Euch. Aber wenn ich in mein Land heimgekehrt und einst durch Gottes Gnade in das Himmelreich eingehe – dann, nach meinem Tode, will ich dir, so es Gott gefällt, zwei meiner Brüder senden, von denen du Christi heilige Taufe empfangen wirst. Dann wirst du erlöset sein, wie es mir mein Herr Jesus Christus offenbart hat. Du aber, entbürde dich inzwischen von all deinen Sorgen, auf daß, wenn dir Gottes Gnade naht, sie dich im Glauben und in Frömmigkeit bereit finde!« – Jener versprach, also zu tun, und tat also.

Franziskus aber kehrte im ehrenwerten Geleit seiner heiligen Jünger heim. Und nach einigen Jahren gab Sankt Franziskus durch leiblichen Tod seine Seele Gott zurück. Der Sultan aber war erkrankt und erwartete, daß Sankt Franziskus ihm sein Wort erfüllen werde. Deshalb hatte er an bestimmten Wegen Posten aufstellen lassen und ihnen Befehl erteilt: »Wenn zwei Mönche im Ordenskleid des heiligen Franziskus erscheinen, so führet sie sogleich vor mich!«

Um diese Zeit offenbarte sich Sankt Franziskus zweien Brüdern und gebot ihnen, ohne Zögern zum Sultan aufzubrechen und für sein Seelenheil zu sorgen, wie er es ihm versprochen hatte. Jene Brüder machten sich sogleich auf den Weg, zogen über das Meer und wurden von den Wachposten vor den Sultan geführt. Als der Sultan sie sah, freute er sich gar sehr und sprach: »Wahrlich, jetzt weiß ich, daß Gott mir seine Knechte zu meinem Heile gesendet hat, getreu dem Versprechen, das mir Sankt Franziskus auf Gottes Geheiß gegeben hat.« Er empfing von den Brüdern Unterweisung im Glauben Christi und die heilige Taufe, und also in Christus wiedergeboren, starb er in seiner Krankheit; seine Seele aber ward durch des Sankt Franziskus Verdienste und Gebete gerettet.

## 25

*Wie Sankt Franziskus gar wundersam einen Aussätzigen an Leib und Seele heilte, und was die Seele zu ihm sprach, als sie gen Himmel fuhr.*

Meister Sankt Franziskus, der wahrhafte Jünger Christi, beeiferte sich mit allen Kräften, als er noch in dieser elenden Welt lebte, Christo, dem vollkommenen Lehrer, nachzustreben. Daher geschah es oft durch Gottes Einwirken, daß, wem er den Körper heilte, Gott zu gleicher Stunde dessen Seele heilte, wie wir dies auch von Christo lesen. Und wie er selbst gern den Aussätzigen diente, so hatte er auch seinen Ordensbrüdern geboten, allüberall, wo sie gingen und ständen, den Aussätzigen zu dienen – um Christi willen, der ja selber von uns als ein Aussätziger geachtet werden wollte.

Einst geschah es nun, daß die Brüder in einem Spitale den Aussätzigen und Kranken dienten. Dort war auch ein Aussätziger, der sich so ungeduldig, unerträglich und frech gebärdete, daß es allen ganz unzweifelhaft erschien – wie es auch der Wahrheit entsprach –, daß er von einem Dämon besessen sei. Denn mit unverschämten Worten, ja sogar mit Schlägen vergalt er denen, die ihm dienten. Und was noch schlimmer ist, er fluchte gar ruchlos dem gebenedeiten Christus und seiner heiligen Mutter, der Jungfrau Maria. So fand sich niemand mehr, der ihn hatte bedienen wollen oder bedienen können. Denn wenn auch die Brüder bestrebt waren, das Unrecht und die Schmähungen in Geduld zu tragen, um das Verdienst durch Demut zu mehren, so konnte doch ihr Gewissen die bösen Worte gegen Christus und seine Mutter nicht dulden, deshalb beschlossen sie, den Aussätzigen sich selber zu überlassen. Doch wollten sie dies nicht tun, ohne es zuvor dem heiligen Franziskus angezeigt zu haben, der damals in einem Kloster nahe diesem Spital weilte.

Nachdem sie es ihm aber mitgeteilt hatten, ging Sankt Franziskus zu diesem bösen Aussätzigen, und da er eintrat, grüßte er ihn und sprach: »Gott gebe dir Frieden, mein liebster Bruder!« Erwiderte der Aussätzige: »Welchen Frieden kann ich von Gott erhoffen, der mir den Frieden und alles Gute genommen hat und mich faul und stinkend werden ließ?« Und Sankt Franziskus entgegnete: »Mein Sohn, hab Geduld, die Krankheiten des Leibes hat uns Gott zum Heil der Seelen in dieser Welt gegeben, und wer sie geduldig trägt, erwirbt sich großes Verdienst!« Sprach der Kranke: »Wie könnte ich die stete Pein, die mich bei Tag und Nacht niederbeugt, geduldig ertragen. Ich werde aber nicht nur von meiner Krankheit gequält, Schlimmeres noch tun mir die Brüder, die du mir zum Dienst bestimmt hast, und die mir nicht dienen, wie sie sollen.«

Da erkannte Sankt Franziskus durch Offenbarung, daß dieser Aussätzige vom bösen Geiste besessen war, und er ging davon, um für ihn zu beten und flehte voller Inbrunst für ihn zu Gott. Und nachdem er sein Gebet beendet hatte, kehrte er zu ihm zurück und sprach: »Mein Sohn, jetzt will ich, da du mit den anderen nicht zufrieden warst, dir dienen!« »Gut«, erwiderte der Kranke, »aber was wirst du mehr für mich tun können als die anderen?« – Und Sankt Franziskus antwortete: »Was du willst, werde ich tun!« – Da sprach der Aussätzige: »Ich will, daß du mich ganz und gar waschest, denn ich stinke so sehr, daß ich mich selbst nicht mehr ertragen kann!«

Da ließ Sankt Franziskus sogleich Wasser wärmen und viel wohlriechende Kräuter hineintun, dann entkleidete er den Kranken und begann, ihn mit beiden Händen zu waschen. Und ein anderer Bruder goß Wasser darüber. Und durch göttliches Wunder geschah es, wo ihn Sankt Franziskus mit seinen heiligen Händen berührte, da schwand der Aussatz, und der Körper ward völlig geheilt. Aber ebenso wie der Leib zu genesen anhub, so begann auch seine Seele zu heilen. Denn als der Aussätzige sah, daß er gesundete, da fing er an, aufrichtige Zerknirschung und Reue über seine Sünden zu empfinden und gar bitterlich zu weinen, so daß, wie äußerlich sein Leib durch die Waschung vom Aussatze rein ward, so innerlich seine Seele sich durch Buße und Tränen von der Sünde löste.

Als er aber an Leib und Seele völlig geheilt war, bekannte er demutsvoll seine Schuld und sprach weinend mit lauter Stimme: »Wehe mir, der ich der Hölle wert bin, weil ich den Brüdern Schmach und Schimpf zugefügt und Gott durch Wort und Tat gelästert und geschmäht habe!« Zwei Wochen lang beweinte er bitterlich also seine Sünden, flehte zu Gott um Barmherzigkeit und beichtete all seine Vergehen dem Priester.

Sankt Franziskus aber, dem sich das Wunder offenbarte, das Gott durch seine Hände gewirkt hatte, dankte Gott und ging von dannen, immer weiter und weiter zu fernen Stätten. Denn in seiner Demut wollte er jedem Ruhm entgehen, und in all seinem Tun suchte er nur Gottes Ehre und Glorie, aber nicht seine eigene!

Danach aber gefiel es Gott, daß der an Leib und Seele geheilte Aussätzige nach seiner zweiwöchentlichen Buße an einem anderen Leiden erkrankte und mit den Sakramenten versehen in Frömmigkeit sein Leben beschloß. Bevor seine Seele jedoch in das Paradies einging, erschien sie in der Luft dem heiligen Franziskus, der in einem Walde im Gebete verweilte, und sprach zu ihm: »Erkennst du mich wieder? – »Wer bist du?« entgegnete Sankt Franziskus. – »Ich bin der Aussätzige, den der gebenedeite Christus durch dein Verdienst geheilt hat, und heute gehe ich in das ewige Leben heim. Dafür danke ich Gott und dir. Gesegnet sei deine Seele und dein Leib, gesegnet seien deine heiligen Worte und Werke, denn durch dich sollen viele Seelen auf Erden gerettet werden. Und wisse, kein Tag versinkt, an dem nicht die heiligen Engel und die anderen Heiligen Gott für die fromme Ernte danken, die du und dein Orden allenthalben auf Erden zur Reife bringen. Darum sei im Herzen stark, danke Gott und bleibe von ihm gesegnet!« – Nach diesen Worten entschwebte die Seele gen Himmel. Sankt Franziskus aber ward von Freudigkeit erfüllt.

## 26

*Wie Sankt Franziskus drei Raubmörder bekehrte und wie diese Minoritenbrüder wurden; und von der herrlichen Vision, die der eine von ihnen erblickte, welcher ein gar frommer Mönch wurde.*

Sankt Franziskus wanderte einst durch ödes Land bei Borgo San Sepolcro, und als er zu einem Kastell namens Monte Casale kam, näherte sich ihm ein vornehmer, fein gekleideter Jüngling und sprach: »Vater, ich möchte sehr gern in eure Brüderschaft eintreten.« – Erwiderte ihm Sankt Franziskus: »Mein Sohn, du bist jung, schön gekleidet und vornehmen Standes. Vielleicht könntest du die Armut und Rauheit unseres Lebens nicht ertragen!« Jener aber entgegnete: »Seid ihr nicht Menschen wie ich? Wie ihr es aushaltet, also werde auch ich es vermögen durch die Gnade Jesu Christi.« – Diese Antwort gefiel dem heiligen Franziskus gar sehr, daher segnete er ihn, nahm ihn sogleich in den Orden auf und gab ihm den Namen Bruder Angelo. Und der Jüngling war von so anmutiger Art, daß ihn Sankt Franziskus schon bald zum Guardian des Klosters von Monte Casale machte.

Um jene Zeit hausten in diesem Bezirk drei berüchtigte Räuber und taten dort viel Böses. Eines Tages kamen sie auch in das Kloster und baten Bruder Angelo, den Guardian, er möge ihnen zu essen geben. Der Guardian aber wies sie mit harten Worten ab und erwiderte: »Ihr Räuber und Mordgesellen, ihr schämt euch nicht, anderen die Früchte ihrer Arbeit zu stehlen, und wollt auch noch in maßloser Gier die Almosen verschlingen, die für die Knechte Gottes bestimmt sind! Ihr seid nicht wert, daß die Erde euch trägt. Und da ihr weder die Menschen noch Gott, euren Schöpfer, fürchtet, so gehet den Weg, den euch eure Sünden führen und kommt mir nimmer vor Augen!« Hierauf entfernten sich jene voll Wut und Zorn!

Doch siehe! Da kehrte Sankt Franziskus grade von seiner Wanderung heim, mit einer Tasche voll Brot und einem kleinen Gefäß Weines, die er und sein Jünger sich erbettelt hatten. Und als ihm der Guardian erzählte, wie er den Räubern den Weg gewiesen hatte, da tadelte ihn Sankt Franziskus heftig wegen seiner Härte; denn man könne die Sünder leichter durch Sanftmut, als durch strenge Zurechtweisung zu Gott zurückführen. »Also spricht unser Meister Jesus Christus, dessen Evangelium wir zu bewahren gelobt haben: ›Die Gesunden bedürfen des Arztes nicht, sondern die Kranken, und ich bin nicht gekommen, die Gerechten zur Buße aufzurufen, sondern die Sünder.‹ Und deshalb hat er auch oft mit den Sündern gespeist. Und weil du dich gegen das Gebot der Nächstenliebe und gegen Christi heiliges Evangelium vergangen hast, so befehle ich dir bei dem heiligen Gehorsam: Nimm ohne Zögern diese Tasche Brotes, die ich erbettelt habe, und dieses Gefäß Weines, und gehe jenen wachsam nach über Berg und Tal, bis du sie gefunden hast, und reiche ihnen all dieses Brot und den Wein in meinem Namen. Dann aber beuge vor ihnen das Knie und klage dich in Demut deiner Schuld und deiner Härte an. Und dann bitte sie in meinem Namen, daß sie hinfort nicht mehr Übles tun, sondern Gott fürchten und ihn nicht mehr kränken. Und wenn sie das erfüllen wollen, so verspreche ich, für alles zu sorgen, was ihnen not tut, und ihnen stets Speise und Trank zu geben. Und wenn du ihnen dies gesagt hast, kehre in Demut zurück!«

Als nun der Guardian sich aufgemacht hatte, um den Befehl des heiligen Franziskus zu erfüllen, bereitete sich dieser zum Gebet und flehte zu Gott, er möge die Herzen der Räuber erweichen und zur Buße bekehren.

Dem gehorsamen Guardian gelang es, die Räuber einzuholen, er überreichte ihnen Brot und Wein und tat und sprach auch sonst, wie es ihn Sankt Franziskus geheißen hatte. Und weil es Gott also gefiel, verzehrten jene Räuber das Almosen des heiligen Franziskus und sagten dann zueinander: »Wehe uns Elenden und Unglücklichen, welch furchtbare Höllenstrafen harren unser, weil wir unsere Nächsten nicht nur beraubt, geschlagen und gepeinigt, sondern auch getötet haben. Und all unserem ruchlosen Tun zum Trotz haben wir niemals Gewissensbisse noch Furcht vor Gott gehabt! Wie anders dieser fromme Bruder, der mit nur wenigen herben, aber sehr gerechten Worten uns unsere Bosheit verwiesen hat, und jetzt zu uns kommt und demütig seine Schuld bekennt. Ja, noch mehr! Er hat uns Brot und Wein gebracht und uns das so gütige Versprechen des heiligen Vaters übermittelt. Wahrlich, das sind heilige Brüder Gottes, die Gottes Paradies verdienen, wir aber sind Kinder der Verdammnis und verdienen die Strafen der Hölle, und mit jedem Tage werden wir reifer für unser Verderben. Und wir wissen nicht, ob wir nach all den Sünden, die wir bis heute begangen haben, zu Gottes Barmherzigkeit den Weg finden werden!« Als der eine von ihnen also gesprochen hatte, riefen die beiden anderen aus: »Gewiß, du sprichst die Wahrheit, aber was sollen wir tun?« Entgegnete der erste: »Wir wollen zu Sankt Franziskus gehen. Gibt er uns Hoffnung auf Gottes Barmherzigkeit, so wollen wir tun, was er uns befiehlt, auf daß wir unsere Seelen von den Strafen der Hölle befreien!«

Dieser Vorschlag gefiel den beiden anderen, und so begaben sich alle drei einmütig und so schnell sie es nur vermochten, zu Sankt Franziskus und sprachen also zu ihm: »Vater, nach all den vielen Missetaten und Sünden, die wir begangen haben, glaubten wir Gottes Barmherzigkeit nicht mehr erlangen zu können. Aber wenn du uns noch irgendeine Hoffnung lässest, daß sich Gott unser erbarmen wird, sind wir bereit, zu tun, was du uns sagen wirst und nach deiner Weisung Buße zu tun!«

Da nahm sie Sankt Franziskus liebevoll und gütig bei sich auf und ermutigte sie durch viele Beispiele; er gemahnte sie an Gottes Barmherzigkeit und versprach, Gottes Gnade für sie zu erwirken, die nach den Worten der Schrift unbegrenzt ist: »Und wären unserer Sünden auch unendlich viele, so ist nach dem Evangelium Gottes Erbarmen immer noch größer als unserer Sünden Zahl. Sagt doch auch der Apostel Paulus: Der gebenedeite Christus ist zur Welt gekommen, um die Sünder zu erlösen!«

Durch solche Worte und ähnliche Lehren ermutigt, entsagten die drei Räuber dem Dämon und seinen Werken, und Sankt Franziskus nahm sie in den Orden auf, und sie begannen, aufrichtig Buße zu tun. Und zwei von ihnen lebten nur noch kurze Zeit nach ihrer Bekehrung und gingen dann in das Paradies ein. Der dritte jedoch, dessen Leben länger währte, bereute seine Sünden und legte sich so schwere Buße auf, daß er ständig fünfzehn Jahre hindurch – abgesehen von den vorgeschriebenen Fasten, die er mit den anderen Ordensbrüdern einhielt – auch sonst die Tage der Woche bei Brot und Wasser sich kasteite, allezeit barfuß ging, nicht mehr als einen Rock auf dem Leibe trug und nie mehr nach der Mette sich zum Schlafe niederlegte. Und um diese Zeit geschah es, daß Franziskus aus dem elenden Erdenleben schied.

Als nun jener viele Jahre hindurch solche Buße geübt hatte, da überfiel ihn eines Nachts nach der Mette ein so unbezwinglicher Wunsch zu schlafen, daß er der Müdigkeit durchaus nicht wehren und nicht wachen konnte, wie er es gewohnt war. Und als er schließlich dem Schlaf nicht zu widerstehen vermochte und auch zu beten nicht mehr imstande war, legte er sich zur Ruhe nieder. Und als ihm das Haupt zurücksank, wurde er durch ein Gesicht begnadet. Er ward im Geiste auf einen sehr hohen Berg geführt. An diesen stieß ein gar tiefer Abgrund, nur hier und dort erhob sich zerklüftetes Felsgestein und zackiges Geröll aus den Trümmern. Und schauerlich war es, in die Tiefe hinabzublicken. Der Engel aber, der diesen Bruder geleitete, versetzte ihm einen Stoß und warf ihn in die Tiefe hinab. Er überschlug sich, stieß sich von Geklüft zu Geklüft, von Fels zu Fels und gelangte zuletzt zur Tiefe des Abgrunds, wie ihm schien, mit geschundenen und gebrochenen Gliedern, und als er so übel zugerichtet am Boden lag, sprach zu ihm, der ihn geführt hatte: »Steh auf, deiner harrt noch ein weiter Weg!« Der Bruder entgegnete: »Du scheinst mir ein gar unvernünftiger und grausamer Mann zu sein; du siehst, wie ich von dem Sturz zerschlagen und dem Tode nahe bin, und heißest mich aufstehen?« Da nähert sich ihm der Engel und berührt ihn, und sogleich heilen seine Glieder völlig, und er ist genesen.

Und dann zeigt er ihm eine weite Ebene voll scharfer und spitzer Steine und Dornen und stachligem Kraut, und spricht zu ihm, daß er über diese Ebene bis zu ihrem Ende barfuß laufen müsse, bis dahin, wo er einen glühenden Ofen sähe, in den er hineinsteigen solle. Und der Bruder durcheilt die ganze Ebene in großer Angst und Qual und der Engel ruft ihm zu: »Nun steige in den Ofen, denn dies mußt du tun!« Da erwidert der Bruder: »Wehe, wie grausam bist du, mein Führer! Du siehest mich nach dem Wege über diese entsetzliche Ebene dem Tode nahe, und jetzt, statt mich zu erquicken, befiehlst du mir, in diesen glühenden Ofen zu steigen!« Da erhob er seine Augen und erblickte rings um den Ofen viele Dämonen mit eisernen Gabeln in den Händen, und als er noch zauderte, stießen sie ihn rasch hinein.

Als er nun in den Ofen hineingestiegen war und sich darin umblickte, sah er einen Mann, der einst zusammen mit ihm als Gevatter gestanden hatte, und der ganz und gar brannte. Und er fragte ihn: »Unglückseliger Gevatter, wie bist du hierher gekommen?« Und jener erwiderte: »Gehe nur ein wenig tiefer hinein, dann wirst du mein Weib, deine Gevatterin, finden, die wird dir den Grund unserer Verdammnis sagen.« Und der Bruder geht weiter, da sieht er seine Gevatterin von Flammen umzüngelt in einem brennenden Kornmaß stehen. Er ruft ihr zu: »O du unselige, unglückliche Gevatterin, wie konntest du einer so grausamen Marter verfallen?« Und sie entgegnet: »Weil mein Mann und ich, zur Zeit der großen Hungersnot, die Sankt Franziskus uns vorausgesagt hatte, Korn und Hafer verfälscht haben, die wir in diesem Maße verkauften. Deshalb bin ich umflammt und von diesem Kornmaß umschlossen!« – Und nachdem sie diese Worte gesprochen hatte, stieß der Engel, der den Bruder geleitete, ihn aus dem Ofen und sprach zu ihm: »Bereite dich für einen schrecklichen Weg, den du noch zu gehen hast!« – Er aber jammerte: »O du mein harter Begleiter, der du kein Erbarmen mit mir hast, du siehst, daß ich in diesem Ofen fast verbrannt bin und willst mich dennoch einen gefahrvollen und entsetzlichen Weg führen!« – Da berührte ihn der Engel und machte ihn heil und stark.

Darauf führte er ihn zu einer Brücke, über die man nur mit Lebensgefahr gehen konnte, denn sie war sehr schwankend, eng, schlüpfrig und seitwärts ohne Geländer gebaut. Darunter aber schoß ein reißender Strom vorüber, voller Drachen, Schlangen und Skorpione, der einen entsetzlichen Gestank verbreitete. Der Engel sagte: »Gehe über diese Brücke, und zwar mußt du von Anfang bis Ende über sie hinwegschreiten!« – Da erwiderte der Bruder: »Wie vermag ich dies, ohne in den gefährlichen Fluß zu fallen?« Spricht der Engel: »Gehe hinter mir und setz' deinen Fuß an die Stelle, wo du siehst, daß ich den meinen setze, so wirst du ungefährdet hinübergelangen.« Und der Bruder geht hinter dem Engel einher, wie dieser es ihm geraten hatte. Und der Bruder folgt dem Engel, so wie dieser ihm geboten hatte, bis er zur Mitte der Brücke gelangte. Doch wie er sich in der Mitte befindet, fliegt der Engel davon, entfernt sich immer weiter von ihm und schwingt sich auf einen sehr hohen Berg, ein gutes Stück jenseits der Brücke. Wohl vermag der Bruder den Ort genau zu sehen, bis zu dem der Engel geflogen war; aber – er war ohne Führer geblieben, und wenn er in die Tiefe blickte, so sah er, wie die entsetzlichen Tiere ihre Köpfe mit offenen Rachen aus dem Wasser erhoben, bereit, ihn zu verschlingen, wenn er hinabfiele. Und er geriet in solche Angst, daß er keineswegs wußte, was er tun und sprechen sollte, zumal er weder vorzudringen noch zurückzuweichen vermochte.

Und da er sich in so großer Bedrängnis sah und als einzige Zuflucht den lieben Gott erkannte, neigte er sich, umklammerte die Brücke und flehte aus vollem Herzen und unter Tränen zu Gott, er möge in seinem heiligen Erbarmen ihm helfen. Nach diesem Gebet schien es ihm, als begännen ihm Flügel zu wachsen. Nun wartete er mit großer Freude, daß sie größer würden, um über die Brücke fliegen zu können, dahin, wo der Engel sich befand. Und schon nach kurzer Zeit hub er zu fliegen an, von dem großen Verlangen getrieben, über die Brücke zu gelangen. Aber da die Flügel noch zu klein waren, stürzt er auf die Brücke nieder, und die Schwingen fallen ihm ab. Da umklammert er von neuem die Brücke, und, wie vorher, befiehlt er sich Gott. Und nachdem er gebetet hat, ist es ihm wieder, als wüchsen ihm Flügel, aber wiederum wartet er nicht, bis sie sich völlig entfaltet haben. Darum stürzt er, als er allzu vorzeitig zu fliegen anhebt, wieder auf die Brücke nieder, und die Schwingen fallen ihm ab.

Und da er nun einsah, daß er nicht zu fliegen vermochte, weil er es allzu voreilig versucht hatte, so sprach er jetzt zu sich selbst: »Wahrlich, wenn mir zum drittenmal die Flügel wachsen, so werde ich solange warten, bis sie so groß sind, daß ich mit ihnen fliegen kann, ohne hinabzustürzen.« Als er sich dies noch überlegt, bemerkt er, wie ihm zum dritten Male Flügel wachsen. Nun wartet er lange Zeit, bis sie groß geworden sind. Und er meint, wenn er der Zeit gedenkt, in der ihm zum ersten, zweiten und dritten Male die Flügel ansetzten, wohl hundertundfünfzig Jahre oder noch mehr gewartet zu haben.

Endlich erhob er sich zum dritten Male in die Lüfte, und mit all seiner Kraft nahm er den Flug zur Höhe bis zu dem Orte, dahin der Engel geflogen war. Und dann klopfte er an die Pforte des Palastes, in den der Engel eingetreten war. Der Türhüter tritt heraus und fragt ihn: »Wer bist du, daß du hierher kommst?« Jener antwortete: »Ich bin ein Minderbruder.« Sprach der Pförtner: »Warte, ich will Sankt Franziskus herausrufen, um zu sehen, ob er dich kennt.« Während jener davongeht, Sankt Franziskus zu holen, betrachtet der Bruder die wunderbaren Mauern des Palastes, und siehe! diese Mauern erschienen ihm durchsichtig und von solcher Klarheit, daß er deutlich die Scharen der Heiligen wahrnahm und was sich drinnen ereignete.

Und wie er in diesen Anblick versunken noch vor dem Schlosse steht, da tritt Sankt Franziskus mit Bruder Bernardo und Bruder Egidio heraus, und hinter ihnen wird eine zahllose Menge heiliger Männer und heiliger Frauen sichtbar, die einst im Leben seinen Lehren gefolgt waren. Und Sankt Franziskus trat herzu und sprach zu dem Pförtner: »Laß diesen eintreten, denn er ist von meinen Brüdern!« – Kaum aber war er eingetreten, da fühlte er solche Seligkeit und Süße, daß er alle Bedrängnis, die ihm widerfahren war, vergaß, als hätte er sie nie erlebt. Und Sankt Franziskus führte ihn umher und zeigte ihm vielerlei wundersame Dinge. Dann sprach er zu ihm: »Mein Sohn, du mußt jetzt in die Welt zurückkehren, dort wirst du nur sieben Tage bleiben. In diesen aber bereite dich sorgsam und mit großer Frömmigkeit auf dein Ende vor. Denn nach sieben Tagen werde ich zu dir kommen, und dann wirst du mir an diese Stätte der Seligen folgen!«

Es war aber Sankt Franziskus mit einem herrlichen Mantel bekleidet, der mit schönen Sternen geschmückt war. Und seine fünf Wundmale glichen in ihrem Geleucht fünf schönen Sternen, die also erglänzten, daß der ganze Palast von ihren Strahlen erleuchtet war. Und Bruder Bernardo trug auf dem Haupte eine Krone von schönen Sternen, und Bruder Egidio war von wundersamem Lichtglanz umflossen. Und er lernte hier noch viele andere heilige Brüder kennen, die er auf Erden nimmer gesehen hatte. Nachdem ihn aber Sankt Franziskus entlassen hatte, kehrte er, wenn auch ungern, in die Welt zurück.

Als er erwachte und Bewußtsein und Besinnung wiedererlangt hatte, da läuteten die Brüder zur Prime. So hatte er in diesem Gesicht nicht länger als von der Mette bis zur Prime geweilt; und doch hatte er geglaubt, daß viele Jahre verflossen seien.

Und nachdem er seine Vision der Reihe nach genau dem Guardian erzählt hatte, ward er innerhalb von sieben Tagen vom Fieber befallen. Und am achten Tage kam Sankt Franziskus zu ihm, wie er es verheißen hatte, und in seinem Gefolge eine große Menge glorreicher Heiliger. Und er geleitete seine Seele in das Reich der Seligen, in das ewige Leben.

## 27

*Wie Sankt Franziskus in Bologna zwei Scholaren bekehrte und in seinen Orden aufnahm, und wie er den einen von ihnen später aus großer Versuchung rettete.*

Als Sankt Franziskus einst in die Stadt Bologna gekommen war, ging ihm alles Volk entgegen, um ihn zu sehen. Und das Gedränge war so groß, daß man nur mit vieler Mühe zum Markt gelangen konnte. Da nun der Platz von Männern, Frauen und Scholaren überfüllt war, stellte sich Sankt Franziskus in die Mitte auf eine Erhöhung und hub an zu predigen, wie es ihm der Heilige Geist eingab. Und er predigte so wundersam, daß es schien, als predige eher ein Engel denn ein Mensch; seine Worte klangen, als wären sie vom Himmel entsandt, wie scharfe Pfeile, die die Herzen seiner Hörer durchbohrten; und es geschah, daß sich durch seine Predigt eine große Menge von Männern und Frauen reuevoll bekehrte.

Unter ihnen befanden sich auch zwei adlige Studenten aus der Mark Ancona; der eine namens Pellegrino, der andere Rinieri. Diese beiden wurden nach jener Predigt im Herzen von göttlicher Eingebung erfaßt, gingen zu Sankt Franziskus und sagten ihm, sie wollten die Welt mit all ihrem Getriebe verlassen und zu seinen Brüdern gehören. Da erkannte Sankt Franziskus durch Offenbarung, daß ihm diese von Gott gesandt waren, um im Orden ein heiliges Leben zu führen, und in Anbetracht ihres großen Eifers nahm er sie freudig auf und sprach: »Du, Pellegrino, sollst im Orden ein Leben der Demut führen, und du, Bruder Rinieri, den Brüdern dienen!« – Und also geschah es. Bruder Rinieri wollte sich nie als Kleriker, sondern nur als Laie zeigen, ob er gleich in den Wissenschaften und im kanonischen Recht sehr bewandert war, und so ward er so vollkommen in seiner Tugend, daß Bruder Bernardo, der Erstgeborene des heiligen Franziskus, von ihm rühmte, daß er einer der vollendetsten Brüder dieser Welt sei. Und schließlich ging Bruder Pellegrino, reich an Tugenden, aus diesem Leben in die Seligkeit, nachdem er vor seinem Tode wie auch danach viele Wunder gewirkt hatte. Bruder Rinieri aber diente ergeben und treu den Brüdern und lebte in großer Frömmigkeit und Demut. Und Sankt Franziskus liebte ihn herzlich und vertraute ihm viel Geheimnisse an. Als er darauf zum Ordensminister für die Mark Ancona ernannt war, verwaltete er sein Amt lange Zeit in Frieden und Milde.

Nach einiger Zeit aber ließ Gott seine Seele von einer großen Versuchung heimsuchen; er ward von ihr bedrängt und geängstigt, und ob er sich gleich sehr mit Fasten und Bußübungen, mit Tränen und Gebeten, bei Tag und Nacht dagegen wehrte, er konnte die Anfechtung nicht bannen. Oft war er in großer Verzweiflung, denn er glaubte sich von Gott verlassen.

In seiner Verzweiflung entschloß er sich, als letzte Zuflucht zum heiligen Franziskus zu gehen, denn er dachte also: Wenn Sankt Franziskus mich mit gütigen Augen anblicken und mich, wie es seine Art ist, freundlich empfangen wird, so glaube ich, daß Gott sich noch mein erbarmen wird; wenn aber nicht, so ist es ein Zeichen, daß Gott mich verlassen hat.

Er bricht also auf und geht zu Sankt Franziskus, der in jener Zeit im Palast des Bischofs von Assisi schwer erkrankt lag. Gott aber hatte ihm die ganze Art der Versuchung und der Gemütsverfassung des Bruders Rinieri wie dessen Vorhaben und Kommen offenbart. – Da ruft Sankt Franziskus alsogleich den Bruder Leo und den Bruder Masseo, und spricht zu ihnen: »Ihr sollt ohne Zögern meinem geliebten Sohn, dem Bruder Rinieri, entgegengehen; umarmt ihn in meinem Namen, grüßet ihn und saget ihm, daß unter allen Brüdern auf Erden ich ihn ganz besonders liebe!« Und sie gehen hin und treffen Bruder Rinieri auf dem Wege, umarmen ihn und verkünden ihm, was ihnen Sankt Franziskus aufgetragen hatte. Da ward seine Seele von solcher Seligkeit und Süße erfüllt, daß sie zu vergehen meinte, und er dankte Gott mit ganzem Herzen, und ging hin und kam zu der Stätte, da Sankt Franziskus krank darniederlag. Und obwohl Sankt Franziskus schwer leidend war, erhob er sich dennoch, als er Bruder Rinieris Ankunft erfuhr, ging ihm entgegen, umarmte ihn zärtlich und sprach zu ihm: »Mein geliebter Sohn, Bruder Rinieri, unter allen Brüdern auf Erden liebe ich dich, ja, liebe ich dich ganz besonders!« Und nachdem er dies gesagt hatte, machte er ihm über der Stirn das Zeichen des heiligen Kreuzes und küßte ihn auf diese Stelle. Dann fügte er hinzu: »Geliebter Sohn, diese Versuchung hat dir Gott gesandt, damit du aus ihr Nutzen ziehest; aber wenn du diesen Nutzen nicht mehr willst, sollst du ihn auch nicht mehr haben!« Und ein Wunder geschah! Kaum hatte Sankt Franziskus also gesprochen, da wich die Versuchung von jenem, als hätte er sie nie im Leben empfunden, und sein Herz war voll Freuden!

## 28

*Von einer Verzückung, die den Bruder Bernardo befiel und ihn vom frühesten Morgen bis gegen Mittag der Besinnung beraubte.*

Wie große Gnaden Gott oft den armen Evangelisten erzeigte, die die Welt Christo zuliebe verließen, das erkennen wir an Bruder Bernardo von Quintavalle. Dieser war, seitdem er die Kutte des heiligen Franziskus trug, gar oft bei Betrachtung der himmlischen Wunder in Gott versunken. Und so geschah es einst, als er in der Kirche die Messe hörte und mit all seinen Sinnen sich in Gott vertiefte – da ward er so hingerissen und vom göttlichen Geheimnis umfangen, daß, als der Leib Christi erhoben ward, er dessen nicht gewahrte, er weder das Knie beugte noch das Haupt entblößte, wie es die anderen taten, sondern ohne die Augen aufzuschlagen mit stierem Blick und empfindungslos vom Morgengrauen bis zur Nona unbeweglich stehen blieb.

Nach der Nona aber kehrte ihm das Bewußtsein zurück und er ging im Kloster umher und rief mit einer Stimme des Frohlokkens: »Ihr Brüder, ihr Brüder, o ihr Brüder! Es gibt keinen Menschen auf der weiten Welt, und sei er noch so vornehm, der nicht leichten Herzens einen Sack voller Mist trüge, wenn man ihm einen herrlichen Palast voll Goldes verspräche. Ja, das täte er, um den reichen Schatz zu gewinnen!«

Nach dem himmlischen Schatz, den Gott denen versprochen hat, die ihn liebten, war Bruder Bernardos Seele und Sinn dermaßen erhoben, daß er fünfzehn Jahre lang stets Gesicht und Gedanken himmelwärts gerichtet einherging. Und in dieser Zeit frönte er bei Tische niemals dem Hunger, wenn er auch ein wenig von der Speise nahm, die man ihm vorsetzte. Denn er sagte, wenn du nur das meidest, was dir nicht mundet, dann bist du nicht enthaltsam; aber Maß zu halten in all dem, was dem Gaumen behagt, das heißt Enthaltsamkeit!

Durch all sein Nachdenken gelangte er zu so großer Klarheit und sein Geist ward also erleuchtet, daß bedeutende Kleriker sich an ihn wendeten, damit er ihnen schwierige Fragen löse und heikle Stellen der Schrift deute, und er erklärte sie ihnen ohne alle Mühe. Und weil sein Sinn von allem Irdischen unbeschwert und von den Lasten der Welt gelöst war, so weilte er mit Vorliebe, den Schwalben gleich, in der Stunde seiner Betrachtung auf den Höhen. Oft zwanzig Tage, oft dreißig, stand er auf Bergesgipfeln und dachte über die himmlischen Wunder nach. Daher sagte Bruder Egidio von ihm: »Anderen Menschen ist nicht die Gabe zu eigen, die Bruder Bernardo von Quintavalle verliehen war, nämlich sich gleich den Schwalben im Fliegen zu nähren.« Und ob dieser besonderen Gnade, die er von Gott empfangen hatte, sprach Sankt Franziskus gern und oft mit ihm, bei Tage und bei Nacht, und so traf man sie auch einige Male beieinander im Walde, wo sie die ganze Nacht von Gott gesprochen hatten, von der göttlichen Gnade überwältigt.

## 29

*Wie der Dämon in Gestalt des Gekreuzigten mehrere Male dem Bruder Ruffino erschien und ihm sagte, er werde für seine guten Taten keinen Lohn erhalten, denn er gehöre nicht zu den für das ewige Leben Erkorenen. Sankt Franziskus aber erfuhr dies durch göttliche Offenbarung und ließ Bruder Ruffino seinen Irrtum erkennen, an den er geglaubt hatte.*

Bruder Ruffino, einer der vornehmsten Männer der Stadt Assisi, ein Jünger des heiligen Franziskus, wurde trotz seiner großen Frömmigkeit eine Zeitlang von heftigen Gewissenskämpfen wegen seiner Seele Seligkeit heimgesucht. Darum war er gar niedergeschlagen und traurig, denn der Dämon hatte ihm kundgetan, er sei verdammt und gehöre nicht zu denen, die für das ewige Leben bestimmt sind, und all seine Frömmigkeit im Orden sei nichtig und vergebens. Und obschon der Versucher seine Worte öfter und öfter wiederholte, offenbarte sie jener aus Scham dem heiligen Franziskus nicht, ließ aber dennoch nicht von seinen gewohnten Gebeten und Bußübungen. Daher begann der böse Feind ihm Traurigkeit auf Traurigkeit zuzufügen, und außer den Anfechtungen im Inneren kämpfte er wider ihn auch durch äußerliche Trugbilder. So erschien er ihm einst in Gestalt des Gekreuzigten und sprach zu ihm: »O Bruder Ruffino, warum quälst du dich mit Buße und Gebet, wo du doch nicht zu denen gehörst, denen das ewige Leben bestimmt ist. Glaube mir, ich weiß, wen ich erkoren und ausersehen habe – glaube aber nicht dem Sohn des Pietro Bernardoni, wenn er dir das Gegenteil sagt, frage ihn auch nicht hierüber, denn weder er noch ein anderer weiß davon, nur ich, der ich der Sohn Gottes bin. Und darum sei gewiß, daß du zu der Zahl der Verdammten gehörst. Und der Sohn des Pietro Bernardoni, dein Vater und auch sein Vater sind verdammt, und wer ihnen folgt, ist betrogen!« Und bei diesen Worten des Fürsten der Finsternis ward Bruder Ruffino so verdüstert, daß er jeden Glauben und alle Liebe, die er Sankt Franziskus entgegenbrachte, völlig einbüßte und nicht mehr daran dachte, mit ihm zu reden. Aber was Bruder Ruffino dem heiligen Vater nicht bekannte, das offenbarte diesem der Heilige Geist.

Als Sankt Franziskus im Geist den Bruder in so großer Gefahr sah, sandte er den Bruder Masseo zu ihm. Doch ihm rief Bruder Ruffino mürrisch zu: »Was habe ich mit Bruder Franziskus zu tun?« – Aber Bruder Masseo, von göttlicher Weisheit erfüllt, erkannte des Dämons Trug und sprach: »O Bruder Ruffino, weißt du nicht, daß Bruder Franziskus wie ein Engel Gottes ist? Er hat so viele Seelen auf Erden erleuchtet, und wir verdanken ihm die Gnade Gottes! Daher möchte ich, daß du in jedem Falle mir zu ihm folgst; denn ich sehe deutlich, daß du vom Teufel betrogen bist!«

Auf diese Worte erhob sich Bruder Ruffino und ging zu Sankt Franziskus. Und als ihn Sankt Franziskus von weitem kommen sah, begann er zu rufen: »O Bruder Ruffino, du armes Kind, wem hast du geglaubt?« Und als Bruder Ruffino herzugetreten war, erzählte er ihm im einzelnen die ganze Versuchung, in die ihn der Dämon durch innere und äußere Eingebungen geführt hatte. Und er bewies ihm, daß derjenige, der ihm erschienen, der Dämon war und nicht Christus, und daß er in keiner Weise seinen Einflüsterungen vertrauen dürfe. »Nein! Wenn der Dämon dir noch einmal sagt, du seiest verdammt, so antworte ihm: ›Mach dein Maul auf, dann will ich dir Kot hineinwerfen!‹ Und daran sollst du erkennen, daß jener der Teufel ist und nicht Christus: wenn du ihm diese Antwort gegeben hast, wird er sogleich entfliehen! Auch daran mußtest du schon erkennen, daß er der Teufel war: weil er dein Herz gegen alles Gute verhärtet hat, was ja des Teufels eigentliches Wesen und Werk kennzeichnet! Christus, der Gebenedeite, verhärtet niemals das Herz des Gläubigen, sondern macht es weich, wie er durch den Mund des Propheten verkündet hat: ›Ich will euch euer Herz von Stein nehmen und ein Herz von Fleisch geben.‹«

Als nun Bruder Ruffino sah, daß Sankt Franziskus ihm der Reihe nach die Art und Weise seiner Versuchung erzählt hatte, ward er durch diese Worte bestürzt, begann bitterlich zu weinen, bat Sankt Franziskus um Verzeihung und bekannte ihm sein Vergehen, daß er ihm die Versuchung verheimlicht hatte.

Und so ward er ganz getrost und durch die Ermahnungen des heiligen Vaters gestärkt und zum Guten bekehrt. Dann sagte ihm Sankt Franziskus noch zum Schluß: »Gehe hin, mein Sohn, beichte und mindere nicht den Eifer deines gewohnten Betens. Und sei gewiß, diese Versuchung wird dir zum großen Nutzen und Trost sein, das wirst du in kurzem erfahren!«

Bruder Ruffino kehrt jetzt in seine Zelle in den Wald zurück, und als er mit vielen Tränen betend vor Gott steht, da erscheint ihm der böse Feind äußerlich in Gestalt Christi und spricht zu ihm: »O Bruder Ruffino, hab ich dir nicht gesagt, daß du dem Sohn des Pietro Bernardoni nicht glauben und dich nicht mit Beten und Weinen erschöpfen sollst, weil du ja doch verdammt bist! Was kann dir dein Büßen helfen, solange du lebst, wenn du doch nach deinem Tode der Verdammnis verfällst!« – Und sogleich erwiderte Bruder Ruffino dem Dämon: »Mach dein Maul auf, dann will ich dir Kot hineinwerfen!« – Da ward der Dämon zornig und fuhr mit so gewaltigem Sausen und Brausen ab, daß das Gestein des Monte Subasio, der in der Nähe war, zerschellte und die Trümmer, die hinabfielen, einen weiten Raum bedeckten. Und das Getöse, das sie im Niederrollen verursachten, war gewaltig, und Feuerfunken stoben durch das Tal. Bei diesem erschrecklichen Lärm traten Sankt Franziskus und seine Jünger verwundert aus dem Kloster, um zu sehen, welch seltsames Ereignis geschehen sei. Noch jetzt sieht man das gewaltige Trümmerfeld.

Bruder Ruffino aber hatte nun erkannt, daß der Teufel ihn betrogen hatte. Und er trat wieder vor Sankt Franziskus hin, warf sich vor ihm zur Erde und bekannte aufs neue seine Schuld. Und Sankt Franziskus richtete ihn mit liebreichen Worten empor und entfernte ihn ganz getröstet in seine Zelle. Als er sich dort in andächtigem Gebet Gott befahl, erschien ihm der gebenedeite Christus und durchglühte seine Seele mit göttlicher Liebe und sprach: »Du hast recht getan, mein Sohn, daß du dem Bruder Franziskus geglaubt hast, denn der dich betrübt hat, war der Teufel; aber ich bin Christus, dein Meister. Und damit du dessen gewiß bist, gebe ich dir dieses Zeichen: Solange du lebst, wirst du nie mehr Traurigkeit und Schwermut empfinden!« – Nach diesen Worten entschwand Christus und ließ ihn in solcher Heiterkeit und Süße des Sinnes und Seligkeit des Geistes zurück, daß er den Tag und die Nacht in Gott versunken und entzückt blieb.

Von nun ab war er in Gnaden also gefestigt und im Heile gesichert, daß er sich in einen ganz anderen Menschen wandelte. Und er hätte sich bei Tag und Nacht in das Gebet und die Betrachtung der göttlichen Wunder vertieft, wenn nur seine Gefährten ihn hätten gewähren lassen. Deshalb pflegte Sankt Franziskus von ihm zu sagen, Bruder Ruffino sei schon in diesem Leben von Christo kanonisiert worden und er würde sich nicht bedenken, ihn, ob er nun zugegen oder abwesend wäre, Sankt Ruffino zu nennen, wiewohl er noch auf Erden lebte.

## 30

*Von der schönen Predigt, die Sankt Franziskus und Bruder Ruffino in Assisi hielten, als sie nackt predigten.*

Jener Bruder Ruffino hatte sich durch dauernde Beschaulichkeit also in Gott versenkt, daß er gleichsam empfindungslos und stumm geworden war und nur noch selten sprach; aber ihm mangelte die Gabe, die Glut und die Gewalt der Predigt. Trotzdem gebot ihm Sankt Franziskus einst, er solle nach Assisi gehen und dem Volke predigen, was Gott ihm eingäbe. Da entgegnete Bruder Ruffino: »Hochwürdiger Vater, ich bitte dich, du wollest mich entschuldigen und mich nicht dorthin senden, denn wie du weißt, besitze ich nicht die Gabe der Predigt, ich bin einfältig und unwissend!« – Da sprach Sankt Franziskus: »Weil du nicht sofort gehorcht hast, befehle ich dir bei dem heiligen Gehorsam, daß du nackt, wie du geboren bist, nur mit Hosen angetan, nach Assisi gehest, dort in eine Kirche trittst und dem Volk predigst!« – Auf diesen Befehl hin entkleidet sich Bruder Ruffino, geht nach Assisi und tritt in eine Kirche. Und nachdem er am Altar das Knie gebeugt hatte, besteigt er die Kanzel und beginnt zu predigen, ob auch Kinder und Männer lachen und spotten: »Sehet da, die Mönche tun soviel Buße, daß sie töricht und närrisch werden!«

Unterdessen gedachte Sankt Franziskus des bereitwilligen Gehorsams von Bruder Ruffino, der zu den vornehmsten Männern von Assisi gehörte, und des harten Befehls, den er ihm gegeben hatte, und er begann sich selbst deshalb zu tadeln und sprach: »Woher kommt dir solche Anmaßung, Sohn des Pietro Bernardoni, du klägliches Menschenkind, daß du dem Bruder Ruffino, der zu den edelsten Männern von Assisi gehört, gebietest, er solle nackt nach Assisi gehen und, einem Narren gleich, dem Volke predigen? Bei Gott, erprobe an dir selber, was du anderen befiehlst!« – Und sogleich entkleidet er sich im Eifer seines Geistes in gleicher Weise und geht nach Assisi, in Begleitung von Bruder Lione, welcher sein Gewand und das des Bruders Ruffino trägt.

Und als ihn das Volk von Assisi ebenso entkleidet wie den Bruder Ruffino sah, da verspotteten sie ihn auch, denn sie meinten, daß beide durch allzu viel Buße närrisch geworden seien.

Da tritt Sankt Franziskus in die Kirche, wo Bruder Ruffino also predigte: »O, ihr Geliebten, fliehet die Welt und lasset von der Sünde. Gebet zurück, was ihr anderen genommen habt, wenn ihr der Hölle entgehen wollt, haltet die Gebote Gottes, indem ihr Gott und euern Nächsten liebt, wenn ihr in den Himmel eingehen wollt, tut Buße, wenn ihr das Himmelreich besitzen wollt!« – Jetzt steigt Sankt Franziskus entkleidet auf die Kanzel. Und er begann so wundersam zu predigen von der Mißachtung der Welt, der heiligen Buße, der freiwilligen Armut, der Sehnsucht nach dem Himmelreich, der Nacktheit und Schmach im Leiden unseres Herrn Jesus Christus, daß alle, die bei der Predigt zugegen waren, Männer und Frauen in großer Zahl, bitterlich zu weinen anhuben in wundersamer Frömmigkeit und Zerknirschung des Herzens. Und nicht nur hier, sondern in ganz Assisi hörte man an diesem Tage so viele Wehklagen über das Leiden Christi wie nie zuvor.

Nachdem nun das Volk durch das Werk des heiligen Franziskus und des Bruders Ruffino erbaut und begeistert worden war, bekleidete Sankt Franziskus sich und den Bruder Ruffino wieder mit der Ordenskutte. Und also bekleidet kehrten sie in das Kloster Portiuncula zurück und lobten und priesen Gott, der ihnen die Gnade verliehen hatte, sich selbst zu besiegen, indem sie sich gering achteten, und die Schäflein Christi durch ein gutes Beispiel zu erbauen und zu erweisen, wieviel es wert ist, die Welt gering zu schätzen. Und an jenem Tage wuchs die Ehrfurcht der Welt vor ihnen in dem Maße, daß sich glücklich pries, wer den Saum ihres Gewandes berühren konnte.

## 31

*Wie Sankt Franziskus ganz genau all die Geheimnisse kannte, welche seine Ordensbrüder in ihren Gewissen bargen.*

Wie unser Herr Jesus Christus im Evangelium sagt: »Ich kenne meine Schäflein, und sie kennen mich«, also wußte auch der heilige Franziskus als ein guter Hirte um alle Verdienste und Tugenden seiner Jünger durch göttliche Offenbarung, und er kannte auch ihre Fehler. Deshalb verstand er auch, jedem mit dem besten Heilmittel zu helfen, die Stolzen zu beugen, die Demütigen aufzurichten, indem er die Laster tadelte und die Tugenden lobte; wie man dies in den wundersamen Offenbarungen liest, die ihm in der Zeit seiner frühesten Ordensgemeinschaft zuteil wurden.

Damals traf es sich, daß Sankt Franziskus mit seiner Gemeinschaft in einem Kloster ein Gespräch über Gott begonnen hatte, aber Bruder Ruffino nahm nicht mit ihnen an dem Gespräch teil, sondern hatte sich im Walde heiliger Betrachtung gewidmet. Wie sie nun immer weiter von Gott sprachen, siehe, da kam Bruder Ruffino aus dem Walde und ging ein wenig entfernt von ihnen vorüber. Und da ihn Sankt Franziskus sah, wendete er sich an seine Gefährten und fragte sie: »Saget mir, welche Seele, die Gott auf Erden erschaffen hat, haltet ihr wohl für die heiligste?« Und jene antworteten ihm, sie glaubten, daß es die seine wäre. Sankt Franziskus aber sprach zu ihnen: »Geliebteste Brüder, ich bin der unwürdigste und geringste Mensch, den Gott auf Erden erschaffen hat; aber sehet ihr jenen Bruder Ruffino, der jetzt aus dem Walde kommt? Gott hat mir offenbart, daß seine Seele eine der drei heiligsten Seelen der Welt sei, und wahrlich ich sage euch, daß ich mich nicht bedenken würde, ihn noch bei Lebzeiten Sankt Ruffino zu nennen, weil seine Seele in der Gnade bestätigt und im Himmel von unserem Herrn Jesus Christus geheiligt und kanonisiert worden ist.« Freilich pflegte Sankt Franziskus diese Worte niemals in Gegenwart des Bruders Ruffino zu sagen. –

Wie aber Sankt Franziskus auch die Fehler seiner Brüder kannte, sieht man deutlich an Bruder Elia, den er oft wegen seines Hochmutes tadelte, und an Bruder Giovanni della Cappella, dem er voraussagte, er würde sich erhängen. Ferner an jenem Bruder, den der Teufel erwürgte, als er seiner durch eine Unbotmäßigkeit habhaft wurde, und noch an vielen anderen, deren geheime Fehler und Vorzüge er durch Christi Offenbarung deutlich erkannt hatte.

## 32

*Wie Bruder Masseo von Christus die Gabe der Demut erlangte.*

Die ersten Gefährten des heiligen Franziskus waren mit allen ihren Kräften bestrebt, arm an irdischen Gütern zu sein, aber reich an Tugenden, durch die man zu den wahren himmlischen und ewigen Reichtümern gelangt. Nun ereignete es sich einst, als sie versammelt waren, um von Gott zu sprechen, daß einer von ihnen dieses Beispiel erzählte:

»Es lebte ein Mann, den Gott herzlich liebte. Er war in hohen Gnaden im tätigen und beschaulichen Leben (im Wort und

Werk, im Tun und in Gedanken). Dennoch war er so demütig, daß er sich für einen sehr großen Sünder hielt. Und seine Demut heiligte ihn und bestätigte ihn in der Gnade und ließ ihn stets in Gottes Gunst und Gaben wachsen und nimmer in Sünde fallen.«

Als Bruder Masseo so wundersame Dinge von der Demut hörte und erkannte, daß sie ein Schatz des ewigen Lebens sei, ward er von so großer Liebe und Sehnsucht nach der Tugend der Demut entflammt, daß er voll Begeisterung sein Antlitz zum Himmel erhob, ein Gelübde tat und den festen Vorsatz faßte, nimmer in dieser Welt froh zu werden, bis daß er diese Tugend voll und ganz in seiner Seele verspüre. Und von Stund an hielt er sich fast stets in seiner Zelle eingeschlossen und demütigte sich mit Fasten, Wachen, Beten und bitterlichen Klagen vor Gott, um von ihm diese Tugend zu erlangen, ohne die er meinte der Hölle verfallen zu sein, zumal er vernommen hatte, daß der Mann, der mit ihr begabt gewesen, Gottes Freund genannt wurde.

Und es geschah, als Bruder Masseo viele Tage nur dieser Sehnsucht nachhing, da ging er einst in den Wald, und im glühenden Verlangen seines Geistes weinte, seufzte, klagte und flehte er voll inbrünstigen Sehnens zu Gott um diese himmlische Tugend. Und weil Gott gern das Beten des gebeugten Gemütes erhört, erscholl eine Stimme vom Himmel, als Bruder Masseo also betete, und rief ihn zweimal: »Bruder Masseo, Bruder Masseo!« Und er erkannte in seinem Geiste, daß dies die Stimme Christi war, und erwiderte »*Signor mio*, mein Herr!« Und Christus sprach zu ihm: »Was gibst du dafür, wenn du die Gnade erlangst, die du erbittest?« Und Bruder Masseo antwortet: »Herr, ich will aus meinem Haupt dir die Augen geben!« Da sagte ihm Christus: »Ich aber will, daß du diese Gnade besitzest und deine Augen behältst!« – Und nach diesen Worten verstummte die Stimme.

Seither blieb Bruder Masseo so sehr von der ersehnten Tugend begnadet und so von Demut und dem Lichte Gottes erfüllt, daß er stets im Jubel lebte. Und oft, wenn er betete, jubelte er gleich einem Tauber in einem dumpfen Ton Uuu. Und seine Versunkenheit in Gott machte ihm das Antlitz heiter und das Herze froh, und weil er gar sehr demütig geworden war, hielt er sich für den geringsten Menschen auf Erden.

Als er einst von Bruder Jacopo von Fallerone gefragt wurde, warum er in seinem Jubel niemals ein neues Lied anstimmte, antwortete er in seiner Glückseligkeit Fülle: »Wenn man in einem Dinge alles Gute findet, braucht man nicht ein anderes zu suchen!«

## 33

*Wie Sankta Klara auf Befehl des Papstes das Brot segnete, das auf der Tafel stand, wodurch auf jedem Brot das Zeichen des heiligen Kreuzes erschien.*

Sankta Klara, die fromme Jüngerin des Kreuzes Christi, die edle Pflanze des Meisters Sankt Franziskus, war von solcher Frömmigkeit erfüllt, daß nicht nur die Bischöfe und Kardinäle, sondern auch der Papst voll Sehnsucht wünschten, sie zu sehen und zu hören, und oftmals hatte er sie in eigener Person besucht.

Unter anderen Malen war der heilige Vater einst zu ihr in das Kloster gegangen, um sie von den himmlischen und göttlichen Dingen sprechen zu hören. Und da sie also beisammen waren und über mancherlei Dinge redeten, ließ Sankta Klara inzwischen die Tische decken und Brot darauf stellen, damit es der heilige Vater segne. Als das geistliche Gespräch beendet war, kniet Sankta Klara in großer Ehrfurcht vor dem Papst nieder und bittet ihn, er möge gütigst das Brot segnen, das auf den Tischen steht. Entgegnet der heilige Vater: »Treugläubige Schwester Klara, ich will, daß du dieses Brot segnest und darüber das Zeichen des heiligen Kreuzes machst, dem du dich ganz ergeben hast!« – Spricht die heilige Klara: »Allerheiligster Vater, vergebt! Verdiente ich nicht herben Tadel, wenn ich in Anwesenheit des Statthalters Christi – ich, ein armseliges Jüngferlein, mich erkühnte, einen solchen Segen zu sprechen!« Und der Papst erwidert: »Damit dir dies nicht als Vermessenheit ausgelegt, sondern als ein Zeichen deiner Unterwürfigkeit betrachtet wird, so befehle ich dir bei dem heiligen Gehorsam, daß du über dieses Brot das Zeichen des allerheiligsten Kreuzes machst und es im Namen Christi segnest!« – Da segnete Sankta Klara als wahre Tochter des Gehorsams in aller Demut die Brote mit dem Zeichen des heiligen Kreuzes. Und ein Wunder geschah! Sogleich erschien auf allen Broten das Zeichen des Kreuzes sehr schön eingeschnitten. Deshalb wurde von jenen Broten nur ein Teil gegessen, ein Teil des Wunders wegen aufbewahrt. Und der heilige Vater, der dieses Wunder gesehen hatte, nahm von dem Brote und dankte Gott. Dann ging er von dannen und ließ der heiligen Klara seinen Segen.

Zu jener Zeit weilte in dem Kloster Schwester Ortolana, die Mutter der heiligen Klara, und Schwester Agnesa, ihre leibliche Schwester, die beide mit Sankta Klara in den Wegen der Tugend und des heiligen Geistes wandelten. Und außer ihnen lebten dort noch viele andere fromme Nonnen. Ihnen sandte Sankt Franziskus zahlreiche Kranke. Und sie gaben ihnen allen durch ihr Gebet und das Zeichen des Kreuzes die Gesundheit wieder.

## 34

*Wie Sankt Ludwig, der König von Frankreich, als Pilger nach Perugia kam, um den heiligen Bruder Egidio zu besuchen.*

Es ging Sankt Ludwig, der König, auf die Wallfahrt, um die Heiligtümer der Welt zu besuchen. Und da zu ihm der Ruf von der großen Heiligkeit des Bruders Egidio gelangte, der zu den allerersten Jüngern des heiligen Franziskus gehörte, gedachte er in seinem Herzen und beschloß vollends, ihn in Person aufzusuchen. Aus diesem Grunde kam er nach Perugia, wo damals Bruder Egidio wohnte. Und als er an das Tor des Klosters kam, wo die Brüder sich aufhielten, als ein armer, unbekannter Pilgersmann mit wenigen Gefährten, fragte er mit großer Dringlichkeit nach Bruder Egidio, ohne dem Pförtner, den er gefragt hatte, zu sagen, wer er sei.

Es geht also der Pförtner zu Bruder Egidio und sagt, daß an der Pforte ein Pilger stehe, der nach ihm verlange. Von Gott aber ward dem Bruder kundgetan, daß es der König von Frankreich sei. Deshalb geht er sofort in großer Hast aus seiner Zelle und läuft an das Tor. Und ohne daß sie aneinander eine Frage richten oder daß sie sich je gesehen hätten, knien sie beide in aller Ehrfurcht nieder und umarmen und küssen sich in so großer Herzlichkeit, als wären sie miteinander seit langer Zeit durch innigste Freundschaft verbunden. Während dieser ganzen Zeit sprach weder der eine noch der andere, sondern sie hielten sich schweigend umfangen in brüderlicher Liebe. Und nachdem sie lange also verblieben waren, ohne miteinander zu reden, trennten sie sich. Sankt Ludwig setzte seine Pilgerfahrt fort, und Bruder Egidio kehrte in seine Zelle zurück. –

Als der König aufbrach, fragte ein Bruder einen von dessen Genossen, wer der Pilgersmann gewesen sei, der den Bruder Egidio so inniglich umarmt hatte. Und jener antwortete: »Das war König Ludwig von Frankreich, der gekommen war, um Bruder Egidio zu sehen!« – Als dies die anderen Brüder erfuhren, waren sie sehr betrübt, daß Bruder Egidio mit ihm kein Wort gesprochen hatte und in ihrer Kümmernis sprachen sie: »O Bruder Egidio, warum hast du dich so unmanierlich gezeigt, daß du einem so heiligen König, der aus Frankreich gekommen war, um dich zu sehen und ein freundliches Wort von dir zu hören – daß du diesem nicht eine Silbe gesagt hast!« – Entgegnete Bruder Egidio: »Geliebte Brüder! Dessen sollt ihr euch nicht wundern. Es vermochte weder ich ihm, noch er mir ein Wort zu sagen, weil, sobald wir einander umarmt hatten, das Licht der göttlichen Weisheit mir sein Herz enthüllte und offenbarte – und ihm das meine. Und so blickten wir durch Gottes Wirken einander ins Herz und erkannten, was ich ihm und er mir sagen wollte, weit besser, als wenn unser Mund gesprochen hätte, und unsere Freude war weit inniger, als wenn unsere Stimme das zum Ausdruck gebracht hätte, was wir im Herzen fühlten! Wegen der Unzulänglichkeit der menschlichen Sprache, die nicht in Klarheit die mystischen Geheimnisse Gottes auszudrücken vermag, hätte uns Reden weit eher zur Trauer gereicht denn zur Glückseligkeit. Darum glaubet und wisset, daß der König von mir in wundersamer Zufriedenheit und heiteren Sinnes geschieden ist!«

## 35

*Wie Sankta Klara, als sie erkrankt war, in der Weihnacht auf wundersame Weise zur Kirche des heiligen Franziskus getragen wurde und dort die Andacht hörte.*

Als Sankta Klara einst schwer erkrankt war, konnte sie keineswegs mit den anderen Nonnen in die Kirche gehen, um zu beten. Nun war das Fest Christi Geburt gekommen, und alle anderen gingen zur Mette. Sie aber blieb im Bett, traurig, daß sie nicht mit ihren Gefährtinnen gehen und des geistlichen Zuspruchs genießen konnte. Aber ihr himmlischer Bräutigam Jesus Christus wollte sie nicht ohne Trost lassen und ließ sie auf wundersame Art nach der Kirche des heiligen Franziskus tragen und der Feier der Mette und der Morgenandacht beiwohnen; und ferner ließ er sie die heilige Kommunion empfangen und sie dann auf ihr Lager zurücktragen.

Als dann die Nonnen nach Beendigung des Gottesdienstes in San Damiano zu Sankta Klara zurückkehrten, sprachen sie zu ihr: »O Mutter, liebe Schwester Klara, welch große Erbauung haben wir bei der heutigen Weihnachtsfeier empfunden, ach, wenn es doch Gott gefügt hätte, daß Ihr mit uns gewesen wäret!« Erwiderte Sankta Klara: »Dank und Lob sag ich unserem Herrn Jesu Christo, dem Gebenedeiten, meine Schwestern und geliebten Töchter, weil ich bei jeder Feier dieser heiligen Nacht zugegen war, ja an einer noch größeren als ihr nahm ich Anteil; dessen ist meine Seele tief beglückt. Denn durch den Willen meines Vaters Sankt Franziskus und durch die Gnade unseres Herrn Jesus

Christus war ich in der Kirche meines verehrungswürdigen Vaters Sankt Franziskus, und mit meinen leiblichen und geistigen Ohren habe ich die ganze Andacht, das Singen und Klingen der Orgel gehört. Dort habe ich auch die heilige Kommunion empfangen. Darum freut euch der großen Gnade, der ich teilhaft ward, und danket unserem Herrn Jesu Christo.«

## 36

*Wie Sankt Franziskus dem Bruder Lione ein schönes Gesicht deutete, das er im Geiste gesehen hatte.*

Als Sankt Franziskus einst schwer erkrankt war und Bruder Lione ihn pflegte, wurde jener Bruder Lione, als er nahe bei Franziskus betete, von einer Verklärung ergriffen und im Geist an einen gewaltigen, breiten und reißenden Strom geführt. Da stand er und blickte auf die Menschen, die hinübergingen; und er sah, wie einige Brüder, die schwer beladen sich anschickten, den Fluß zu überschreiten, sogleich von dem Ungestüm der Strömung hinabgerissen wurden und ertranken; andere gelangten bis zum dritten Teil, andere bis zur Mitte des Stromes, andere bis nahe an das Ufer. Alle wurden durch das Ungestüm der Fluten und durch die Last, die sie auf dem Rücken trugen, umgerissen und ertranken.

Als dies Bruder Lione sah, hatte er herzliches Mitleid mit ihnen. Und siehe – noch steht er da, da kommt eine große Zahl von Brüdern ohne jede Last und Bürde und auf ihnen ruht das Geleucht der heiligen Armut. Und sie traten in den Fluß und sie durchschritten ihn ohn' alle Fährnis. – Da Bruder Lione dies gesehen hatte, kam er wieder zu sich.

Da empfand Sankt Franziskus im Geiste, daß Lione eine Vision erblickt hatte, und er rief ihn und fragte ihn, was er gesehen habe. Und nachdem ihm Bruder Leo die Vision genau beschrieben hatte, sprach Franziskus: »Was du gesehen hast, ist Wahrheit! Der große Fluß ist diese Welt. Die Brüder, die im Flusse ertranken, sind jene, die nicht dem Gelübde nach dem Evangelium folgen, besonders soweit es die allerhöchste Armut betrifft. Aber die den Fluß ohne Fährnis durchschreiten – das sind die Brüder, die weder nach irdischem Gut noch nach Fleischeslust verlangen und keinen Besitz auf Erden haben, sondern enthaltsam in Lebensführung und Kleidung zufrieden sind, weil sie Christo folgen, der nackt sein Kreuz auf sich nahm. Und die Last und das liebliche Joch Christi und des hochheiligen Gehorsams tragen sie froh und willig. Darum gehen sie leicht aus dem zeitlichen Leben in das ewige Leben!«

## 37

*Wie Jesus Christus, der Gebenedeite, auf Bitten des heiligen Franziskus einen reichen und edlen Ritter veranlaßt, sich zu bekehren und Minoritenbruder zu werden, und wie dieser Ritter dem heiligen Franziskus durch Ehrerbietung und Freigebigkeit seine Liebe bezeugt.*

Sankt Franziskus, der Knecht Christi, kam eines Abends spät, von einem Gefährten begleitet, in das Haus eines reichen und mächtigen Edelmannes. Und sie wurden von ihm mit größter Freundlichkeit und Ehrfurcht, wie Engel Gottes, bewirtet. Darum ward er dem heiligen Franziskus gar sehr lieb, zumal er gedachte, wie jener ihn, als er sein Haus betrat, freundschaftlich umarmt und geküßt, ihm dann die Füße gewaschen, getrocknet und auch diese in Demut geküßt, darauf ein helles Feuer entzündet und eine Tafel mit vielen guten Speisen hergerichtet hatte; auch daß er während des Mahles ihn mit frohem Antlitz aufmerksam bediente. –

Als Sankt Franziskus und sein Gefährte gespeist hatten, sprach dieser Edelmann: »Hier, mein Vater, gebe ich mich und alles was mein ist, in deine Hand. Sooft ihr einen Rock, einen Mantel oder was auch immer benötigt, so kauft es und ich werde es euch bezahlen. Und wisset, daß ich bereit bin, euch mit allen Dingen, deren ihr bedürft, zu versorgen, weil ich dazu durch Gottes

Gnade imstande bin, zumal ich an allen irdischen Gütern Überfluß habe und aus Liebe zu Gott, der sie mir gegeben hat, gern seinen Armen wohltue!«

Da nun Sankt Franziskus die freundliche und liebevolle Gesinnung und Opferwilligkeit dieses Edelmannes erkannte, faßte er eine so herzliche Liebe zu ihm, daß er beim Fortgehen zu seinem Gefährten sagte: »Wahrlich, dieser Edelmann wäre ein guter Ordensbruder und Genosse für uns, weil er so dankbar und erkenntlich gegen Gott und so liebevoll und freundlich gegen den Nächsten und gegen die Armen ist. Wisse, geliebtester Bruder, die Höflichkeit ist eine der Eigenschaften Gottes, der aus Höflichkeit seine Sonne und seinen Regen den Gerechten und den Ungerechten gibt. Und die Höflichkeit ist die Schwester der Liebe, da sie den Haß tilgt und die Liebe erhält. Weil ich in diesem wahrhaft guten Mann eine so göttliche Tugend erkannt habe, würde ich ihn gern zum Bruder haben. Und deshalb wünsche ich, daß wir eines Tages zu ihm zurückkehren, vielleicht daß Gott sein Herze berührt hat, und daß wir uns mit ihm im Dienst Gottes vereinen. Inzwischen aber wollen wir Gott bitten, er möge ihm diesen Wunsch ins Herz pflanzen und ihm die Gnade verleihen, daß er erfüllt werde.«

Welch Wunder! Wenige Tage später, nachdem Sankt Franziskus also gebetet hatte, pflanzte Gott diesen Wunsch dem Edelmann ins Herz. Und Sankt Franziskus sprach zu seinem Gefährten: »Laßt uns, mein Bruder, in das Haus des freundlichen Mannes gehen, denn ich habe die feste Hoffnung zu Gott, daß jener mit der gleichen Höflichkeit, mit der er all sein Hab und Gut uns dargeboten hat, sich selbst in unsere Hand geben und unser Bruder werden wird!«

Und sie gingen. Und als sie nahe seinem Hause gekommen waren, sprach Sankt Franziskus zu seinem Gefährten: »Warte auf mich ein Weilchen, denn ich will zuerst Gott bitten, er möge uns auf unserem Wege Glück verleihen, und es möge Jesu Christo gefallen, uns Armen und Schwachen die edle Beute kraft seines heiligen Leidens zu gewähren, die wir der Welt zu entreißen streben.« Und nachdem er also gesprochen hatte, kniete er an einer Stelle zum Gebete nieder, wo ihn der höfliche Mann sehen konnte. Und wie es Gott gefiel, hatte jener, umherblickend, den heiligen Franziskus gesehen, wie er ehrfurchtsvoll sich vor Christo beugte, der ihm während seines Gebetes in strahlendem Geleucht erschienen war. Und ferner sah er, wie Sankt Franziskus ein beträchtliches Stück von der Erde körperlich erhoben wurde. Durch all dies ward sein Herz so sehr von Gott erfüllt und ergriffen, die Welt zu lassen, daß er stracks aus seinem Hause eilte und, in tiefster Seele erregt, zu Sankt Franziskus lief. Und als er noch während seines Gebetes bei ihm anlangte, kniete er ihm zu Füßen nieder und bat ihn in größter Dringlichkeit und Ehrfurcht, er möge ihn als Bruder annehmen und mit sich büßen lassen.

Da erkannte Sankt Franziskus, daß Gott sein Gebet erhört hatte, weil jener Edelmann ihn mit großer Eindringlichkeit darum bat, was er selber wünschte. Und er erhebt sich, und in der Inbrunst und Freude seines Geistes umarmt und küßt er ihn und dankt andächtig dem Herrn, der einen so frommen Ritter seinem Orden zugeführt hatte. Und es sprach jener Edelmann zu Sankt Franziskus: »Was heißest du mich tun, mein Vater? Siehe, ich bin willens, nach deinem Gebote den Armen zu geben, was mein ist, und mit dir Christo zu folgen, entbürdet aller irdischen Güter!« – Und also tat er und verteilte nach dem Rate des heiligen Franziskus seine Habe an die Armen, trat in den Orden ein, wo er in Bußfertigkeit und Frömmigkeit einen gottgefälligen Lebenswandel führte.

## 38

*Wie Sankt Franziskus im Geist erkannte, daß Bruder Elia verdammt war und außerhalb des Ordens sterben sollte; weshalb er auf Bitten des Bruders Elia zu Christo für ihn betete und erhört wurde.*

Als einst Sankt Franziskus mit seinen Jüngern, unter ihnen auch Bruder Elia, in einem Kloster weilte, ward ihm von Gott kundgetan, daß Bruder Elia abtrünnig und verdammt werden würde und außerhalb des Ordens sterben müßte. Aus diesem Grund empfand Sankt Franziskus eine so große Abneigung gegen ihn, daß er mit ihm weder redete noch verkehrte. Und wenn es sich einmal traf, daß Bruder Elia ihm entgegenkam, wandte er sich um und ging in entgegengesetzter Richtung, um ihm nicht zu begegnen. Da begann Bruder Elia zu merken und zu verstehen, daß Sankt Franziskus eine Abneigung gegen ihn hege, und da er den Grund hierfür wissen wollte, näherte er sich eines Tages Sankt Franziskus, um mit ihm zu sprechen. Da aber Sankt Franziskus sich ihm entziehen wollte, hielt ihn Bruder Elia mit sanfter Gewalt zurück und bat ihn inniglich, er solle ihm den Grund sagen, weshalb er den Umgang und die Unterhaltung mit ihm meide. Und Sankt Franziskus antwortete ihm: »Dies ist der Grund: Mir ist von Gott offenbart worden, daß du in deinen Sünden dem Orden abtrünnig werden und außerhalb des Ordens sterben wirst; auch hat mir Gott offenbart, daß du verdammt bist!« – Als dies Bruder Elia gehört hatte, sprach er also: »Mein verehrungswürdiger Vater, ich bitte dich, Jesu Christo zuliebe, meide mich deshalb nicht und jage mich nicht von dir, sondern nimm nach Christi Beispiel das irre gegangene und wiedergefundene Lamm bei dir auf, das ohne deine Hilfe verloren ist. Und bitte Gott für mich, auf daß er, wenn möglich, den Spruch meiner Verdammnis zurücknehme. Denn es stehet geschrieben, daß Gott seinen Spruch ändert, wenn der Sünder sein Vergehen bereut, und ich habe so großes Zutrauen zu deinen Gebeten, daß, wenn ich auch inmitten der Hölle wäre, und du würdest für mich zu Gott beten, ich ganz gewiß ein wenig Kühle verspüren würde. Daher bitte ich dich jetzt, befiehl mich Sündigen dem Herrn, der gekommen ist, die Sünder zu erlösen, auf daß er mich in seiner Barmherzigkeit aufnehme!«

Also sprach Bruder Elia in großer Ehrfurcht und in Tränen. Deshalb versprach ihm Sankt Franziskus als ein mitleidiger Vater, für ihn zu Gott zu beten, und er tat also. Und da er zu Gott in tiefster Andacht für ihn betete, ward ihm durch Offenbarung kund, daß sein Gebet von Gott erhört sei, soweit es die Zurücknahme des Spruches über die Verdammnis des Bruders Elia betreffe; nämlich, daß seine Seele schließlich nicht verdammt würde; aber daß er ganz gewiß aus dem Orden treten und außerhalb des Ordens sterben werde. Und also geschah es. Denn als Friedrich II., der König von Sizilien, sich wider die Kirche erhob und vom Papst in den Bann getan wurde, er oder wer nur immer ihm mit Rat und Tat beistand, da trat Bruder Elia, der für einen der weisesten Männer der Welt galt, vom König Friedrich eingeladen, auf seine Seite und ward ein Verräter an der Kirche und abtrünnig an dem Orden. Deshalb wurde auch er von dem Papst in den Bann getan und das Gewand des Sankt Franziskus ward ihm aberkannt.

Als er im Bann war, verfiel er in eine schwere Krankheit. Von seiner Krankheit hörte sein leiblicher Bruder, der dem Orden als Laienbruder angehörte, ein Mann von gutem und ehrsamem Lebenswandel, und machte sich auf, ihn zu besuchen. Und unter anderem sagte er zu ihm: »Mein geliebtester Bruder, es schmerzt mich sehr, daß du im Banne und außerhalb deines Ordens bist und so sterben wirst. Aber wenn du mir Weg oder Weise zeigst, wie ich dich dieser Gefahr entreißen kann, so will ich gern jede Mühe auf mich nehmen!« – Da erwiderte Bruder Elia: »Mein Bruder, ich sehe keinen anderen Ausweg, als daß du zum Papst gehst. Und bitte ihn, Gott zuliebe und um seines Knechtes Sankt Franziskus willen, auf dessen Weisung ich die Welt verlassen habe, wolle er mich vom Banne lösen und mir das Ordenskleid wiedergeben!« – Und es sprach jener, sein Bruder, daß er für sein Seelenheil sich gern mühen werde. Und er ging von ihm und warf sich dem heiligen Vater zu Füßen und bat ihn in Demut, er möge seinem Bruder um Christi und seines Knechtes Sankt Franziskus willen Gnade erzeigen. Und wie es Gott gefiel, willigte der Papst ein. Er solle zurückkehren, und wenn er Bruder Elia noch lebend anträfe, ihn in seinem Namen vom Banne lösen und ihm das Mönchsgewand wieder verleihen. Frohen Herzens bricht er auf und kehrt in größter Eile zu Bruder Elia zurück und findet ihn zwar noch lebend, aber fast im Verscheiden, und er löst ihn von dem Bann. Aber wie er ihm das Ordensgewand wiedergeben wollte, da ging Bruder Elia aus diesem Leben. Seine Seele aber ward gerettet durch das Verdienst des heiligen Franziskus und sein Gebet, darauf Bruder Elia so große Hoffnung gesetzt hatte.

## 39

*Von der wunderbaren Predigt, die der Minderbruder Sankt Antonius von Padua vor dem Konsistorium hielt.*

Das wundersame Gefäß des Heiligen Geistes, Meister Sankt Antonius von Padua, einer der erwählten Schüler und Jünger, den der heilige Franziskus seinen Statthalter genannt hatte, predigte einst im Konsistorium vor dem Papst und den Kardinälen. In diesem Konsistorium befanden sich Angehörige verschiedener Nationen, Griechen, Lateiner, Franzosen, Deutsche, Slawen und Engländer und viele von noch anderen Sprachstämmen der Welt. Er aber, von dem Heiligen Geiste entflammt, wußte Gottes Wort so fromm und sanft, so süß, klar und eindringlich zu deuten, daß alle, die dem Konsistorium beiwohnten, wie verschieden auch ihre Sprache war, dennoch klar und deutlich all seine Worte verstanden, als hätte er in eines jeden Zunge geredet. Und alle waren voll Staunens und es schien, als hätte sich das alte Wunder des Pfingstfestes erneut, das Wunder der Apostel, die durch die Ausgießung des Heiligen Geistes in jeder Sprache redeten. Und sie sprachen – der eine zum anderen in Bewunderung: »Ist nicht aus Spanien jener, der da predigt? Und wie hören wir doch alle in seinen Worten den Klang unserer Heimat!« – So sprach auch der Papst, da er den tiefen Gehalt seiner Worte erwog und bewunderte: »Wahrlich, dieser ist die Lade des Bundes und das Behältnis der göttlichen Botschaft!«

## 40

*Von dem Wunder, das Gott tat, als Sankt Antonius, da er in Rimini war, den Fischen des Meeres predigte.*

Als Christus, der Gebenedeite, die große Heiligkeit seines allergetreuesten Knechtes Sankt Antonius kundtun wollte und zugleich wie verdienstvoll es wäre, auf seine Predigt und fromme Weisung zu hören, da beschämte er einst die Torheit der Ungläubigen und Ketzer durch die vernunftlosen Tiere, die Fische nämlich, in ähnlicher Weise, wie er einst in den Zeiten des Alten Bundes durch den Mund der Eselin die Unweisheit Bileams beschämt hatte.

Als einst Sankt Antonius in Rimini weilte, wo sich auch eine große Menge von Ketzern befand, beabsichtigte er, sie zum Lichte des wahren Glaubens und auf den Weg der Tugend zurückzuführen. Deshalb predigte er ihnen mehrere Tage lang und sprach über den Glauben Christi und die Heilige Schrift. Aber jene weigerten sich nicht nur, seine heiligen Lehren zu befolgen, sie wollten in ihrer Verstocktheit und Widerspenstigkeit ihn nicht einmal anhören. Darum ging Sankt Antonius eines Tages auf göttlichen Antrieb an das Gestade des Flusses, nahe dem Meere. Und er stellte sich zwischen Meer und Fluß und hub an wie in einer Predigt im Namen Gottes zu den Fischen zu sprechen:

»Höret das Wort Gottes, ihr Fische des Meeres und des Flusses, weil die Ungläubigen und Ketzer sich weigern, es zu hören!« – Und nachdem er ihnen also gerufen hatte, kam sogleich eine so große Menge von Fischen, großen und kleinen und mittelgroßen, zu ihm an das Ufer, wie man sie in solcher Fülle niemals weder in jenem Meere noch in jenem Flusse gesehen hatte. Und alle streckten die Köpfe aus dem Wasser und wandten sich aufmerksam dem heiligen Antonius zu, alle in größtem Frieden, in Sanftmut und Ordnung. Ganz vorn und dem Gestade zunächst befanden sich die kleineren Fische, hinter ihnen die mittleren, ganz hinten aber, wo das Wasser am tiefsten war, die größten Fische. Wie sich nun alle Fische in solcher Richtung gegliedert und gereiht hatten, begann Sankt Antonius seine feierliche Predigt und sprach also:

»Ihr Fische, meine Brüder, soweit es euch nur möglich ist, seid ihr verpflichtet, unserem Schöpfer zu danken, der euch ein so edles Element zu eurer Wohnung angewiesen hat, denn, wie es euch gefällt, gehören euch die süßen und salzigen Gewässer. Und er hat auch mancherlei Zufluchtsorte gegeben, euch vor den Stürmen zu wahren, er hat euch die klare, durchsichtige Flut zugeteilt und ihr findet darin die Speise, die ihr für euer Leben bedürft. Gott, euer freundlicher und gütiger Schöpfer, hat, als er euch schuf, euch geboten, zu wachsen und euch zu mehren und hat euch seinen heiligen Segen gegeben. Dann, als allenthalben die Sintflut herrschte und alle Geschöpfe dahingerafft wurden, hat Gott euch allein vor Schaden bewahrt. Ferner hat er euch Flossen gegeben zum Schwimmen, wohin es euch gefällt. Euch ward auf Gottes Gebot gewährt, den Propheten Jonas zu bergen und ihn nach drei Tagen heil und unversehrt an das Gestade zu werfen. Ihr botet euch als Tribut unserem Herrn Jesu Christo, der als ein Armer nichts besaß, womit er zahlen konnte. Ihr waret die Speise des ewigen Königs Jesu Christi vor seiner Auferstehung und nachher kraft heiligen Geheimnisses. Für all das habt ihr die Pflicht, Gott zu loben und zu benedeien, der euch so viele und so große Wohltaten, mehr als anderen Geschöpfen, erwiesen hat!«

Nach solchen und ähnlichen Worten und Weisungen begannen die Fische die Mäuler zu öffnen und die Köpfe zu neigen, und mit allen Zeichen der Ehrfurcht, wie sie es nur vermochten, lobten sie Gott. Sankt Antonius aber, der die große Ehrfurcht der Fische vor Gott, ihrem Schöpfer, sah, freute sich in seinem Geiste und rief mit lauter Simme: »Gebenedeit sei der ewige Gott, den die Fische des Wassers mehr ehren als die ketzerischen Menschen, und besser hören auf sein Wort die vernunftlosen Tiere als die ungläubigen Menschen!« – Und je mehr Sankt Antonius predigte, desto mehr wuchs die Menge der Fische, und keiner entfernte sich von der Stelle, die er eingenommen hatte.

Bei der Kunde von diesem Wunder lief das Volk der Stadt herzu, und es kamen auch jene Ketzer; sie sahen das Wunder, so seltsam und doch wirklich, und ihr Herz ward gebeugt, und sie warfen sich Sankt Antonius zu Füßen, um seine Weisung zu vernehmen. Da hub Sankt Antonius an, von dem Glauben der allgemeinen Kirche zu predigen, und er predigte so wundersam, daß er alle diese Ketzer bekehrte, und sie wandten sich dem wahren Glauben Christi zu. Da wurden alle Gottgetreuen von großer Freude erfüllt, im Glauben gestärkt und gefestigt.

Und nachdem dies geschehen war, entließ Sankt Antonius die Fische mit dem Segen Gottes. Und alle entfernten sich mit wundervollen Gebärden der Freude, und von gleicher Fröhlichkeit war auch das Volk ergriffen. – Sankt Antonius aber blieb in Rimini noch viele Tage und predigte und erntete viel geistliche Frucht an Seelen.

## 41

*Wie der verehrungswürdige Bruder Simone einen Bruder von einer großen Versuchung befreite, um deretwillen er gedachte aus dem Orden zu treten.*

In der Frühzeit seines Ordens und noch bei Lebzeiten des heiligen Franziskus trat ein Jüngling aus Assisi in den Orden, der Bruder Simone genannt wurde. Ihn hatte Gott mit solcher Anmut, Geisteskraft und Einsicht geschmückt und begabt, daß sein ganzes Leben ein Spiegel der Heiligkeit war, wie ich es von denen hörte, die lange Zeit in Gemeinschaft mit ihm gelebt hatten. Man sah ihn sehr selten außerhalb seiner Zelle, und wenn er einmal zu den Brüdern trat, sprach er stets von Gott. Er hatte niemals die Regeln der Beredsamkeit studiert und redete dennoch so tiefgründig und so erhaben von Gott und von der Liebe Christi, daß seine Worte übernatürlichen Worten glichen. Eines Abends war er mit Bruder Jacopo von Massa in den Wald gegangen, um von Gott zu sprechen, und er redete so süß von Gottes Liebe, daß sie die ganze Nacht im Gespräche blieben. Und am Morgen schien es ihnen, als wäre nur eine kurze Spanne Zeit vergangen – so erzählte mir Bruder Jacopo. Ja, die himmlischen Erleuchtungen und die Liebe Gottes hatten Bruder Simones Geist mit so reicher Seligkeit und Süße erfüllt, daß er oft, wenn er ihr Nahen empfand, sich niederlegen mußte. Denn der liebliche Frieden des Heiligen Geistes verlangte von ihm nicht nur die Ruhe der Seele, sondern auch des Körpers. Und bei solchen göttlichen Heimsuchungen ward er oftmals in Gott entzückt und ganz gefühllos gegen äußeren Einfluß.

Als er nun einst in Gott entzückt war und ohne Empfinden für die Welt innerlich von göttlicher Liebe erglühte, äußerlich aber gegen Empfindungen des Körpers gefeit war, wollte ein Bruder sich überzeugen, ob der Anschein der Wirklichkeit entsprach. Und er ging hin und nahm eine Kohle aus dem Feuer und legte sie ihm auf den entblößten Fuß. Aber Bruder Simone fühlte nichts, auch verursachte sie ihm keinen Brandfleck auf dem Fuß, obgleich sie lange Zeit darauf liegen blieb, so lange, daß sie von selbst erlosch. – Wenn jener Bruder Simone zu Tische niedersaß, nahm er, bevor er leibliche Speise genoß, erst geistliche Kost zu sich und verteilte sie auch an andere, indem er von Gott redete. –

Durch seine fromme Redegabe bekehrte sich einst ein Jüngling aus San Severino, der aus edlem Geschlecht stammte und sich durch Schönheit auszeichnete, aber dessen Sinn von weltlichen und eitlen Dingen erfüllt war. Bruder Simone nahm den Jüngling in den Orden auf, bewahrte aber seine weltlichen Gewänder bei sich. Und jener schloß sich an Bruder Simone an, von dem er in der vorgeschriebenen Observanz unterrichtet wurde. Allein der

Teufel, der bestrebt ist, alles Gute zu verunstalten, setzte sich ihm in den Nacken und peinigte ihn mit so glühender Sinneslust, daß jener nicht mehr widerstehen konnte. Deshalb ging er zu Bruder Simone und sprach zu ihm: »Gebt mir meine Kleider wieder, die ich aus der Welt mitgebracht habe, denn ich kann die Versuchung durch die Sinne nicht mehr bezwingen!« Bruder Simone aber hatte großes Mitleid mit ihm und sprach: »Setze dich, mein Sohn, ein wenig zu mir!« Und er begann mit ihm von Gott zu sprechen auf eine Weise, daß jede Versuchung von ihm wich. Doch schon bald kehrte die Versuchung wieder und er forderte wiederum seine Kleider. Aber Bruder Simone verscheuchte die Versuchung mit seinen Reden von Gott. Und nachdem dies mehrere Male also geschehen war, befiel ihn schließlich eines Nachts die Versuchung so heftig – heftiger als sonst –, daß er um keinen Preis der Welt zu widerstehen vermochte. Und er ging zu Bruder Simone und verlangte von ihm endgültig seine weltlichen Kleider, denn er könne hier auf keinen Fall länger bleiben. Da hieß Bruder Simone, wie er zu tun pflegte, ihn bei sich niedersitzen. Und er sprach mit ihm von Gott. Der Jüngling aber beugte in Schwermut und Trauer sein Haupt in Bruder Simones Schoß. Da erhob Bruder Simone in großem Mitleid, das er mit ihm fühlte, seine Augen gen Himmel und betete. Und da er in heißer Inbrunst zu Gott flehte, ward er entzückt und von Gott erhört. Und als er sein Bewußtsein wiedererlangt hatte, fühlte sich der Jüngling von aller Versuchung befreit, als hätte er sie niemals empfunden; die Glut der Versuchung hatte sich in Glut des Heiligen Geistes gewandelt. Und da er der brennenden Kohle, will sagen Bruder Simone, nahegekommen war, so wurde er von Liebe zu Gott und dem Nächsten ganz und gar entflammt. –

Und es geschah, als man einst einen Missetäter gefangen hatte, dem beide Augen geblendet werden sollten, da ging Bruder Simone in seinem glühenden Mitgefühl mit ihm vor den Richter und fragte ihn mit vielen Tränen und herzlichen Bitten, ob man ihn nicht des einen Auges und den Missetäter des anderen berauben könne, damit jener nicht beide entbehren müsse. Aber da der

Richter wie die Ratsherren die große Liebesglut dieses Bruders erkannten, schonten sie des einen wie des anderen.

Als Bruder Simone eines Tages im Walde sein Gebet verrichtete und seine Seele von inniger Andacht erfüllt war, störte ihn eine Schar von Krähen mit ihrem Gekrächz in seinem Beten. Da befahl er ihnen in Jesu Namen davonzufliegen und nicht mehr zurückzukehren. Und die Vögel flogen davon und wurden seitdem nimmer gesehen und gehört, weder dort noch im ganzen Umkreis. Und dieses Wunder ward im ganzen Bezirk von Fermo bekannt, wo das Kloster gelegen war.

## 42

*Von den schönen Wundern, die Gott durch die frommen Brüder, Bruder Bentivoglio, Bruder Pietro von Monticello, Bruder Currado von Offida, vollbracht hat. Und wie Bruder Bentivoglio in ganz kurzer Zeit einen Aussätzigen fünfzehn Meilen trug. Und wie mit dem einen Sankt Michael sprach und zu dem anderen die Jungfrau Maria kam, dem sie ihren Sohn in den Arm legte.*

Die Mark Ancona war von alters her, wie der Himmel mit Sternen, so mit Heiligen und vorbildlichen Brüdern geschmückt. Diese haben, den Himmelslichtern gleich, den Orden des heiligen Franziskus überglänzt und die Welt mit ihrem Beispiel und ihrer Lehre erleuchtet. Unter ihnen ist besonders Bruder Lucido, der Alte, zu nennen, der in Wahrheit durch seine Frömmigkeit leuchtete und in göttlicher Liebe erglühte. Seine glorreiche Beredsamkeit, in der ihn der Heilige Geist unterwies, trug wunderreiche Früchte in seinen Predigten.

Dann ist des Bruders Bentivoglio von San Severino zu gedenken. Dieser wurde, wie Bruder Masseo sah, ein gutes Stück in die Luft erhoben, als er im Walde betete. Wegen dieses Wunders verließ der fromme Bruder Masseo, der damals Pfarrer war, seine Pfarrei und ward Minderbruder. Und seine Heiligkeit war so groß, daß er im Leben wie im Tode viele Wunder vollbrachte. Seine Asche ruht in Murro.

Als jener Bruder Bentivoglio einst in Travi Bonanti weilte, einzig zu dem Zweck, einen Aussätzigen zu hegen und zu pflegen, gebot ihm der Prälat, an einen anderen Ort zu gehen, der von dort fünfzehn Meilen entfernt war. Da er aber den Aussätzigen nicht im Stich lassen wollte, nahm er ihn in seinem liebevollen Eifer und lud ihn sich auf die Schultern und trug ihn in der Zeit von der Morgenröte bis zum Aufgang der Sonne den Weg von fünfzehn Meilen, bis er an den Ort gelangte, wohin er gesandt war, der Monte Sancino hieß. Diesen Weg hätte er – wäre er auch mit dem schnellen Fluge des Adlers begabt – in so kurzer Zeit nicht zurücklegen können. Und ob dieses göttlichen Wunders herrschte großes Staunen und Bewunderung im ganzen Lande.

Ferner ist Bruder Pietro von Monticello zu erwähnen, der, wie Bruder Servodio von Urbino (er war damals Guardian im alten Kloster von Ancona) gesehen hat, fünf oder sechs Ellen über die Erde erhoben wurde, bis zum Fuß des Kruzifixes in der Kirche, vor dem er zu beten pflegte. – Als dieser Bruder sich einst während der Fasten des Erzengels Sankt Michael fromm kasteite und am letzten Tage dieser Fastenzeit in der Kirche betete, hörte ein junger Bruder (der sich geflissentlich unter dem Hauptaltar verborgen hatte, um irgendeinen Beweis für seine Heiligkeit zu erhalten), wie jener mit dem Erzengel Sankt Michael redete. Und die Worte, die sie sprachen, lauteten: Sankt Michael sagte: »Bruder Pietro, du hast dich in Treue für mich gemüht und in mannigfacher Weise deinen Leib gepeinigt; jetzt bin ich gekommen, um dich zu erfreuen. Erbitte dir als Gnade, was du willst, ich werde es für dich von Gott erlangen!« – Erwiderte Bruder Pietro: »Heiligster Fürst der himmlischen Scharen, getreuster Eiferer der göttlichen Liebe und erbarmungsreicher Beschützer der Seelen, ich bitte dich, daß du in Gnaden von Gott Vergebung meiner Sünden erlangst.« – Und Sankt Michael entgegnete: »Fordere eine andere Gnade, denn diese werde ich dir leicht gewinnen.« Aber Bruder Pietro erbat nichts anderes! – Und der Erzengel sagte, bevor er von ihm schied: »Ich werde dir für deinen Glauben und deine Zuversicht, die du mir bekundet hast, die Gnade erwirken, um die du mich gebeten hast, und noch viele andere.« Und als ihre Zwiesprache, die lange gedauert hatte, beendet war, entschwand der Erzengel Sankt Michael und ließ Bruder Pietro in seligen Freuden zurück.

Zur Zeit des frommen Bruders Pietro lebte auch der fromme Bruder Currado von Offida mit ihm zusammen im Kloster von Forano im Bezirk von Ancona. Bruder Currado ging eines Tages in den Wald, um über Gottes Herrlichkeit nachzusinnen, da folgte ihm Bruder Pietro heimlich, um zu erspähen, was jenem dort begegnen würde. Und Bruder Currado begann sein Gebet und flehte in großer Liebe und Ehrfurcht zur Jungfrau Maria, sie wolle ihm von ihrem gebenedeiten Sohn die Gnade erwirken, daß er nur ein wenig von der Süßigkeit empfände, die Sankt Simeon am Tage der Darstellung empfand, als er Jesum, den gesegneten Heiland, in seinen Armen hielt. – Und da er also betete, erhörte ihn die erbarmungsreiche Jungfrau Maria. Und siehe, ihm erschien die Königin des Himmels, ihren gebenedeiten Sohn im Arme, in hellem, strahlendem Geleucht. Sie trat an Bruder Currado heran und legte ihm ihren gebenedeiten Sohn in die Arme. Und er nahm ihn in aller Demut entgegen, umarmte und küßte ihn, drückte ihn an seine Brust und wollte in göttlicher Liebe und unaussprechlicher Seligkeit dahinschmelzen und vergehen. Desgleichen empfand auch Bruder Pietro, der in seinem Versteck all dieses sah, in seinem Herzen die größte Seligkeit und Süße. Als aber die Jungfrau Maria dem Bruder Currado entschwunden war, kehrte Bruder Pietro eilends in das Kloster zurück, um nicht von jenem gesehen zu werden. Und als Bruder Currado freudig und beglückt daheim eintraf, sprach Bruder Pietro zu ihm: »O du Himmlischer, welch herrliche Freude hast du heute gehabt!« – Entgegnete Bruder Currado: »Wovon redest du, Bruder Pietro, und wie weißt du, was mir widerfuhr?« – »Wohl weiß ich, wohl weiß ich«, rief Bruder Pietro, »wie die Jungfrau Maria mit ihrem gebenedeiten Kinde dich besucht hat!« – Da bat ihn Bruder Currado, der als ein in Wahrheit Demütiger sich nur im geheimen der Gnade Gottes zu erfreuen wünschte, er möge mit niemandem davon sprechen. Und die Liebe zwischen ihnen beiden ward von nun an so groß, daß sie, wie es allen schien, in jeder Weise nur ein Herz und eine Seele waren.

Jener Bruder Currado hat einst in Siruolo mit seinen Gebeten ein von einem Dämon besessenes Weib erlöst, indem er eine ganze Nacht für sie betete. Des Morgens aber, als ihre Mutter hinzukam, ging er schnell davon, um nicht vom Volke gesehen und geehrt zu werden.

## 43

*Wie Bruder Currado von Offida einen jungen Bruder bekehrte, der den anderen Brüdern zur Last fiel. Und wie der junge Bruder nach seinem Tode dem Bruder Currado erschien und ihn bat, er möge für ihn beten. Und wie ihn jener durch sein Gebet aus den entsetzlichen Qualen des Fegefeuers befreite.*

Besagter Bruder Currado von Offida, der wunderbare Eiferer der evangelischen Armut und der Regel des Sankt Franziskus, wandelte vor Gott so fromm und tugendsam, daß ihn der gebenedeite Christus im Leben und im Tode durch viele Wunder ehrte.

Unter anderem: Als er einst zu Gast in das Kloster von Offida gekommen war (dem er damals noch nicht angehörte), baten ihn die Brüder, er möge aus Gottes- und Nächstenliebe einen jungen Bruder ernsthaft vermahnen, der zu ihrer Gemeinschaft gehörte. Dieser nämlich betrug sich so kindisch, unehrerbietig und unerzogen, daß er die alten und jungen Ordensmitglieder beim Gottesdienst störte und sich auch um die Ordensregeln wenig oder gar nicht kümmerte. Deshalb rief Bruder Currado eines Tages – sei es nun aus Mitleid für den Jüngling oder durch die Bitten der Brüder veranlaßt – diesen Eitlen beiseite und gab ihm in herzlicher Liebe so wirkungsvolle und fromme Lehren, daß dieser kraft göttlicher Gnade sofort sich aus einem Knaben in einen Alten wandelte. Er ward sittsam, gehorsam, gütig, besorgt, fromm und zugleich so friedlich, ergeben und tugendeifrig, daß, wie er früher den Ordensbrüdern zur Last war, so ihn jetzt alle herzlich liebten und in ihm ihre Freude und ihren Trost erblickten.

Es gefiel aber dem lieben Gott, daß der Jüngling kurz nach seiner Bekehrung starb; worüber die Brüder gar sehr trauerten. Und wenige Tage nach seinem Tode erschien seine Seele dem Bruder Currado, als er in tiefer Andacht vor dem Altare des Klosters betete, und begrüßte ihn in Ehrerbietung als ihren Vater. Und Bruder Currado fragte: »Wer bist du?« Und die Stimme erwiderte: »Ich bin die Seele des jungen Bruders, der in diesen Tagen gestorben ist.« – Und Bruder Currado sprach: »O du mein geliebtester Sohn, wie steht es um dich?« – Entgegnete jener: »Gottes Gnade und Eure Lehre haben mich errettet. Ich bin nicht verdammt. Aber für frühere Sünden, von denen ich mich nicht genugsam reinigen konnte, weil es mir an Zeit mangelte, leide ich die großen Qualen des Fegefeuers. Nun bitte ich dich, mein Vater, wie du mir, als ich noch lebte, mit deiner Liebe beigestanden hast, so hilf mir auch jetzt in meiner Pein, indem du für mich einige Vaterunser sprichst. Denn dein Gebet ist gar wohlgefällig vor Gottes Angesicht.« Da stimmte Bruder Currado gütig seinen Bitten zu, und als er für ihn zum erstenmal die Gebete Vaterunser und Ewige Ruhe verrichtet hatte, sprach seine Seele: »O geliebtester Vater, wie gut tut mir das, welche Kühle weht mich an! Jetzt bitte ich dich, daß du es noch einmal betest!« – Und Bruder Currado tat es. Und die Seele sagte: »Heiliger Vater, wenn du für mich betest, fühle ich mich leicht. Deshalb bitte ich dich, daß du es nicht unterlassen mögest, für mich zu beten!« – Als nun Bruder Currado sah, daß jener Seele mit seinen Gebeten so sehr gedient war, sprach er für sie hundert Vaterunser. Und nachdem er diese hergesagt hatte, sprach jene Seele: »Ich danke dir, geliebtester Vater, im Namen Gottes für die Liebe, die du mir erzeigt hast. Durch dein Gebet bin ich von allen Qualen befreit worden und werde jetzt in das Himmelreich einziehen!« – Und nach diesen Worten entschwand die Seele. – –

Bruder Currado erzählte diese ganze Erscheinung, genau wie

sie erfolgt war, den Brüdern, um ihre Freudigkeit und ihren Mut zu stärken. – Und so ist die Seele dieses Jünglings durch das Verdienst Bruder Currados in das Paradies gelangt.

## 44

*Wie die Mutter Christi und der Evangelist Sankt Johannes dem Bruder Pietro erschienen und ihm sagten, wer von ihnen beiden bei Christi Leiden den tiefsten Schmerz empfunden habe.*

Es geschah zur Zeit, als im Kloster Forano, im Bezirk Ancona, Bruder Currado und der schon genannte Bruder Pietro wohnten, die zwei leuchtende Gestirne in der Ordensprovinz der Mark waren und zwei himmlische Menschen, weil so große Liebe und Innigkeit sie vereinte, daß sie gemeinsam gewissermaßen nur ein Herz und eine Seele besaßen. Sie hatten untereinander beschlossen, daß sie jede frohe Botschaft, die ihnen Gottes Liebe zuteil werden ließe, einer dem anderen in ihrer aufrichtigen Zuneigung mitteilen wollten.

Als sie dieses verabredet hatten, geschah es, daß Bruder Pietro eines Tages betete und voll Ehrfurcht über Christi Leiden sann und über das Bild der Kreuzigung, auf dem die allerseligste Mutter Christi, Johannes der Evangelist, sein Lieblingsjünger, und Sankt Franziskus am Fuße des Kreuzes dargestellt waren, die, Christo im Geiste durch ihren Schmerz verbunden, ebenfalls gekreuzigt wurden. Und ihm kam der Wunsch, zu wissen, wer von diesen dreien die tiefste Qual bei dem Leiden Christi empfunden hatte: die Mutter, die ihn geboren, der Jünger, der an seinem Herzen geruht oder Sankt Franziskus, der die gleichen Wundmale wie Christus empfangen hatte.

Als er diesen frommen Gedanken nachsann, erschien ihm die Jungfrau Maria mit dem heiligen Evangelisten Johannes und Sankt Franziskus in die edlen Gewänder himmlischer Herrlichkeit gekleidet, doch ihm schien, als sei Sankt Franziskus schöner gekleidet als Sankt Johannes. Und als Pietro ganz bestürzt vor dieser Erscheinung stand, ermutigte ihn Sank Johannes und sprach zu ihm: »Fürchte dich nicht, liebster Bruder, wir sind gekommen, dich von deiner Ungewißheit zu befreien. Wisse also, daß die Mutter Christi und ich tieferen Schmerz als irgendein Wesen bei Christi Leiden erduldet haben; aber nach uns hat keiner größeres Weh darüber empfunden als Sankt Franziskus, und darum siehst du ihn in solcher Glorie!« – Da fragt ihn Bruder Pietro: »Heiligster Apostel Christi, weshalb erscheint des heiligen Franziskus Gewand schöner als das deine?« – Erwidert Sankt Johannes: »Die Ursache ist, weil, solange er auf Erden wandelte, er dürftigeres Gewand trug als ich.«

Und nach diesen Worten gab Sankt Johannes dem Bruder Pietro ein himmlisches Gewand, das er in Händen trug, und sprach zu ihm: »Nimm dieses Gewand, das ich mitgebracht habe, um es dir zu geben!« Doch als Sankt Johannes ihn mit diesem Gewand bekleiden will, fällt Bruder Pietro bestürzt zu Boden und ruft: »Bruder Currado, liebster Bruder Currado, hilf mir schnell, komm, wundersame Dinge zu sehen!« Bei diesen Worten entschwindet die heilige Erscheinung.

Als dann Bruder Currado kam, erzählte er ihm alles aufs genaueste. Und sie dankten Gott.

## 45

*Von der Bekehrung und dem Leben und den Wundern und dem Tode des heiligen Bruders Giovanni dalla Penna.*

Als Bruder Giovanni dalla Penna noch ein Knabe und Zögling in der Ordensprovinz der Mark war, erschien ihm eines Nachts ein sehr schönes Kind, rief ihn und sprach: »Giovanni, geh nach Santo Stefano, wo einer meiner Minderbrüder predigt. Seiner Lehre sollst du glauben und aufmerksam auf seine Worte achten, denn ihn habe ich erwählt. Hernach wirst du eine große Reise unternehmen und zu mir kommen!« – Da erhob sich jener sogleich und fühlte eine große Wandlung in seiner Seele, und er begab sich nach Santo Stefano, wo er eine große Schar Männer und Frauen antraf, die dort harrten, um die Predigt zu hören. Der Prediger hieß Bruder Filippo und gehörte zu den ersten Minderbrüdern, die nach der Mark gekommen waren, und noch waren erst wenig Klöster in der Mark vorhanden.

Nun besteigt Bruder Filippo die Kanzel, um zu predigen; und er predigt gar inniglich, nicht mit Worten menschlicher Weisheit, sondern des Geistes Christi, und verkündet das Reich des ewigen Lebens. – Und als die Predigt beendet war, ging jener Knabe zu Bruder Filippo und sprach zu ihm: »Mein Vater, wenn es Euch gefiele, mich in den Orden aufzunehmen, würde ich gern Buße tun und unserem Herrn Jesu Christo dienen.« – Da Bruder Filippo in jenem Kinde eine wundersame Unschuld und Bereitwilligkeit, Gott zu dienen, sah und erkannte, so sprach er zu ihm: »Du wirst am bestimmten Tage zu mir nach Ricanati kommen, und ich werde dich aufnehmen lassen.« An diesem Orte sollte nämlich das Provinzialkapitel abgehalten werden.

Der Knabe dachte in seines Herzens Reinheit und Einfalt, daß dies die ihm vorbestimmte große Reise wäre, gemäß der ihm gewordenen Offenbarung, und daß er dann in das Paradies eingehen solle. Und so würde ihm geschehen, wenn er in den Orden eingetreten wäre. Er machte sich also auf den Weg und ward in den Orden aufgenommen. Aber er mußte bald erkennen, daß seine Gedanken sich noch nicht erfüllten. Als indessen der Ordensminister im Kapitel verkündete, daß er jedem, der um des heiligen Gehorsams willen sich nach der Provence begeben wolle, gern Urlaub erteilen würde, da überkam ihn die große Sehnsucht, dorthin zu gehen, denn er dachte in seinem Herzen, dies sei die große Reise, die ihm vorbestimmt sei, ehe er in das Paradies einginge. Doch er scheute sich, dies zu sagen, schließlich aber vertraute er sich dem Bruder Filippo an, der ihn hatte in den Orden aufnehmen lassen, und bat ihn herzlich, er möge ihm die Gnade erwirken, daß er nach der Provence ziehen dürfe. Da Bruder Filippo seine Reinheit und heilige Absicht erkannte, erwirkte er ihm die Erlaubnis. So begann denn Bruder Giovanni mit großer Freude seine Wanderung, in der Zuversicht, er werde, wenn er den Weg beendet hätte, in das Paradies eingehen. Aber wie es Gott gefiel, blieb er in dieser Ordensprovinz fünfundzwanzig Jahre in der Hoffnung und Sehnsucht auf die Seligkeit. Er lebte in größter Sittsamkeit, Frömmigkeit und Vorbildlichkeit, seine Tugend mehrte sich und mit ihr Gottes Wohlgefallen an ihm und die Liebe des Volkes, und er ward auch von den Brüdern und den Zöglingen herzlich geliebt.

Und als eines Tages Bruder Giovanni in andächtigem Gebet weinte und klagte, daß sein Sehnen sich noch nicht erfüllt habe, und daß seines Lebens Pilgerschaft allzu lange währe, erschien ihm der gebenedeite Christus, bei dessen Anblick seine Seele von allem Erdenschmerz gelöst ward, und sprach zu ihm: »Mein Sohn, Bruder Giovanni, verlange von mir, was du willst!« – Und er antwortete: »Ich weiß nicht, worum ich dich bitten soll als nur um dich selbst, denn ich verlange nach nichts anderem. Aber um dies eine will ich dich bitten: verzeih mir all meine Sünden und gib mir die Gnade, daß ich dich noch ein anderes Mal sehe, wenn ich dessen noch mehr bedarf!« – Da sprach Jesus: »Erhört ist dein Gebet!« – Und nach diesen Worten entschwand er und Bruder Giovanni blieb frohen Mutes zurück.

Schließlich, als die Brüder in der Mark die Kunde von seiner Frömmigkeit vernommen hatten, drangen sie so lange in den Ordensgeneral, bis er ihm bei dem heiligen Gehorsam gebot, in die Mark zurückzukehren. Als er diesen Befehl empfing, machte er sich freudigen Sinnes auf den Weg, denn er dachte, wenn er auch diesen Weg beendet hätte, würde er nach Christi Versprechen in den Himmel eingehen. Aber als er in die Mark zurückgekehrt war, lebte er hier noch dreißig Jahre. Und an jedem Tage hoffte er auf Gottes Barmherzigkeit, daß er an ihm sein Versprechen erfülle. In dieser Zeit verwaltete er mehrere Male das Amt des Guardians in großer Pflichttreue, und Gott wirkte durch ihn viele Wunder.

Unter vielen Gaben, die ihm Gott verliehen hatte, war ihm auch der Geist der Prophetie zuteil geworden. Einst war er aus dem Kloster fortgegangen, als einer seiner Novizen von dem

Dämon angefochten und in eine so arge Verführung geführt wurde, daß er beschloß, aus dem Orden zu treten, sobald Bruder Giovanni zurückgekehrt sein würde. Doch dies Geschehnis, die Versuchung und den Entschluß erkannte Bruder Giovanni durch den Geist der Prophetie, kehrte sofort heim, rief jenen Novizen zu sich und gebot ihm, zu beichten. Aber bevor er ihn zur Beichte zuließ, erzählte er ihm aufs genaueste seine ganze Versuchung, wie Gott sie ihm kundgetan hatte, und schloß: »Mein Sohn, weil du mich erwartet hast und ohne meinen Segen nicht von dannen gegangen bist, hat Gott dir diese Gnade erwiesen: Du wirst diesen Orden niemals verlassen und durch göttliche Gnade in ihm sterben.« Da ward jenes Novizen guter Wille gefestigt, er blieb in dem Orden und ward ein heiliger Bruder. All diese Begebenheiten erzählte mir Bruder Ugolino.

Besagter Bruder Giovanni war ein Mann von heiterem und friedfertigem Sinn, er sprach nur selten, doch widmete er sich mit großer Andacht dem Gebet, zumal nach der Mette kehrte er niemals in seine Zelle zurück, sondern blieb in der Kirche und betete, bis der Tag anbrach. Und als er eines Nachts nach der Mette im Gebete verharrte, erschien ihm der Engel Gottes und sprach zu ihm: »Bruder Giovanni, geendet ist jetzt dein Erdenweg, wie du es lange Zeit ersehnt hast. Ich verkünde dir im Namen Gottes: Erbitte dir die Gunst, deren du bedarfst. Auch verkünde ich dir, daß du die Wahl hast zwischen einem Tage der Qual im Fegefeuer oder sieben Tagen des Leides in dieser Welt.« Und da Bruder Giovanni die sieben Tage des Leides in dieser Welt vorzog, erkrankte er sogleich an verschiedenen Gebrechen, ein heftiges Fieber ergriff ihn, Gicht an Händen und Füßen, Seitenschmerzen und viel andere Übel, aber was ihn am schwersten traf, das war, daß ein Dämon vor ihm stand, der in der Hand eine große Tafel hielt, auf der all seine Sünden verzeichnet waren, die er je begangen hatte, in Gedanken und in Worten. Und er sprach zu ihm: »Um dieser Sünden willen, die du in Gedanken, in Worten und Werken begangen hast, bist du in die Tiefen der Hölle verbannt.« Er aber gedachte an kein gutes Werk, das er je getan hätte, auch nicht, daß er dem Orden angehörte, noch daß er je darinnen gewesen war, sondern er glaubte fest daran, daß er verdammt sei, wie es ihm der Dämon gesagt hatte. Und als man ihn fragte, wie es ihm erginge, antwortet er: »Schlecht, denn ich bin verdammt!«

Als die Brüder solches sahen, sandten sie nach einem betagten Bruder, namens Matteo da Monte Rubbiano, einem heiligen Manne, der dem Bruder Giovanni sehr befreundet war. Und als jener Bruder Matteo am siebenten Tage seiner Erkrankung zu ihm kam, grüßte er ihn und fragte ihn, wie es ihm erginge. Und er antwortete: »Es geht mir schlecht, denn ich bin verdammt!« – Da sprach Bruder Matteo: »Erinnerst du dich nicht, daß du mir viele Male gebeichtet hast, und daß ich dich von all deinen Sünden losgesprochen habe? Und erinnerst du dich auch nicht, daß du immer Gott in diesem heiligen Orden viele Jahre gedient hast; und erinnerst du dich ferner nicht, daß Gottes Erbarmen alle Sünden der Welt übersteigt und daß Christus, der Gebenedeite, unser Heiland, um uns loszukaufen, einen unermeßlichen Preis gezahlt hat? Darum sei froher Zuversicht, denn wahrlich, du bist erlöset!« – Und weil gerade die Zeit seiner Läuterung beendet war, wich bei diesen Worten die Kraft des Versuchers, und das Vertrauen zog in sein Herz. Und in großer Freude sprach Bruder Giovanni zu Bruder Matteo: »Da du ermüdet bist und es spät geworden ist, bitte ich dich, du wollest dich niederlegen.« – Aber Bruder Matteo wollte ihn nicht verlassen; endlich indessen, auf seine steten Bitten, ging er von dannen, um sich auszuruhen.

Und Bruder Giovanni blieb mit dem Bruder, dem seine Pflege oblag. Und siehe! Da kam Christus der Gebenedeite in hellem Geleucht und unaussprechlicher Süße des Duftes, wie er ihm einst versprochen hatte, er werde ihm erscheinen, wenn er seiner am meisten bedürfen würde. Und er heilte ihn völlig von all seinen Leiden.

Und Bruder Giovanni dankte Gott mit gefalteten Händen, daß er seine weite Wanderung durch das gegenwärtige elende Leben durch ein gutes Ende gekrönt hatte, und gab sich in die Hände

Christi und erstattete seine Seele dem lieben Gott, indem er aus diesem vergänglichen Sein in das ewige Leben einging, im Geleite Christi, des Gebenedeiten, dessen Angesicht zu schauen er so lange Zeit erhofft und erharrt hatte. Und Bruder Giovanni ward im Kloster von Penna di Santo Giovanni bestattet.

## 46

*Wie Bruder Pacifico, während er betete, die Seele seines leiblichen Bruders Frate Umile gen Himmel aufsteigen sah.*

In der gleichen Provinz der Mark lebten nach dem Tode des heiligen Franziskus zwei Brüder in dem Orden; der eine hatte den Namen Bruder Umile, der andere hatte den Namen Bruder Pacifico. Sie waren Männer von großer Heiligkeit und Vollkommenheit. Der eine, und zwar Bruder Umile, lebte in dem Kloster von Soffiano und starb ebendort; der andere lebte in einer anderen Klosterbruderschaft in ziemlicher Entfernung.

Wie es Gott gefiel, wurde Bruder Pacifico, als er eines Tages in einer einsamen Gegend betete, von einer göttlichen Eingebung bewältigt und sah die Seele seines Bruders, Frate Umile, die sich vom Körper trennte, geraden Weges ohne Zögern und Hindernis gen Himmel aufsteigen. – Und es geschah, daß viele Jahre danach dieser Bruder Pacifico, der hinterblieben war, in die Klosterbruderschaft von Soffiano versetzt ward, dorthin, wo sein Bruder gestorben war. Um diese Zeit vertauschten die Brüder auf Ersuchen der Herren von Bruforte jenes Kloster gegen ein anderes. Und als sie fortzogen, nahmen sie unter anderem auch die Gebeine der heiligen Brüder mit sich, die im Kloster gestorben waren. Und als sie an das Grab des Bruders Umile kamen, nahm Bruder Pacifico dessen Gebeine und wusch sie mit edlem Wein. Dann hüllte er sie in ein weißes Tuch und küßte sie in großer Ehrfurcht und Andacht und weinte. Darüber wunderten sich die anderen Brüder und hielten sein Tun nicht für löblich; denn wenn er auch im Rufe echter Frömmigkeit stand, jetzt schien es, als beweine er seinen Bruder in fleischlicher und weltlicher Liebe, als erweise er dessen Gebeinen größere Ehrfurcht als denen der anderen Brüder, die nicht weniger gottesfürchtig als Bruder Umile und nicht weniger verehrungswürdig als jener gewesen waren. Als aber Bruder Pacifico die arge Meinung der Brüder erkannte, wollte er sie in seiner Demut zufriedenstellen und sprach zu ihnen: »Meine geliebten Brüder, wundert euch nicht, wenn ich an meines Bruders Gebeinen tat, was ich an den anderen unterlassen habe. Denn gottlob, nicht hat mich, wie ihr glaubt, fleischliche Liebe verführt. Sondern ich tat also, weil ich gesehen habe, während ich an einsamem Orte fern von ihm betete, wie seine Seele, die aus dem Leben geschieden war, geraden Weges in den Himmel emporstieg, und ich bin dessen gewiß, seine Gebeine sind heilig und müssen im Paradiese sein. Und hätte mir Gott wegen der anderen Brüder die gleiche Gewißheit gewährt, ich hätte ihren Gebeinen die gleiche Verehrung erwiesen!«

Aus dieser Antwort erkannten die Brüder seine heilige und fromme Absicht; sie wurden von seinem Tun gar sehr erbaut und lobten Gott, ›der viele Wunder tut an dem, der fromm und gut‹.

## 47

*Von jenem heiligen Bruder, dem in seiner Krankheit die Mutter Christi erschien und drei Büchsen Latwerge brachte.*

Im vorgenannten Kloster zu Soffiano lebte in alten Tagen ein Minderbruder von so großer Frömmigkeit und Gnade, daß er nahezu göttlich erschien, und er ward oft in Gott entzückt. Oft, wenn dieser Bruder ganz in Gott versunken und zu Gott erhoben war (ihm war die Gabe der Beschaulichkeit ganz besonders zu eigen), dann kamen Vögel mannigfacher Art und setzten sich ganz zutraulich ihm auf die Schultern, auf das Haupt, auf die Arme und auf die Hände und sangen gar wundersam. Er liebte die Einsamkeit und sprach selten; wenn man ihn aber über irgendeine Sache befragte, so antwortete er so lieblich und weisheitsvoll, daß er eher einem Engel als einem Menschen glich. Seine Art zu reden und zu urteilen war tief und bedeutungsvoll; und die Brüder hielten ihn gar hoch in Ehren.

Als nun dieser Bruder nach Gottes Ratschluß den Lauf seines tugendreichen Lebens enden sollte, verfiel er einer todbringenden Krankheit. Er konnte keinerlei Speise zu sich nehmen und wies auch jeden Heiltrank zurück, sondern setzte all seine Zuversicht auf den himmlischen Arzt, den gebenedeiten Jesus Christus und auf seine gebenedeite Mutter. Und durch göttliche Huld ward er belohnt, da er von ihr erbarmungsvoll heimgesucht und gepflegt wurde. Es geschah, als er einst auf seinem Lager ruhte und sich mit ganzem Herzen voll Andacht auf seine letzte Stunde bereitete, da erschien ihm die erhabene Jungfrau Maria, die Mutter Christi, von einer großen Zahl Engel und heiligen Jungfrauen geleitet, in wundersamem Geleucht und trat an sein Lager. Und als er sie erblickte, da ward sein Leib wie seine Seele von Freude und Zuversicht erfüllt. Und er hub an, sie in Demut anzubeten, sie wolle ihren geliebten Sohn für ihn bitten, daß er ihn kraft seiner Verdienste aus seines armen Lebens Kerker erlöse. Und wie er fort und fort unter Tränen zu ihr flehte, antwortete ihm die Jungfrau Maria, indem sie ihn bei seinem Namen nannte und sprach: »Fürchte dich nicht, mein Kind, er hat dein Beten gehört, und ich bin gekommen, dich ein wenig zu stärken, ehe du aus diesem Leben scheidest!« – Es standen aber zur Seite der Jungfrau Maria drei heilige Jungfrauen, die trugen in ihren Händen drei Büchsen Latwerge von köstlichem Duft und Wohlgeschmack. Da nahm die erhabene Jungfrau eine dieser Büchsen und öffnete sie, und das ganze Haus ward von süßestem Wohlgeruch erfüllt. Und sie gab einen Löffel voll Latwerge dem Kranken; und als er davon gekostet hatte, fühlte er sich so sehr gekräftigt und beglückt, daß er vermeinte, seine Seele könne nicht länger in dem Körper verbleiben. Da rief er: »Nicht mehr, o allerheiligste Mutter, gebenedeite Jungfrau, gebenedeite Ärztin und Erlöserin des menschlichen Geschlechtes, nicht mehr! Denn ich kann eine so überwältigende Seligkeit nicht ertragen!« – Aber die

Erbarmende und Allgütige reichte dem Kranken noch öfter von jener Latwerge und ließ sie ihn genießen, bis die Büchse geleert war. Und als die erste Büchse geleert war, öffnete die selige Jungfrau die zweite und tauchte den Löffel darin, um ihm davon zu geben. Doch jener weigerte sich dessen und sprach: »O du holdselige Gottesmutter, wenn meine Seele von der süßen Glut der ersten Latwerge fast zu vergehen meinte, wie könnte ich die zweite ertragen? Ich bitte dich, du vor allen Heiligen und allen Engeln Gebenedeite, du wollest mir nicht mehr davon geben.« Doch die erhabene Jungfrau Maria erwiderte: »Koste, mein Kind, nur ein wenig aus dieser zweiten Büchse.« Und sie gab ihm davon und sprach: »Jetzt, mein Kind, hast du so viel davon genommen, daß es genügen mag. Nun sei getrost, denn bald werde ich dich heimgeleiten und dich in das Reich meines Sohnes führen, nach dem stets dein Sehnen und Trachten war!« –

Nach diesen Worten verabschiedete sie sich von ihm und entschwand. Und er blieb so frohen Herzens und zugleich durch die Süße der Latwerge so gekräftigt, daß er noch mehrere Tage lebte, völlig gesättigt und erstarkt, ohne daß sein Körper der Nahrung bedurfte.

Und einige Tage darauf, während einer heiteren Zwiesprache mit den Brüdern, ging er in großem Jubel und in Freuden aus diesem armseligen Leben.

## 48

*Wie Bruder Jacopo von Massa in einer Erscheinung alle Minderbrüder der Welt im Bilde eines Baumes erblickte und die Tugenden und Verdienste, aber auch die Fehler eines jeglichen von ihnen erkannte.*

Bruder Jacopo von Massa, dem Gott die Pforte seiner Geheimnisse erschloß und den er mit vollkommener Weisheit und Kenntnis der Heiligen Schrift und der zukünftigen Geschehnisse begabte, war von solcher Heiligkeit, daß Bruder Egidio von Assisi, Bruder Marco von Montino, Bruder Ginepro und Bruder

Lucido von ihm sagten: sie kennten niemanden in der Welt, der von Gott mehr geliebt würde als dieser Bruder Jacopo. – Nun hatte ich großes Verlangen, ihn zu sehen; zumal Bruder Giovanni, der Freund des genannten Bruders Egidio, als ich ihn einmal bat, mich über einige geistliche Fragen zu belehren, mir erwiderte: »Willst du im geistlichen Leben recht unterwiesen sein, so trachte danach, mit Bruder Jacopo von Massa zu sprechen. Auch Bruder Egidio wünschte einst, von ihm belehrt zu werden, und er erkannte, seinen Worten ließ sich nichts hinzufügen und nichts wegnehmen, sein Geist hat die Geheimnisse des Himmels erforscht, seine Worte sind die Worte des Heiligen Geistes. Und darum, es lebt auf Erden kein Mensch, den ich so sehnlichst zu sehen begehre!«

Dieser Bruder Jacopo wurde unter der Ordensverwaltung des Bruders Giovanni da Parma einst im Gebet vom Geist Gottes ergriffen und verblieb drei Tage in diesem Zustand, in Verzückung, von jedem körperlichen Empfinden losgelöst und so gefühllos, daß die Brüder schon zweifelten, ob er noch lebe. Und in dieser Verzückung ward ihm unseres Ordens künftiges Geschick offenbart. Aus diesem Grunde wuchs, als ich solches hörte, mein Wunsch, ihn zu sehen und mit ihm zu sprechen, noch mehr.

Und als es Gott gefiel, daß ich Gelegenheit fand, mit ihm zu reden, bat ich ihn in folgender Weise: »Wenn es wahr ist, was ich habe von dir sagen hören, so bitte ich dich, es mir nicht zu verheimlichen. Ich hörte, daß, als du drei Tage einem Toten gleich darniederlagst, dir Gott außer anderen Dingen auch das künftige Geschick unseres Ordens offenbart hat. Und das habe ich vom Bruder Matteo, dem Ordensmeister in der Mark erfahren, dem du es als Diener des heiligen Gehorsams offenbart hast.« – Da bekannte mir Bruder Jacopo in großer Demut, daß Bruder Matteo die Wahrheit geredet hatte. Die Mitteilungen des Bruders Matteo, des Ordensministers in der Mark, hatten wie folgt gelautet:

»Ich kenne einen Bruder, dem Gott das künftige Geschick unseres Ordens kundgetan hat. Denn Bruder Jacopo von Massa hat mir offenbart und mitgeteilt, daß Gott ihm außer anderen Dingen auch die Zukunft der streitenden Kirche enthüllt hat. Er erblickte in einer göttlichen Vision einen schönen und sehr großen Baum. Seine Wurzel war golden, seine Früchte waren Menschen, und zwar sämtlich Minderbrüder, seine edlen Hauptzweige waren an Zahl den Ordensprovinzen gleich, und jeder Zweig trug so viele Brüder, wie es deren in der Provinz gab. Auf diese Weise erfuhr er die Anzahl aller Ordensbrüder in jeglicher Provinz, ihre Namen, ihr Alter, ihre Denkart, ihre Ämter und Würden, ihre Tugenden und Fehler. Und er sah den Bruder Giovanni von Parma auf dem Wipfel dieses Baumes, während die Minister aller Provinzen an den Enden der Seitenzweige standen.

Danach sah er auf hohem, leuchtendem Throne Christum sitzen. Er rief Sankt Franziskus zu sich und reichte ihm einen Kelch, voll von dem Geiste des Lebens, und er entsandte ihn mit den Worten: ›Gehe und suche deine Brüder auf und gib ihnen aus diesem Kelch den Trank des Lebensgeistes. Denn der Geist des Satans wird sich gegen sie erheben und wird sie schütteln, und viele von ihnen werden fallen und sich nicht mehr aufrichten.‹ Und Christus gab dem heiligen Franziskus zwei Engel zum Geleit. Und Sankt Franziskus kam herab, um seinen Brüdern den Kelch des Lebens zu reichen. Und er reichte ihn zuerst dem Bruder Giovanni von Parma, der ihn ergriff und ihn in Eile und Andacht leerte. Und sogleich ging von ihm ein Leuchten aus wie Sonnenglanz. Und hernach reichte ihn Sankt Franziskus allen anderen, aber nur wenige ergriffen ihn mit gebührender Ehrfurcht und Andacht und leerten ihn bis zur Neige. Und die ihn in Ehrfurcht ergriffen und völlig geleert hatten, wurden von leuchtendem Sonnenglanz umstrahlt, die aber den Trank verschüttet und andachtslos verscherzt hatten, wurden schwarz, düster, mißgestaltet und fürchterlich anzusehen. Die einen Teil austranken und einen Teil verschütteten, wurden teils leuchtend, teils düster, die einen mehr, die anderen weniger, je nach der Menge, die sie getrunken oder verschüttet hatten. Aber strahlender als alle erschien Bruder Giovanni, denn er hatte den Kelch des Lebens zutiefst geleert und so in den tiefsten Grund des unendlichen göttlichen Lichtes geblickt. Und er hatte darinnen das Unglück und den Sturm erkannt, die sich gegen den Baum erheben und seine Äste schütteln und brechen sollten. Deshalb stieg Bruder Giovanni von dem Wipfel des Baumes hinab und verbarg sich unterhalb der Äste, dort, wo der Stamm am dicksten war.

Ein Bruder indessen, der von dem Inhalt des Kelches zum Teil getrunken, zum Teil aber den Trank verschüttet hatte, klomm die Äste hinan, bis er zu der Stelle kam, von der Bruder Giovanni hinabgestiegen war. Und als er dort angelangt war, wuchsen ihm Krallen an den Händen von spitzem Eisen und scharf wie Schermesser. Da sprang er von dem Platz empor, zu dem er hinaufgestiegen war, und wollte sich in wilder Wut auf Bruder Giovanni stürzen, um ihm ein Leid zuzufügen. Doch Bruder Giovanni, der dies sah, schrie auf und befahl sich Christo, der auf dem Throne saß. Und Christus hörte sein Flehen und rief Sankt Franziskus und gab ihm einen scharfen Feuerstein und sprach zu ihm: ›Gehe mit diesem Steine und beschneide jenem Bruder die Krallen, mit denen er Bruder Giovanni kratzen will, auf daß er ihm kein Leid zufügen könne.‹ Da kam Sankt Franziskus und tat, wie Christus ihm geboten hatte.

Und es erhob sich ein Sturmwind und schüttelte den Baum so gewaltig, daß die Brüder auf den Boden hinabfielen. Und zuerst fielen all die, die allen Lebensgeist, der in dem Kelch war, verschüttet hatten. Da trugen die Teufel sie an die Stätten der Finsternis und der Qualen. Aber Bruder Giovanni und all die, welche den Becher bis zur Neige geleert hatten, wurden von den Engeln zu den Stätten des Lebens, des ewigen Lichtes und der leuchtenden Glückseligkeit geleitet.« –

Und es erkannte und begriff jener Bruder Jacopo, der die Vision erblickt hatte, klar und deutlich die Offenbarung, und es prägte sich ihm Name, Art und Stand jeglichen Bruders ein. Der Sturm aber, der sich gegen den Baum erhoben hatte, war so mächtig gewesen, daß er ihn fällte und ihn von dannen trug.

Doch als das Unwetter vorüberzog, entkeimte des Baumes goldener Wurzel ein anderer Baum. Er war aus lauterem Golde und von Golde waren seine Blätter, Blüten und Früchte.

Von jenem Baume, seinem Umfang, seiner Höhe, seiner Schönheit, seinem Duft und seinen Wundern ist besser zu schweigen als jetzt schon zu reden.

## 49

*Wie Christus dem Bruder Giovanni von La Vernia erschien.*

Unter den anderen weisen und heiligen Brüdern, Söhnen des Sankt Franziskus, die nach dem Worte Salomos der Ruhm des Vaters sind, lebte zu unseren Zeiten in der genannten Provinz der Mark der verehrungswürdige und fromme Bruder Giovanni von Fermo, der wegen der langen Zeit, die er in dem heiligen Kloster La Vernia zubrachte, woselbst er auch aus dem Leben schied, nur Bruder Giovanni von La Vernia genannt wurde. Überdies war er ein Mann von vorbildlichem Lebenswandel und großer Heiligkeit.

Schon als Knabe, als er noch in der Welt lebte, sehnte sich dieser Bruder Giovanni mit ganzem Herzen nach dem Pfade der Buße, der die Reinheit von Leib und Seele bewahrt. Daher begann er noch als Kindlein ein stachliches Panzerhemd sowie einen Eisenring um den Leib zu tragen und sich große Enthaltsamkeit aufzuerlegen. Und besonders als er bei den Domherren von Sankt Peter zu Fermo weilte, die ein üppiges Leben führten, floh er die Lust der Welt und kasteite seinen Leib in strengster Enthaltsamkeit. Seine Freunde aber, denen sein Tun zuwider war, nahmen ihm seinen Panzer fort und hinderten ihn an seiner Enthaltsamkeit auf alle mögliche Weise. Da gedachte er, auf Gottes Eingebung die Welt und die an ihr hängen zu verlassen und sich ganz in die Arme des Gekreuzigten zu geben, indem er das Gewand des heiligen Franziskus nahm. Und also tat er auch.

Und da er, fast noch ein Kind, in den Orden aufgenommen war, und er der Fürsorge des Meisters der Novizen anvertraut wurde, ward er so fromm und vom Heiligen Geist erfüllt, daß, wenn er zuweilen seinen Meister von Gott sprechen hörte, sein Herz wie Wachs unter der Glut des Feuers dahinschmolz. Und die Liebe Gottes durchglühte ihn mit so süßer Lust und Lieblichkeit, daß er vor Seligkeit nicht stillstehen konnte, sondern sich von allen entfernte. Und wie vom Heiligen Geiste berauscht, lief er dann entweder durch den Garten oder durch den Wald oder durch die Kirche, wie ihn die Flamme und das Ungestüm des Geistes trieb.

Im Laufe der Zeit ließ die göttliche Gnade diesen engelgleichen Menschen von Tugend zu Tugend emporsteigen zu den Gaben des Himmels: den göttlichen Offenbarungen und Verzückungen. So war zuweilen sein Sinn zu dem Glanze der Cherubim erhoben, zuweilen zu der Glut der Seraphim, zuweilen zu den Freuden der Seligen, zuweilen zu den liebevollen und sinnberaubenden Umarmungen Christi, die nicht nur seine Seele, sondern auch seinen Körper beglückten. Also ward einst unsagbar sein Herz von der Flamme der göttlichen Liebe enzündet. Und diese Flamme brannte in ihm wohl drei Jahre. In dieser Zeit empfing er wundersame Freuden und göttliche Offenbarungen und ward oft in Gott entzückt; kurz er glich in dieser Zeit einer Fackel, die von der Liebe Christi glühte. – Solches ist auf dem heiligen Berge La Vernia geschehen.

Gott aber sorgt in unermeßlicher Liebe um seine Kinder und gewährt ihnen zu allen Zeiten, wie sie es bedürfen, bald Trost, bald Trauer, bald Glück, bald Unglück, damit sie in der Demut erstarken oder nach himmlischen Freuden noch sehnsüchtiger erglühen. Und so gefiel es der göttlichen Güte, nach drei Jahren dem Bruder Giovanni die strahlende, feurige Gottesliebe zu entziehen und ihn alles seelischen Glückes zu berauben.

Also blieb Bruder Giovanni ohne das Licht und ohne die Liebe Gottes, ohne jeden Trost in Trauer und Herzeleid, und wenn er ziellos durch den Wald eilte, so rief er in seiner Angst mit Worten, Weinen und Wehklagen nach dem geliebten Bräutigam seiner Seele, der sich vor ihm verborgen und ihn verlassen hatte und ohne dessen Gegenwart seine Seele weder Ruhe noch Rast fand. Aber an keiner Stätte und in keiner Weise konnte er den süßen Jesus wiederfinden, und ebensowenig vermochte er, sich an den lieblichen Genüssen der Liebe Christi zu ersättigen, wie es sonst seine Gewohnheit war. Und diese Trübsal währte viele Tage, in denen er ohn' Unterlaß weinte und wehklagte und Gott bat, er wolle ihm in seiner Barmherzigkeit seinen Seelenbräutigam wiedergeben.

Endlich aber hatte der allmächtige Gott seine Geduld genugsam erprobt und seine Sehnsucht genugsam entflammt. Und es geschah eines Tages, als Bruder Giovanni wieder den Wald durchstreift und sich in Trauer und Trübsal erschöpft niedergesetzt hatte – er hatte sich an eine Buche gelehnt und sein tränenüberströmtes Antlitz blickte gen Himmel –, und siehe! Plötzlich erschien ihm Christus, ganz nahe, auf dem Pfade, den er, Bruder Giovanni, selber gekommen war. Doch er sprach nichts! Und da Bruder Giovanni ihn sah und ihn wohl erkannte, daß er Christus war, warf er sich sogleich ihm zu Füßen und flehte zu ihm in Demut und unsagbarer Klage: »Hilf mir, mein Herr, denn ohne dich, mein süßester Heiland, steh ich in Finsternis und Leid; ohne dich, du sanftmütiges Lamm, steh ich in Angst und Qual und in Furcht; ohne dich, du Sohn des höchsten Gottes, steh ich in Wirrnis und Schande, ohne dich bin ich verarmt und erblindet, weil du, Jesu Christe, das wahre Licht der Seelen bist; ohne dich bin ich verloren und verdammt, denn du bist das Leben der Seelen und das Leben der Körper; ohne dich bin ich unfruchtbar und dürr, denn du bist der Quell aller Gaben und aller Güter; ohne dich muß ich an allem verzweifeln, denn du, Jesu, bist unsere Erlösung, unsere Liebe, unsere Sehnsucht, du bist das Brot, das erlabt, und der Wein, der erfreut die Herzen der Engel und die Herzen aller Heiligen! Erleuchte mich, du Macht der Liebe, du Obhut der Milde, denn ich bin dein Schäflein, so unwürdig ich auch bin!«

Doch damit die Sehnsucht der Frommen, die Gott stets zu erfüllen zögert, sich in Bruder Giovanni zu noch größerer Liebesglut entfache, geht der gebenedeite Christus vorüber, ohne ihn zu erhören und ohne mit ihm zu sprechen, und entfernt sich auf jenem Pfade.

Da erhebt sich Bruder Giovanni, eilt ihm nach und wirft sich ihm wiederum zu Füßen und hemmt seinen Schritt durch sein frommes Ungestüm und fleht zu ihm mit inbrünstigen Tränen: »O süßester Jesu Christe, habe Mitleid mit meiner Trübsal, erhöre mich um deiner großen Barmherzigkeit und um deines wahren Heiles willen und vergönne mir wieder dein freudenreiches Antlitz und deinen liebevollen Blick, denn voll ist die ganze Erde deines Erbarmens!« –

Doch noch weiter schreitet Christus und spricht nicht zu ihm und spendet ihm keinen Trost, sondern tut wie die Mutter dem Kinde, wenn sie es nach der Brust verlangen und weinen läßt, damit es später sich um so freudiger sättige. – So folgte auch Bruder Giovanni mit noch größerer Sehnsuchtsglut Christo. Und als er ihn erreicht hat, wendet sich der gebenedeite Christus zu ihm und blickt ihn heiteren und liebevollen Angesichtes an; und öffnet seine heiligen und erbarmenden Arme und umfaßt ihn so süß! Und wie er die Arme ausstreckt, sieht Bruder Giovanni, daß aus der hochheiligen Brust des Erlösers Strahlen glühenden Lichtes hervorbrechen, die den Wald ringsum und mehr noch ihm Seele und Leib erhellen! Und Bruder Giovanni kniet zu Füßen Christi und der gebenedeite Jesus reicht ihm gütig wie einst der Magdalena seinem Fuß zum Kusse dar. Und Bruder Giovanni ergreift ihn in tiefster Ehrfurcht und benetzt ihn mit so vielen Tränen, daß er in Wahrheit einer anderen Magdalena glich. Dann spricht er in Demut: »Ich bitte dich, mein Herr, daß du nicht auf meine Sünden achtest, sondern durch dein heiliges Leiden und die Opferung deines heiligen, teueren Blutes meine Seele erweckst kraft der Gnade deiner Liebe. Denn du hast uns ja geboten, daß wir dich mit ganzem Herzen und mit ganzer Seele lieben sollen. Dieses Gebot aber kann niemand ohne deine Hilfe erfüllen. Nun hilf mir, du geliebter Sohn Gottes, daß ich dich mit meinem ganzen Herzen und mit all meinen Kräften liebe!« –

Und als Bruder Giovanni zu Christi Füßen lag und also flehte, ward er von ihm erhört und wieder mit der höchsten Huld begnadet, nämlich der Flamme der göttlichen Liebe, und er fühlte sich völlig getröstet und erneut. Und er erkannte, daß die Gabe göttlicher Gnade ihm wieder zu eigen war, und wieder begann er, dem gebenedeiten Christus zu danken und ihm in Ehrfurcht die Füße zu küssen. Und dann richtete er sich empor, um Christo in das Antlitz zu blicken, und Jesus streckte ihm seine hochheiligen Hände entgegen und reichte sie ihm zum Kusse. Und nachdem Bruder Giovanni sie geküßt hatte, lehnte und schmiegte er sich an Jesu Brust und umarmte und küßte ihn, und auch Christus umarmte und küßte ihn. Und bei diesen Umarmungen und Küssen war Bruder Giovanni von so göttlichem Duft umweht, daß die Süßigkeiten aller Wohlgerüche, die die Erde darbietet, ihm im Vergleich mit jenem Duft wie Unflat erschienen. Und Bruder Giovanni war darob entzückt und in Freude verklärt. Und dieser Duft erfüllte seine Seele noch viele Monate.

Fortan sprach sein Mund, der an dem Quell der göttlichen Weisheit in der geweihten Brust des Heilands getrunken hatte, nur wundersame Himmelsworte, die die Herzen wandelten und die Seelen all derer, die sie hörten, dem Herrn gewannen. Aber auf dem Pfade im Walde, dort, wo die heiligen Füße Christi gestanden hatten, verspürte Bruder Giovanni noch lange Zeit nachher jenen holden Duft, und stets erblickte er jenes Geleucht, so oft er die Stätte betrat.

Als Bruder Giovanni nach jener Verzückung wieder zum Bewußtsein kam und die körperliche Gegenwart Christi ihm entschwunden war, blieb seine Seele so verklärt und in die tiefen Gründe der Göttlichkeit versunken, daß er, obzwar er nie mit sauerem Fleiß sich um die Gelehrsamkeit gemüht hatte, dennoch auf wunderbare Weise die schwierigsten und hohen Fragen der göttlichen Dreifaltigkeit und die tiefen Geheimnisse der Heiligen Schrift löste und erklärte. Und er hat oftmals, wenn er später vor dem Papst, den Kardinälen, dem König, den Baronen, den Magistern und Doktoren sprach, sie alle durch die hohe Weisheit seiner Worte und durch ihren tiefen Gehalt mit Bewunderung erfüllt.

## 50

*Wie Bruder Giovanni von La Vernia, als er am Totenfest eine Messe las, viele Seelen erblickte, die aus dem Fegefeuer befreit wurden.*

Als der genannte Bruder Giovanni einst am Tage nach Allerheiligen gemäß der Vorschrift der Kirche die Messe für alle Toten las, verrichtete er diese hochheilige Andacht mit aller Kraft seiner Liebe und mit allem Mitgefühl seines Erbarmens. Denn er wußte, daß die Seelen der Gestorbenen die Inbrunst der Fürbitte allem Guten vorziehen, das man ihnen erweisen kann. Und in der Süße seines Mitleids und in seiner brüderlichen Liebe glaubte Bruder Giovanni vergehen zu müssen. Und in dieser Messe erhob er den Leib Christi in Ehrfurcht und brachte ihn Gott, dem Vater, dar und flehte ihn an, er möge seinem gebenedeiten Sohne Jesu Christo zuliebe, der, um die Seelen loszukaufen, an das Kreuz geschlagen ward, die Seelen der Toten aus den Qualen des Fegefeuers erlösen. Denn Jesus habe die Menschen geschaffen und durch seinen Tod für ihre Sünden gebüßt. Und siehe! Zahllose Seelen entsteigen dem Fegefeuer, als wenn unzählige Funken aus brennendem Ofen sprühen. Und er sieht sie in den Himmel hinaufsteigen, durch Christi Leiden entsühnt, der an jeglichem Tage für die Lebenden und für die Toten in der heiligen Hostie geopfert wird, die für Zeit und Ewigkeit der Anbetung würdig ist.

## 51

*Von dem heiligen Bruder Jacopo von Fallerone und wie er nach seinem Tode dem Bruder Giovanni von La Vernia erschien.*

Zur Zeit, als Bruder Jacopo von Fallerone, ein Mann von großer Heiligkeit, schwer erkrankt im Kloster von Moliano in der Gemeinde von Fermo darniederlag, hörte Bruder Giovanni von La Vernia, der sich damals im Kloster von Massa aufhielt, von seiner Krankheit, und da er ihn als seinen teueren Vater sehr liebte, gedachte er, Gott inbrünstig für ihn anzuflehen. Und er betete in seinem Herzen, Gott möge jenem Bruder Jacopo Genesung verleihen, wenn dies seiner Seele dienlich wäre.

Als er noch betete, ward er in seiner Andacht durch eine Erscheinung begnadet. Er erblickte in der Luft über seiner Zelle im Walde eine große Schar von Engeln und Heiligen in so strahlendem Geleucht, daß der ganze Umkreis erhellt war. Unter diesen Engeln sah er den kranken Bruder Jacopo, für den er gebetet hatte, in einem weißen Gewande stehen, in lauterem Glanze. Auch gewahrte er unter ihnen den heiligen Vater Franziskus, strahlend in den Wundmalen Christi und in reichster Glorie. Ferner sah und erkannte er den heiligen Bruder Lucido und den greisen Bruder Matteo von Monte Rubbiano und noch andere Brüder, die er in diesem Leben weder gesehen noch gekannt hatte.

Und da Bruder Giovanni mit großem und gebührendem Entzücken die selige Schar der Heiligen betrachtete, ward ihm offenbart, daß der kranke Bruder an seinem Leiden zwar sterben müsse, seine Seele aber würde ganz sicher gerettet werden. Freilich nicht sogleich nach dem Tode sollte er in das Paradies eingehen, sondern sich kurze Zeit noch im Fegefeuer läutern.

Über diese Erscheinung und zugleich über die Rettung der Seele war Bruder Giovanni so erfreut, daß ihn der leibliche Tod nicht im geringsten betrübte; deshalb rief er leise in der Glückseligkeit seines Herzens den Freund beim Namen und sprach: »Bruder Jacopo, mein süßer Vater, Bruder Jacopo, mein süßer Bruder, Bruder Jacopo, getreuester Knecht und Freund Gottes,

Bruder Jacopo, Gefährte der Engel und Genoß der Seligen.« Und in dieser Gewißheit und Freude erlangte er sein Bewußtsein wieder. Und er verließ sofort das Kloster und ging nach Moliano, um jenen Bruder Jacopo zu besuchen.

Er fand seinen Freund so schwer erkrankt, daß er kaum der Sprache mächtig war. Und er verkündete ihm, daß sein Leib jetzt dem Tode geweiht sei, daß aber seine Seele zu Heil und Glorie eingehen werde, gemäß der Gewißheit, die er durch göttliche Offenbarung empfangen hatte. Diese Botschaft, die er mit großer Freude und glücklichem Lächeln empfing, erfüllte seine Seele mit Jubel, der auch auf seinem Antlitz sich spiegelte. Er dankte dem Bruder für die frohe Nachricht, die er ihm überbracht hatte, und empfahl sich seinem frommen Gebet.

Da bat ihn Bruder Giovanni inniglich, er möge nach seinem Tode zu ihm zurückkehren und ihm über seinen Zustand berichten. Und Bruder Jacopo versprach es ihm, falls es also Gottes Wille wäre. Und nach diesen Worten, da die Stunde seines Hinscheidens nahte, hub Bruder Jacopo an, inbrünstig jenen Psalmvers zu sprechen: »*In pace in idipsum dormiam et requiescam*«, das heißt: In Frieden will ich zum ewigen Leben entschlafen und im Herrn ruhen. Und nachdem er diesen Vers gesprochen hatte, verschied er verklärten und fröhlichen Antlitzes aus diesem Leben.

Als er begraben war, kehrte Bruder Giovanni in das Kloster von Massa zurück und erwartete gemäß dem Versprechen des Bruders Jacopo, daß er ihm an dem bestimmten Tage erscheinen würde. Aber als er an jenem Tage betete, erschien ihm Christus in einem großen Geleit von Engeln und Heiligen; doch Bruder Jacopo befand sich nicht unter ihnen. Bruder Giovanni wunderte sich dessen gar sehr und empfahl ihn Christo in Ehrfurcht. Am folgenden Tage indessen, als Bruder Giovanni im Walde betete, erschien ihm Bruder Jacopo, von Engeln begleitet, in himmlischer Verklärtheit. Da sprach Bruder Giovanni zu ihm: »O geliebtester Vater, weshalb bist du zu mir nicht an dem Tage gekommen, an dem du mir dein Erscheinen versprochen hast?«

Entgegnete Bruder Jacopo: »Weil ich noch einiger Läuterung bedurfte. Aber zur gleichen Stunde, da Christus dir erschien und du mich ihm anempfahlst, hat dich Christus erhört und mich von allen Qualen befreit. Und dann bin ich dem Bruder Jacopo von Massa, dem heiligen Laienbruder, erschienen. Er bediente gerade die Messe und sah, wie die geweihte Hostie, als der Priester sie erhob, sich wandelte und die Gestalt eines wunderschönen, lebendigen Kindes annahm. Und ich sprach zu ihm: ›Heute werde ich mit jenem Kinde in das Reich des ewigen Lebens eingehen, dahin niemand ohne sein Geleit zu kommen vermag!‹« –

Und nach diesen Worten entschwand Bruder Jacopo und fuhr gen Himmel mit jener ganzen seligen Engelschar. Und Bruder Giovanni blieb frohgemut zurück. – Es war aber Bruder Jacopo von Fallerone am Vorabend des Tages Sankt Jakob, des Apostels, im Monat Juli im genannten Kloster Moliano gestorben, wo Gottes Güte um seiner Verdienste willen nach seinem Tode noch viele Wunder wirkte.

## 52

*Von der Vision des Bruders Giovanni von La Vernia, in der er die ganze Ordnung der heiligen Dreieinigkeit erkannte.*

Weil Bruder Giovanni von La Vernia völlig jedem weltlichen Vergnügen und jeder irdischen Lust entsagt und all sein Sehnen und Hoffen in Gott gesetzt hatte, begnadete ihn die göttliche Güte mit wundersamen Tröstungen und Offenbarungen, zumal an den Festen Christi. – So geschah es einst, als die Feier von Christi Geburt nahte, ein Fest, von dem er anläßlich der süßen Menschwerdung Jesu ganz besondern Trost erhoffte, daß der Heilige Geist ihm ganz unbeschreibliche und unsagbare Sehnsucht und Glut nach der Liebe Christi in seiner Seele erweckt hatte. Wenn er bedachte, wie Jesus sich erniedrigt hatte, sich in unser armes Fleisch und Blut zu kleiden, so schien es ihm wahrlich, als würde ihm die Seele aus der Brust gerissen und als glühe sie wie ein feuriger Ofen. Und da er diese Glut nicht zu ertragen vermochte, verzehrte er sich in seines Herzens Not und schrie mit lauter Stimme. Denn er konnte sich vor dem Übermaß des frommen Glückes und vor der Glut der heiligen Liebe, davon er erfüllt war, des Schreiens nicht erwehren. Und in jener Stunde, da ihn die unsagbare Glut überkam, ward er zugleich von so fester und gewisser Hoffnung auf seine Seligkeit durchdrungen, daß er wußte, er werde nach seinem Tode nimmermehr die qualvolle Stätte des Fegefeuers durchwandern müssen. Diese Liebe loderte in ihm sechs Monate, wenn auch die Glut nicht dauernd im gleichen Maße anhielt, sondern nur zu bestimmten Stunden des Tages in ihm entbrannte. Und in dieser Zeit empfing er wundersame Offenbarungen und Tröstungen von Gott, er ward auch mehrere Male enzückt, wie dies jener Bruder sah, der diese Geschehnisse aufgeschrieben hat. Unter anderem wurde er eines Nachts also in Gott erhoben und entzückt, daß er in ihm, dem Schöpfer, alle erschaffenen Dinge des Himmels und der Erde sah, ihr Werden, ihr Wachsen und ihre herrliche Vollendung. Und er erkannte deutlich, wie die ganze Schöpfung vor ihren Schöpfer trat und wie Gottes Geist über ihr und in ihr, außer ihr und um sie sich ausbreitet. Und er begriff auch den einen Gott in seiner Dreifaltigkeit und die Dreifaltigkeit in dem einen Gott und die unendliche Liebe, durch die, nach dem Gebot des Vaters, Gottes Sohn Mensch geworden ist. Und schließlich erkannte er in seiner Vision, daß es nur einen Weg gibt, auf dem die Seele zu Gott emporsteigen und des ewigen Lebens teilhaft werden kann, und zwar durch Christum, den Gebenedeiten, denn er ist der Weg, die Wahrheit und das Leben der Seele! Amen!

## 53

*Wie Bruder Giovanni von La Vernia, als er die Messe las, wie ein Toter fiel.*

Der genannte Bruder Giovanni wurde in dem Kloster Moliano von einem wundersamen Geschick betroffen, das die Brüder berichten, welche dabei zugegen waren:

Als er in der ersten Nacht nach der Woche des heiligen Laurentius und in der Woche Mariä Himmelfahrt mit den anderen Brüdern die Mette in der Kirche gebetet hatte, ergoß sich über ihn die Salbung der göttlichen Gnade, und er begab sich in den Garten, um über die Leiden Christi nachzusinnen und sich mit all seinem Können auf die Feier der Messe vorzubereiten, die ihm am anderen Morgen zu singen bestimmt war. Und da er über die Worte nachdachte, durch die Christi Leib geweiht wird, das heißt, indem er Christi unendliche Liebe sich vergegenwärtigte, durch die er uns nicht nur durch sein kostbares Blut hatte loskaufen wollen, sondern auch seinen herrlichen Leib und sein Blut als Speise für unsere Seelen hingab, da wuchs in seinem Herzen die süße Jesusliebe zu solch lieblicher Glut und Süße, daß er die Seligkeit nicht länger ertragen konnte. Und gellend schrie er und wie trunken vom Heiligen Geist rief er vor sich hin und hörte nicht auf zu wiederholen: »*Hoc est corpus meum*; dies ist mein Leib!« Denn während er diese Worte sprach, vermeinte er den gebenedeiten Christus mit der Jungfrau Maria und einer großen Zahl von Engeln zu sehen – ja, während er diese Worte sprach, ward er vom Heiligen Geist über all die tiefen und hohen Geheimnisse des Allerheiligsten Sakraments erleuchtet.

Als der Morgen dämmerte, trat er in die Kirche in eben jener Glut des Geistes und angstvollen Glückes und jene Worte noch auf den Lippen und meinte, daß ihn niemand hören noch sehen könne. Aber im Chore stand ein Bruder und betete, der sah und hörte alles. Und da er in dem Übermaß der göttlichen Gnade seine Glut nicht zu bewältigen vermochte, schrie er mit lauter Stimme und schrie – und schrie, bis die Stunde, die Messe zu lesen, gekommen war.

Dann ging er, um sich für den Dienst am Altare anzukleiden. Und wie er die Messe begann, wuchs ihm, je weiter er die heiligen Worte rezitierte, desto glühender die Liebe Christi in seinem Herzen und die Inbrunst des Gebetes, mit der sich in ihm ein unsagbares Fühlen Gottes vereinigte, das er noch nie erfahren hatte und für das ihm später jeder Ausdruck in Worten fehlte. Doch da er fürchtete, jenes Erglühen und Fühlen Gottes würde allzu gewaltig in ihm emporwachsen, so daß er nicht mehr imstande wäre, die Messe zu enden, ward er gar sehr bestürzt und wußte nicht, wofür er sich entscheiden sollte, ob er die Messe weiter lesen oder sie unterbrechen und abwarten solle, bis seine Sinne ruhiger geworden. Aber weil ihm einst das Gleiche widerfahren war und der Herr seine Glut gemäßigt hatte, so daß er nicht gezwungen war, die Messe zu unterbrechen, so vertraute er, es werde ihm auch dieses Mal gelingen, und beschloß in großer Verzagtheit, die Messe weiterzulesen.

Als er aber zur Präfation von unserer lieben Fraue kam, begann in ihm die göttliche Erleuchtung und die gnadenvolle Süße der göttlichen Liebe sich so zu steigern, daß er bei den Worten ›*Qui pridie*‹ kaum noch die beglückende Seligkeit ertragen konnte. Schließlich, als er bei der Konsekration angelangt war und schon die Hälfte der Worte über die Hostie ›*hoc est*‹ gesprochen hatte, war er durchaus nicht mehr imstande, weiterzusprechen, sondern wiederholte nur immer die gleichen Worte: ›*Hoc est enim*‹. Und der Grund, weshalb er nicht weiter konnte, war, daß er die Gegenwart Christi und vieler Engel fühlte und sah und diese Herrlichkeit nicht zu ertragen vermochte – und ferner sah er, daß Christus nicht in die Hostie einging und die Hostie sich nicht in den Leib Christi wandelte, weil er noch nicht die andere Hälfte der Worte ausgesprochen hatte, nämlich ›*corpus meum*‹.

Als er nun in seiner Verzagtheit nicht weitersprechen konnte, näherten sich der Guardian, die anderen Brüder und auch viele Laien, die sich, um die Messe zu hören, in der Kirche befanden, dem Altar. Und da sie dem Bruder Giovanni ins Antlitz sahen und seine Gebärden betrachteten, blieben sie erschreckt stehen, und viele weinten in frommer Rührung. Schließlich aber, als es Gottes Wille war, sprach Bruder Giovanni die Worte ›*enim corpus meum*‹ mit lauter Stimme! Und sogleich wandelte sich die Form des Brotes und in der Hostie erschien der Gebenedeite – Jesus Christus, der Mensch und Gott! Und er wies ihm die Demut und Liebe, in der er durch die Jungfrau Maria als Mensch geboren wurde und in der er sich jeden Tag in die Hände des Priesters gibt, der die Hostie weiht. Und Bruder Giovanni ward durch die Süßigkeit dieses Geschehnisses zu noch größerer Innigkeit erhoben.

Und als er die Hostie und den geweihten Kelch erhob, geriet er in die seligste Verzückung! Und weil seine Seele sich von den Hemmnissen des Körpers löste, fiel sein Leib rücklings nieder. Und hätte ihn nicht der Guardian, der hinter ihm stand, in seinen Armen gehalten, so wäre er zu Boden gestürzt. Da eilten die Brüder herbei und die Laien, die in der Kirche waren, Männer und Frauen, und er ward für tot in die Sakristei gebracht. Denn sein Körper war erkaltet, und die Finger seiner Hände waren so steif geworden, daß man sie nicht spreizen oder bewegen konnte. Und in diesem Zustand lag er betäubt oder verzückt bis zur dritten Stunde; und es war Sommer.

Ich aber, der ich bei diesem Geschehnis zugegen war, wünschte sehr gern zu wissen, was Gott an ihm getan hatte. Deshalb ging ich zu ihm, sobald er das Bewußtsein wiedererlangt hatte, und bat ihn um der Liebe Gottes willen, er möge mir alles erzählen. Und weil er mir gar sehr geneigt war, berichtete er mir alles der Reihe nach. Und er sprach auch davon, wie er den Leib und das Blut Jesu Christi vor sich betrachtete, da sei ihm das Herz wie erhitztes Wachs geschmolzen und es schien ihm, als sei sein Fleisch ohne Knochen, so daß er weder die Arme noch die Hände erheben konnte, um das Zeichen des Kreuzes über die Hostie und über den Becher zu machen. Und ferner sagte er mir, bevor er Priester geworden sei, habe Gott ihm offenbart, er würde bei der Messe ohnmächtig werden. Aber weil er schon viele Messen gelesen hatte, ohne daß ihm solches geschehen war, dachte er, die Offenbarung hätte nicht Gott ihm gesandt. Etwa fünfzig Tage vor Mariä Himmelfahrt indessen hatte ihm Gott offenbart, daß am Feste unserer lieben Frau diese Ohnmacht ihn befallen sollte; wie es auch wirklich geschah. Aber er hatte sich später dieser Vision und der ihm gewordenen Verheißung nicht mehr erinnert, mit der ihn Gott begnadet hatte. – Amen.

# *Zur Übersetzung der Schriften des Heiligen Franziskus*

Die Werke des Franziskus scheiden sich in solche, die beterisch-dichterisch seiner eigenen Not entstammen – es sind durchweg Lauden oder Lobgebete, nämlich der Sonnengesang, die Lobpreisungen Gottes, der Jungfrau, der Tugenden und der Freude –, und in solche, die um der Wirkung willen geschrieben wurden. Diese bilden abermals zwei Hauptgruppen: die eine umfaßt die beiden Regeln nebst ein paar Regelbruchstücken, die andere seine Predigt- und Schreibebriefe, von der kindlich-hoheitsvollen Anrede aller Gläubigen und dem meisterhaften, regelhaften Erlaß an den Orden bis zur persönlichen Aufzeichnung für einen einzelnen Bruder. Auch die Worte der Ermahnung und das Testament lassen sich dieser Gruppe zuordnen – sie sind heute vielleicht die deutlichsten Zeugnisse dessen, was Franziskus unmittelbar gewollt hat.

Außerdem gibt es noch zwei liturgische Werke: ein Lobgebet und ein Passionsoffizium. Hier stammen die Worte aus der Bibel, besonders dem Psalter, sowie aus dem Missale – Franziskus hat sie für den Gottesdienst seines Ordens nur ausgewählt und aufgereiht; beide Stücke scheinen erst nach seinem Tode aufgezeichnet zu sein. Es dünkte uns genug, das kurze Lobgebet zu übersetzen, das sich den übrigen Lauden einordnet und am Schluß auch vier eigene Zeilen bringt.

Die vorliegenden Schriften entstammen fast sämtlich den letzten drei Jahren des Heiligen. In die Zeit vor 1223 gehören mit Sicherheit nur der Schutzbrief für die Klarissen, der zwischen 1212 und 1216 fallen mag, die Regelbruchstücke sowie die frühere Regel, die in der erhaltenen Form auf 1221 zu setzen ist, aber Stücke der Urregel von 1210 und Zusätze des ganzen folgenden Jahrzehnts unlöslich in sich enthält. Möglich ist Entstehung in dieser früheren Zeit noch für den Brief an Bruder Leo sowie für den Preis der Jungfrau und der Tugenden.

Die Sprache des Franziskus ist einfach und eindringlich: mit Ausnahme der Regeln, die nicht von ihm allein in Worte gefaßt sind, klingt sie trotz ihrer zahlreichen Schriftanführungen überaus persönlich und weitaus mehr gesprochen als geschrieben. Der Heilige geht nicht nur über die Gesetze des Lateins, sondern auch über die des schriftlichen Ausdrucks unbekümmert hinweg; aber selbst mit grammatisch falschen Konstruktionen und Beziehungswörtern sagt er völlig klar, was er sagen will. Unsre Übersetzung sucht hier wie überall den ursprünglichen Eindruck zu wahren.

Um des ursprünglichen Eindrucks willen wurden auch solche Worte verdeutscht, die grade durch Franziskus Heimatrecht bei uns bekommen haben: nämlich die besonderen Ordensbenennungen. Franziskus hat ja nicht eigentlich einen *Orden* gründen wollen, sondern eine *religio* – einen Bund; wir setzen daher ›Orden‹ nur, wo er selbst *ordo* schreibt. Er nannte die Seinen *fratres minores,* wörtlich: geringere Brüder. In Deutschland ist das meist in *Minoriten* verwandelt worden, soweit man sie nicht Franziskaner oder Barfüßer nannte – daneben aber übersetzte man auch von jeher ›Minderbrüder‹, und dies haben wir der Genauigkeit wegen beibehalten.

Franziskus hat nicht eigentlich eine *Regel* geben wollen, sondern Lebenssätze, und schreibt daher überwiegend *vita,* Leben, für Regel: dem sind wir natürlich gefolgt. Franziskus hat keine *Minister* und *Generäle* (im späteren monastischen Sinn dieser Worte) gewollt, überhaupt keine Amtsherrschaft in seinem Bunde. Wir setzen daher für Generalminister: gemeinsamer Diener, für Provinzialminister: Landesdiener, für Minister: Diener, für Custos: Wächter (übrigens eine gut platonische Benamung), für Guardian: Hüter. – Hiermit hätten wir gleich die ganze Ordnung dieses Bundes genannt, wie sie nach dem ursprünglichen ›Leben‹ gemeint war. Daß daraus die Organisation eines ›Ordens‹ nach fester ›Regel‹ wurde, war zwar Notwendigkeit und schon in

Franziskus begründet, aber die Frische seines Willens begreifen wir nicht von erstarrten Worten aus. – Auch die Schriftzitate verdeutschen wir nicht nach Luther, noch gar nach moderner Philologie, sondern auf den Sinn des Mittelalters zu. Ihre Herkunft klammern wir nicht bei, damit sie nicht als Fremdkörper dastehen. In den ursprachlichen Werk-Ausgaben sind sie nachgewiesen.

Der vorliegenden Übersetzung wurden die Texte nach der Ausgabe von H. BÖHMER zugrunde gelegt, mit Ausnahme des Stückes von der vollkommenen Freude, das Böhmer nicht aufgenommen hat und das nach der klassischen Ausgabe von L. WADDING übertragen wurde.

*Wolfram von den Steinen*

# *Zum Verständnis der Werke*

## *Legende und Historie – Werke und Wirken*

Unter den zahllosen Heiligen der alten Christenheit hat Franz von Assisi seinen Platz für sich. Er wird über alle konfessionelle Feier hinaus geliebt, auch von den vielen Protestanten, die doch sonst der »Möncherei« feindlich gegenüberstehen, ja weithin auch von solchen, die die christlichen Bekenntnisse ablehnen. Er hat eben etwas, was über alle Einordnungen hinweggreift, er wirkt durch reine Menschlichkeit. Franziskus spricht mit den Armen und mit den Tieren, und wenn er mit großen Herren spricht, steigen sie bei seinen unbefangenen Worten von ihren Hochsitzen herunter. In all seinem Tun erscheint er schlicht und anmutvoll, liebend und verstehend: eine bezaubernde Natur unter dem klaren Blau seiner umbrischen Heimat.

So haben die Künstler der Vor- und Frührenaissance ihn gemalt, GIOTTO vor allem, dann SASSETTA und GOZZOLI, FRA ANGELICO und viele andre. Und so haben die »*Fioretti*‹ (Blümlein) ihn in Worten gemalt, jener Blütenkranz altitalienischer Berichte und Legenden, den man dem geliebten Volksheiligen etwa hundert Jahre nach dem Tode ums Haupt gewunden hat. Diese Blümlein entwachsen dem historischen Grunde, den sie heiter überkleiden und gewiß auch überwuchern; immer neu wird man sich an ihnen erfreuen. Und wenn man so kostbare Geschichten hat, was braucht man dann noch die Geschichte?

In der Tat, hier scheiden sich die Geister. Denn das historische Bild hat notwendig härtere Konturen und herberen Duft. Während die einen das als enttäuschend empfinden, sehen die andern darin die vollere Wahrheit und noch viel mehr, die eigentliche und stärkende Schönheit. Hier ist eben nicht nur Verklärung des Irdischen: hier heißt Mensch sein – Kämpfer sein. Kämpfer war der historische Franz von Assisi, so traummilde er erscheint. Er hatte zu all seiner heiligen Güte die heischende Strenge, hatte in all seiner bescheidenen Einfalt das Bewußtsein einer unvergleichlichen Sendung. Das bedeutete tragische Spannungen, leidvolles Ringen. Sehr oft ist hier die zarte Süße ein Sieg über verschwiegene Bitterkeiten.

Dieser historische Franziskus spricht mit eignem Wort in seinen Schriften. Es sind ihrer wenige, und literarischen Rang beanspruchen sie nicht. Aus dem Wirken entsprungen, wenden sie sich meistens an den besonderen Kreis der Brüder, zuweilen auch an den weiten Kreis der damaligen Gläubigen als eine Art geschriebener Predigt. Der persönliche Tonfall ihres Verfassers ist noch heute zu verspüren, weil alle die Texte (außer der zweiten Ordensregel) etwas Gesprochenes an sich haben. Am unmittelbarsten tönt das Testament. Der Sonnengesang aber steht außer der Reihe, schon weil Franz ihn in der Muttersprache psalmodisch ertönen ließ. Die übrigen Schriften sind alle in lateinischer Prosa abgefaßt.

Das größte und eigentliche Werk des Franziskus aber war sein Leben, wie er es in 44 Erdenjahren gestaltet hat. Hier sind die unvergleichlichen Urbilder, an denen sich die altitalienische Kunst zum Bewußtsein ihrer neuen großen Aufgaben hinfand und die von der Volkslegende überrankt wurden. Zu jeder Zeit war es der Sinn der christlichen Bekenner, dem Einen nachzufolgen, zu dem sie sich bekannten, Christus. Aber kein andrer hat diese Nachfolge so angeglichen wie Franz von Assisi. Er brachte zu neuem Vollzug die alte Lehre, daß man in allem Vergänglichen das Göttliche finden, in aller Schwachheit das Göttliche verwirklichen müsse. Es ist, wie wenn vor der großen Seele dieses Mannes der Zufall verschwinde, indem er einfach und wesentlich wird. Daher sprechen die Szenen seines Lebens so stark für sich selbst. Man kann sein Bestes verstehen und braucht doch nach den damaligen Zeitumständen kaum zu fragen, weil er in tieferen Schichten gelebt und gewirkt hat.

Für die Biographie des Franziskus fehlt es an zeitgenössischen, gut unterrichteten Quellen nicht; und der Historiker sollte in ihnen das Echte vom zufälligen Beiwerk zu scheiden wissen.

Gleich nach dem Tode ihres Heiligen sammelten seine Gefährten den Stoff, den THOMAS VON CELANO zu einer ersten *Vita* bearbeitete und einige Zeit später auf Grund nachgelieferter Berichte in einer zweiten *Vita* noch beträchtlich vermehren konnte. Thomas von Celano gehörte zur jüngeren Generation; neben ihm veröffentlichten einige der älteren, weniger schriftgewandten Gefährten manche Einzelerinnerungen. Da es im Orden bald zu schweren Entzweiungen kam, wurde das Bild des Stifters von da und von dort ziemlich verschieden gemalt. Und von früh an traten die legendarischen Ausschmückungen hinzu, die auf ihre Weise doch auch zur Wirkung des Heiligen gehören und zuweilen zu seiner Charakteristik beitragen. Im modernen Stile sind diese Quellen ja alle nicht verfaßt; auf viele heute naheliegende Fragen bleiben sie die Antwort schuldig. Das verschlägt weiter nichts: das Wesentliche ist uns überliefert, und wir zeichnen es in Kürze nach.

## *Jugend und Berufung*

Franziskus ist eigentlich ein Spitzname und heißt nichts anderes als Franzos oder Französchen. So rief der Kaufmann PETER BERNARDONE VON ASSISI den kleinen Johannes, der ihm im Jahr 1182 geboren war, und bald riefen ihn alle so. Bernardone reiste als reicher Tuchhändler oft nach Frankreich und liebte dies damals führende Kulturland, wo die großartigsten Kathedralen gebaut und die schönsten Minnelieder gedichtet wurden. Der Vater sang sie seinem Jungen vor, und da dieser sie gelehrig nachsang, verdiente er sich den Namen, den von ihm her dann Millionen tragen sollten.

Seine Jugend verbrachte er wie eben ein vornehmer Bürgersohn jener Zeit. Franz lernte dürftig Lesen, Schreiben, Latein und Französisch. Die kirchlichen Feste und Bräuche durchzogen das Jahr, sie boten Anlaß zu allerlei Vergnügungen, und nur die fromme Mutter mochte sie innerlich feiern. Herangewachsen betrieb Franz den Handel zusammen mit dem Vater, und was er da mit Geschick erwarb, gab er verschwenderisch im Kreise froher Gefährten wieder hin. Spiele und Lustbarkeiten wechselten mit kleinen Kauf- und Kriegsfahrten, und wenn dabei etwas den künftigen Heiligen ankündigte, so war es das natürliche Gefühl seiner selbst, das Bewußtsein, zu etwas Größerem berufen zu sein als alle andern. Immer suchte er sich hervorzutun, immer war er voll Eifers und großer Pläne, aber in seinem Ehrgeiz doch freundlich und gefällig. So durchlief er bis ins fünfundzwanzigste Lebensjahr ungefähr alle Möglichkeiten, die das Leben seines Standes ihm bot.

Dann befiel ihn Krankheit und entzog ihn dem oberflächlichen Treiben. Als er endlich soweit war, daß er am Stock wieder ausgehen konnte, da sah er die liebe Heimatnatur anders an als bisher: ihn freuten nicht mehr die fruchtbaren Fluren und Weinberge, auch an sich selbst hatte er keine Freude mehr. Was war das andres, als ein Rest der Krankheit? Kaum recht erstarkt, griff Franz nur um so heftiger nach dem alten Leben. In Apulien gab es Kämpfe um die Macht, ein Ritter von Assisi brach eben dahin auf: ihm schloß Franz sich an und hoffte, damit die Bahn des Ruhmes zu betreten. Im Traume sah er sein Haus mit Waffen und Kriegsgerät erfüllt statt mit Tuch und vernahm dazu eine Stimme: dies alles werde ihm und seinen Rittern gehören.

Es ist ein altes Wissen, daß man aus Träumen sich selber kennenlernt, wenn man sie nur recht versteht. So nahm Franz schon als Jüngling seine Träume ernst. Da ihm jetzt sein Vorsatz auf das herrlichste bestätigt erschien, so war es ihm unbegreiflich, daß grade seit diesem Traum seine erzwungene Freude an den Zurüstungen nachließ und er sich Gewalt antun mußte, um endlich aufzubrechen. Aber kaum war er fort, so traf ihn die Erhellung. Im Traume fragte ihn eine Stimme, was er sein wolle, Herr oder Knecht. Und wie er antwortete: »Herr«, gab sie zurück: »Warum suchst du dann den Knecht statt des Herrn?« Da wußte er, daß er den falschen Weg eingeschlagen hatte. Und nun die unvergleichliche Entschiedenheit dieses Menschen: noch am gleichen Tage kehrte er nach Assisi zurück, befreit und froh, und verkündete den befremdeten und wohl auch spottenden Gefährten: er werde noch ein großer Fürst im eignen Lande sein.

Fürst will er sein, Herr, Anführer einer gewaltigen Ritterschar! Im Traume wie im Wachen tritt seine Selbsteinschätzung deutlich heraus. Später haben seine Jünger das alles gut verstanden: sie selber waren ja seine Ritter und eroberten mit den Waffen des Wortes, die er ihnen mitgegeben hatte, die Welt. Aber davon konnte der junge Franz schwerlich etwas ahnen. Er wußte allein, die Stimme, die er da gehört hatte, war die Stimme Gottes, und er mußte auf ganz andern Wegen weitergehen als bisher. Grade die andern Wege werden ihm die Macht geben, zu der er sich geboren fühlt.

Nach allem, was man sich von einem mittelalterlichen Gläubigen denkt, hätte er nun irgendwo einen frommen Geistlichen oder Mönch auffinden müssen, der ihn beraten und auf die Wege der Kirche gewiesen hätte. Aber nichts davon – und auch nicht das geringste von dem Gegenteil, daß er an den Männern der Kirche etwas auszusetzen gehabt hätte! Vielmehr, Franz hielt sich auf das klarste und treueste an das, was ihm gegeben war. Gott selber hatte ihn angerufen: so mußte auch Gott ihm sagen, was nun zu tun sei.

Von einem Freunde begleitet unternahm Franz lange Gänge in die Einsamkeit. Da zog er sich allein in eine Höhle zurück und betete leidenschaftlich zu seinem unsichtbaren Herrn, er möge ihm die rechte Weisung geben. Er bat nicht um eine Vision und nicht um eine Erkenntnis Gottes, sondern um seinen Auftrag. Und was ihm da gegeben wurde, hat er selber in seinem Testament berichtet: »Der Herr gab mir, dem Bruder Franz, diesen Anfang auf dem Weg der Buße. Als ich noch in Sünden war, schien es mir sehr bitter, Aussätzige zu sehen: nun führte mich der Herr mitten unter sie, und ich tat Barmherzigkeit an ihnen. Und da ich von ihnen schied, wurde mir das, was mich bitter deuchte, in Süßigkeit des Geistes und Leibes verwandelt. Und danach verweilte ich noch wenig und verließ die Weltlichkeit.«

Auf welche Weise das zugegangen war, darüber haben die

Jünger manches erzählt. Schon von weitem habe der bloße Geruch der Leprosenhäuser den Jüngling angewidert, er war eben von zarter Natur. Aber am rechten Tage, als ihm ein Aussätziger auf der Landstraße begegnete, habe er das Gottesgeschöpf in ihm erkannt: er stieg vom Pferde, beschenkte und küßte ihn. Wenige Tage später habe er dann aus eignem Antrieb die Kranken in ihren Siedlungen aufgesucht, und seither gehörte die menschliche Fürsorge für diese aus den Städten Verstoßenen, von aller Welt ängstlich Gemiedenen zu seinen besonderen Anliegen. Auch das Gräßliche ist ihm als ein Stück von Gottes Schöpfung zu verehren. Und Macht über die Welt wird nur gewinnen, wer so sich selber bis ins letzte beherrscht.

Nicht das lag ihm also im Sinne, das Los der Unglücklichen nach Möglichkeit zu heben und damit die Welt besser zu machen (das wären moderne Ideen); sondern sein Gedanke war, das Erdenlos so zu bejahen, wie es gegeben ist, samt seinem Tod und samt seinen Schmerzen: in dieser Bejahung fand er das Göttliche. So folgte ihm wie von selber auf den Dienst an Gottes Ebenbilde der Dienst an Gottes eignem Hause. Eben hatte er, wie gewohnt, mit der vom Vater übernommenen Ware Assisi verlassen. Nun verkaufte er in der nahen Stadt Foligno das Tuch wie auch das Pferd und wanderte mit dem Erlös zu einer verfallenen Kirche bei Assisi, dem heiligen Damian geweiht. Den dort amtierenden Priester bat er, mit ihm leben und von ihm lernen zu dürfen; zum Entgelt bot er den vollen Beutel. Da der Priester diesen trotz seiner Armut nicht annehmen wollte, warf Franz ihn in eine Fensternische.

So war er denn aus der Welt hinausgetreten, in der er bislang gelebt hatte. Von Zukunftsplänen, die er damit verbunden hätte, verlautet nichts: er tat jeweils das Nächste und überließ sich der höheren Führung. Aber bald genug sah er sich vor Entscheidungen gestellt. Denn da er eben mit den kirchlichen Diensten vertraut zu werden begann, erschien sein Vater, der es alsbald erfahren hatte, wo sein einst so vielversprechender Francesco geblieben war. Ohne jedes Verständnis, in jähzornigem Schmerz wollte Bernardone den aus der Art geschlagenen Jungen heimholen. Da versteckte sich Franz vor ihm in einer Grube, einen ganzen Monat lang, von dem armen Priester kümmerlich ernährt. Täglich betete er unter Tränen, der Herr möge ihn von der Verfolgung befreien. Schließlich ging es ihm auf, daß er selbst sich zu befreien habe; und noch den gleichen Tag ging er voller Freuden hinaus, um sich dem Verfolger zu stellen.

In seinem bettelhaft zerschlissenen Kleide betrat er, der reiche Jüngling, die Stadt seiner stolzen Jugendfeste. Ersichtlich ein Wahnsinniger! Die Alten schalten ihn aus, die Genossen höhnten, die Kinder bewarfen den Narren mit Steinen und Kot. Bald genug erfuhr es der Vater: in Scham und Wut riß er den ruhig Hinschreitenden in sein Haus. Dort wurde er behandelt wie eben ein Verrückter; der Vater sperrte ihn im Finstern ein und hoffte ihn erst durch Worte, dann durch Schläge und Fesseln zu heilen. Franz nahm das alles wehrlos, schweigend, ja heiter hin: hatte nicht sein Herr weit Ärgeres erlitten? Endlich, als der Vater einmal verreiste, machte die Mutter ihn los. Franz kehrte in seine Damianskirche zurück; aber nun hielt er sich dort nicht mehr abseits, sondern ging erhobenen Hauptes frei umher. Er bot sich, als der Vater wiederkam, ruhig jeder neuen Marter dar.

Bernardone mußte seine Ohnmacht erkennen; weder konnte er den Sohn umstimmen, noch ihn aus dem Lande jagen. Aber die Enttäuschung und vermeintliche Schande ließen ihm keine Ruhe. Er forderte das Geld zurück, das der Sohn auf der letzten Kauffahrt eingenommen hatte – der Beutel fand sich noch in jener Fensternische. Und dann sollte der Mißratene förmlich auf sein Erbe verzichten. Franz wurde vor das bischöfliche Gericht gerufen, und hier antwortete er auf die versessene Leidenschaft des Vaters mit der nicht geringeren Leidenschaft des Gottesdieners. Mitten im dichten Kreis dieser Bürger riß er sich, alle Scham verachtend, die Kleider vom Leibe und warf sie dem Vater hin: nackt war er ihm geboren, nackt wollte er von ihm gehen. Der Bischof persönlich bedeckte ihn mit seinem Mantel, während er ihm andre Kleidung holen ließ. Franz aber rief: »Nun kann ich in

Freiheit sprechen, Vater unser, der du bist im Himmel – nicht: Vater Peter Bernardone!«

So vollstreckte der Jüngling das Evangelium. Sein Herr selber hatte gesagt: »Laßt euch nicht Rabbi nennen, denn nur Einer ist euer Meister, denn nur Einer ist euer Vater: der im Himmel ist.« (Matthäus 23,8-9.)

### *Askese*

Die Brücken zu der Welt, die er verließ, waren damit abgebrochen, und es begann der Vormarsch in ein noch unbekanntes Land. Seit er jenen Aussätzigen geküßt hatte, verstand Franz von Assisi es als das erste Gebot seines Herrn, daß er sich allem Widrigen und Schmerzenden wie einer nötigen Erprobung frei stellen müsse, ohne jede Gegenwehr, um eben dadurch den Sieg zu erringen. So hatte Jesus Christ es ihm vorgetan, der doch im Gegensatz zu ihm ohne alle Schuld war. Hatte Franz das nun gegenüber dem Vater bewährt, wo die seelische Belastung ohne Frage noch weit schwerer als die physische wog, so wandte er jetzt ganze drei Jahre dafür auf, Seele und Körper nach Menschenmöglichkeit gegen alles Leiden abzuhärten. Er ertrug den Hunger, die Kälte, die Einsamkeit, wie schon manche Asketen es getan hatten; und das griechische Wort Askese heißt nichts andres als das englische Training, Übung. Franz übte sich aber auch, jeden Widerstand durch heitre Ruhe, jeden Schimpf und Spott durch stolze Gelassenheit und innere Unantastbarkeit zu überwinden. Schon vor Fremde als ein Bittender zu treten, ist beschämend: Franz aber trat vor die Bürger seiner Stadt, vor die fröhlichen Gefährten von gestern und bettelte um ein wenig Öl für sein Kirchlein. Ja, er verzichtete auf das bißchen Brot, das sein Priester ihm geben konnte, und erbettelte in Assisi seine Nahrung von Tür zu Tür. Das erste Mal ekelte ihn das, was er da bekam, und dann aß er es doch freudig, so wie er freudig zu den Aussätzigen ging.

Fragt man, wozu das denn nötig war, so drückt die Frage genau genommen eine verdrießliche Ablehnung und keinen Willen zum Verständnis aus. Die gleiche Ablehnung wurde, sehr begreiflich, auch damals von den Mitbürgern und Zeitgenossen empfunden. Der Bettler ist nie beliebt – nun gar, wenn er jung, gesund und aus reichem Hause ist. Gleichwohl hat Franziskus den Bettel nicht nur in seinen Anfängen ausgeübt, sondern späterhin seinem ganzen Orden auferlegt, der damit zum ersten Bettelorden wurde. Es war eine Herausforderung an die bürgerliche Welt, die um 1200 gewaltig emporblühte. Grade in der Scham, die ihn bei seinen ersten Bettelgängen beklemmte, erkannte Franz eine seelische Gebundenheit an die Ordnungen, von denen er sich losmachen wollte; die Scham erschien ihm wie ein innerer Vorwand dafür, daß man sich so tief nicht erniedrigen wollte, wie es sich für den Nachfolger Christi gehörte. Auf dem Weg, den er vor sich sah, hatte die Sitte nichts mehr zu bedeuten. Weil das Betteln demütigend, weil es das unbequemste von allem war, darum forderte es die letzten Kräfte der Seele heraus, und eben darum schien es diesem Heiligen etwas Gutes. Man sollte sich das Schwere nicht leichter machen wollen, sondern ihm entgegengehn und sich daran bewähren. In der Folge wird sich das noch mehrfach zeigen.

Von der Askese steht es rein empirisch fest, daß sie im Menschen ungewöhnliche Kräfte ausbildet. Die entschlossene Herabsetzung der Bedürfnisse mindert die Sorgen, und die Abhärtung gegen das Leiden gewährt eine starke Unabhängigkeit. Wer den Hunger nicht fürchtet, ist für Notzeiten gewappnet; wer Martern nicht fürchtet, den werden Tyrannen nicht beugen. Darüber hinaus vermag das erdnahe Leben in dem Asketen ein Gefühl für die Pulse der Natur zu entwickeln, wie es in festen Häusern mit Bett und Herd und Licht und Heizung niemand erreicht. Die freiwillige Keuschheit sowie die innere Einstellung auf Unvergängliches geben seiner ganzen Erscheinung einen Anhauch, der auf die Übrigen oft als eine höhere Macht wirkt. Die Erfahrung solcher Phänomene reicht weit über die christlichen Bereiche hinaus. Das heißt nicht, die Askese sei nun das Größte oder sie müsse im zwanzigsten Jahrhundert etwas Richtiges sein;

dies bleibt offen. Wohl aber heißt es, daß man der bitteren Strenge eines Franz von Assisi, statt sie zu verwischen, mit offenem Verständnis entgegenkommen kann. So naturwidrig seine Askese anmute, sie war eben doch die Grundlage für seine mit Recht gefeierte Natürlichkeit.

Der jugendliche Franziskus schmiedete also seinen Willen wie seinen Körper zum geschmeidigen Schwerte Christi. In den gleichen drei Jahren hat er sich mit der Bibel und der Kirchenlehre auf seine Weise vertraut gemacht, ohne doch die Priesterweihe anzustreben oder gar Gelehrsamkeit zu suchen. Er wollte Apostel sein, aber mitten unter dem Volk und nicht in einem gesonderten Stand mit gesonderten Rechten. Im übrigen füllte er seine Tage mit einem praktischen Tun von ebenso bedeutsamer wie einfacher Art. Frühe schon, als er in seinem armen Kirchlein vor dem Kruzifix in Gebet versunken war, war es ihm erschienen, als spreche der Gekreuzigte ihn an mit dem Geheiß: Geh und richte mein Haus wieder her, denn es verfällt. Die Späteren deuteten das als einen Hinweis auf das Zukunftswerk des Heiligen, der der wankenden Universalkirche neue Stützen gab. Vorerst aber nahm Franz das Wort genau so, wie es ihm lautete: mit eigner Handarbeit flickte er seine verfallende Damianskapelle wieder aus und richtete danach noch zwei Kirchen der Nachbarschaft wieder her. Nach seinem Tode fand man darin eine symbolische, vielleicht ja unbewußte Vordeutung auf die drei von ihm gegründeten Orden. Für die zweifelsüchtige Nachwelt aber ist es ein sprechender Hinweis darauf, daß Franz im Gegensatz zu manchen Ketzern seiner Zeit von vornherein durchaus der Kirche dienen wollte, in die er sich gestellt fand.

### *Der Prediger und seine ersten Jünger*

Und nun, in seinem achtundzwanzigsten Lebensjahr, ging er von dieser Stufe des stummen Lernens und Dienens über zu seinem eigenen Werk. Er folgte dabei nicht einem inzwischen ausgedachten Programm, sondern ließ sich wie immer von den Begegnissen des Tages führen: aber das war eben seine Meisterschaft, daß er im Unscheinbar-Alltäglichen einen göttlichen Wink vernahm. So hörte er nun beim Gottesdienst das Evangelium von der Aussendung der Jünger, das ihm wohl auch früher schon verlautet war, wo es heißt: »Gehet hin zu den verlorenen Schafen aus dem Hause Israel. Geht aber und predigt und sprecht: das Himmelreich ist nahegekommen. Macht die Kranken gesund, weckt die Toten auf, heilt die Aussätzigen, treibt die Teufel aus. Umsonst habt ihr's empfangen, umsonst gebt es auch. Ihr sollt nicht Gold noch Silber noch Erz in euren Gürteln haben, auch keine Tasche zur Wegfahrt, auch nicht zwei Röcke, keine Schuhe und keinen Stecken. Denn ein Arbeiter ist seiner Speise wert.« (Matth. 10)

Franziskus sah, das war sein Wort; und er nahm es so genau, wie es gesagt war. Noch in der gleichen Stunde zog er seine Schuhe von den Füßen, warf seinen Stock fort und begann seine Predigt: Wendet euch um, tut Buße, das Königreich Gottes ist nahe. Mit jedem Satze suchte er Christus in die Gegenwart zu rufen, suchte er das, was alle als ihren Glauben anerkannten, als die allerfüllende Lebenskraft sichtbar zu machen.

Mittlerweile hatte in Assisi die Stimmung längst umgeschlagen: ein Verrückter war dieser sonderbare Heilige offenbar nicht. Da er nun den Mund auftat, schloß sich ein Zuhörer ihm an und befragte ihn über vieles. Während sie eifrig redend dahinwanderten, kam ein Bettler des Weges. »So gib ihm deinen Mantel«, sagte Franz; und ohne sich nur einen Augenblick zu besinnen, gab BERNHARD VON QUINTAVALLE das wertvolle Stück her. Da sah Franz, welche Macht ihm zugewachsen war, und Bernhard wurde sein erster Jünger.

Bald kamen andere hinzu. Als erstes mußte jeder buchstäblich das erfüllen, was die Schrift befahl: Verkaufe was du hast und gib's den Armen. Danach gab Franz ihnen eine Kutte, wie er sich selbst eine zurechtgemacht hatte, und ließ sie an seinem harten Leben teilnehmen. Sie wohnten bei den Aussätzigen oder in verlassenen Hütten. Sie nährten sich von der Arbeit ihrer Hände oder, wenn es not tat, vom Bettel; in keinem Fall durfte für den folgenden Tag etwas zurückgelegt werden. Sie sahen ihren Gott und Herrn Christus so, wie Franz ihn sah. In diesem ersten, engsten Liebeskreis genoß Franz das Frühlingsglück des Schöpfers. Hier wurde jede Frucht ihm süß und verhieß, sich hundertfach zu vervielfältigen. Der alte Traum, daß er zur Herrschaft berufen sei, kam ihm nun neu empor: schon sah er alle Nationen heranströmen, alle Straßen von seinen Söhnen bewandert. Er sah aber auch, wenn erst so viele kämen, dann werde er zu scheiden haben; dann würden ihm neben den süßen Früchten auch bittere aufgehen, die er verwerfen müsse. Um so mehr suchte er seinen Erstlingen etwas von dem Stolze seiner Sendung mitzuteilen. Arm, unscheinbar, unerfahren wie sie waren – sie sollten wissen, daß die Welt ihnen gehöre. Als sie zusammen acht waren, zogen sie zum ersten Male in die weite Welt hinaus, je zwei in die vier Richtungen des Himmels. Damals werden sie mit ihrer Predigt kaum über Mittelitalien hinausgelangt sein. Obwohl sie über die Rückkehr nichts ausgemacht hatten, fanden sie sich alle um die gleiche Zeit wieder in Assisi zusammen: so sehr schlug ihnen der gleiche Puls.

Da sie nun die Zwölfzahl erreichten, beschloß der Heilige, seiner Gemeinschaft eine festere Form zu geben. Er wollte ja keinen Mönchsorden gründen: deren gab es manche, und er ließ sie gelten, aber seine Gedanken liefen in anderer Richtung. Wie er sich durch keine Priesterweihe aus dem Volke hatte aussondern mögen, so wünschte er für die Seinen auch nicht jene Bräuche und Rechte und Verbindlichkeiten, durch die das Mönchtum ein abgesonderter Stand war. Mochten die Benediktiner, Kluniazenser und Zisterzienser die Gebote Christi zugrunde legen, sie hatten doch viel andres mit hinzugenommen, hatten die Gebote wohl auch etwas anders verstanden, als Franz es nun tat: er jedenfalls wollte mit den Seinen nicht hinter Klostermauern leben und Klostergüter verwalten, sondern wie der Herr und die Apostel unter den Menschen wirken. Darum wollte er für seine Brüder auch keine Regeln im herkömmlichen Sinne, sondern nur ein paar Leitsätze, möglichst aus der Bibel selber genommen.

Franz schrieb das auf, was er *›das Leben des Evangeliums Jesu Christi‹* nannte und was dann später seine ursprüngliche Regel hieß. An der Spitze stand: er mit seinen Brüdern, sie dächten in Gehorsam, Keuschheit und Armut zu leben wie einst der Herr selber, auf dessen Spuren sie wandeln wollten. Insonderheit habe der Führer der Gemeinschaft dem Papste zu gehorchen. Und nun griff Franz einige Worte der heiligen Schrift heraus, an denen die Gesetze der Jüngerschaft und der Predigt besonders vortraten, und verband sie mit kurzen eigenen Winken. Nicht feste Pflichten und Bedingungen wurden da formuliert, es erwuchs keine Regel von der Art, daß sie bei Strafe erfüllt werden muß. Vielmehr, die Leitsterne der Gemeinschaft leuchteten hier auf. Den Jüngern gab das einen Halt für ihr Denken und Tun, während es denen draußen ein Zeichen zum Aufhorchen war.

### *Franziskus vor Innozenz III.*

Daraufhin zogen die Zwölfe nach der Hauptstadt der Welt, um vom Papst ihren Bund anerkennen und sich das Recht zum Predigen bestätigen zu lassen. Es war im Frühling 1210: Franziskus zählte viermal sieben Jahre und der Papst siebenmal sieben.

INNOZENZ III. (1198-1216) steht im historischen Andenken als der mächtigste in der langen Reihe der Nachfolger Petri. Er hatte, eine günstige Lage kühn und klar ausnutzend, die Übergewalt der Stauferkaiser zu knicken vermocht; nun regierte er ohne Rivalen in der Christenheit und verband seine ungemeine Staatskunst mit einem festen, zuweilen harten Herrschergriff. Aber er verband auch den enormen Anspruch, an Christi Statt zu gebieten, mit einem starken Gefühl der Verantwortung vor dem Himmelsherrn; und da bedrängte ihn nicht allein die ewige Erfahrung, daß in den Welthändeln sogar der Erfolg nur neue Probleme hervortreibt und des Unzulänglichen nie ein Ende ist, sondern Innozenz sah es auch alle Tage, daß sein so gewaltiger Hierarcheneinsatz die Menschen nicht besser, die Christen nicht eifriger mache. Die Geistlichkeit, die er anführte, stand so hoch unter den Völkern wie nie, aber allseits klagten die Völker, daß die Priester ihrem Amte nicht genügten und nach dem evangelischen Worte, das sie predigten, nicht lebten. Innozenz wußte, daß dem so war, und empfand in all seinem Glanze, daß er mehr nicht vermöge, als aus den gegebenen Nöten Tugenden zu machen.

Und nun erschien an dieser Kurie, wo die großen Herren aus und ein gingen, wo man über Kronen verfügte und Kreuzzüge organisierte, wo man in den Prozessen einer Welt das letzte Urteil sprach und die Einkünfte einer Welt verwaltete, wo man über höchste Fragen des Geistes wie des Rechtes entschied – es erschien an dieser Kurie ein bettelhaftes Häuflein von zwölf umbrischen Frommen, eher Landstreichern ähnlich, ungelehrt und in der Welt unbekannt – und der Herr der Welt hatte Zeit, sie zu empfangen.

In der Tat, auf einen Schlag ging das nicht. Franz hatte fürs erste nur die Fürsprache seines Bischofs Guido von Assisi. Immerhin erlangte er eine Audienz bei dem Kardinal Johannes Colonna, der unter den Fürsten der Kurie am meisten im Rufe stand, das Weltliche zu verachten und das Himmlische zu lieben. Behutsam und erfahren, wie sich's für solch einen großen Herrn gebührte, gab er dem kleinen Bruder Franz den Rat, sich einem bestehenden Orden anzuschließen. Aber da zeigte sich's, daß Franz eben nicht ein Winkelheiliger war, deren es so viele gab; er wußte dem Kardinal bei aller Bescheidenheit so klar seine andersartigen Ziele darzulegen, daß dieser – nicht zwar überzeugt wurde, aber doch ihn dem Papste selber vorführte.

Innozenz, der hochthronende Statthalter des Himmelsherrn, hörte den namenlosen Bettler in aller Ruhe an. Auch er machte ihm den Einwand der staatsmännischen Erfahrung: dies besitz- und schutzlose Wanderleben, das sie da vorhätten, gehe über Menschenkraft, die kleine Schar werde scheitern, es gebe ja leichtere Wege, die dennoch geheiligt seien. Aber auch ihm wußte Franz so zu antworten, daß Innozenz erkannte, hier sei kein Wahn- oder Irrlehrer, wie er schon manche hatte verurteilen müssen, sondern dieser hier gehorche einer echten Berufung, ob sie ihn nun zum Erfolge führe oder nicht. Franziskus wollte ja vom Papst keinen Schutzbrief, kein Privileg, nur Bestätigung. So entließ ihn Innozenz mit seinem Segen, billigte mündlich die ihm vorgelegte Regel und verhieß Größeres, wenn die Zeit die Brüder ihren Vorsätzen gewachsen zeigen werde.

Es sind zwei Träume überliefert, die dieser weltgeschichtlichen Begegnung zugehören. Der eine ist sagenhaft, doch mit aller Wahrheit der Sage. Papst Innozenz in seinen Sorgen habe geträumt, die gewaltige Kirche, in der er sich befand, drohe einzustürzen; da sei ein unbekannter Mönch eingetreten und habe mit seinen Riesenschultern das wankende Gebälk gestützt. Andern Tags, als Franziskus ihm vorgestellt wurde, habe er in ihm den Mönch seines Traums wiedererkannt. Diese Sage wird zwar auch von Innozenz und dem heiligen DOMINIKUS berichtet; sie faßt es im Bilde, was die neuen Orden für die katholische Kirche bedeuten sollten.

Den andern Traum hat Franz selber seinen Jüngern erzählt. Ihm schien, er sehe an seinem Wege einen Baum von herrlichem Wuchs und gewaltiger Größe; er trat unter ihn und erstaunte, wie er schön und hoch war. Da plötzlich wuchs er selber zur gleichen Höhe empor; er faßte den Wipfel des Baumes und vermochte ihn mühelos bis zur Erde zu beugen. So der Traum; und die Jünger lernten ihn dahin deuten, daß der Papst, dieser ragendste Baum auf der Welt, sich den Wünschen ihres Heiligen so wohlwollend geneigt habe. Indessen das Bild ist mehr als die Deutung; es sagt nicht, daß Innozenz sich neigte, sondern daß Franz sich ebenso groß sah wie ihn und ihn zu biegen vermochte. Der Bettler von Assisi vor dem mächtigsten der Päpste!

## *Sammlung und Aufbruch*

Man sollte denken, er hätte nun freudig seine Schnitter von neuem in die große Ernte entsandt. Doch die Gewißheit der ihm zuteil gewordenen Macht erinnerte ihn am meisten an die Verantwortung, die darin lag. So hielt er grade jetzt seine Jünger für eine weitere Frist auf das strengste zusammen. Erst weilten sie im Tal von Spoleto, und hier empfanden sie ihr von allen Erdensorgen befreites, allen Erdenkindern und sogar den Kirchenlenkern überlegenes Leben als ein solches Glück, daß sie ernstlich erwogen, ob sie nicht als Einsiedler, allein der heiligen Schau geweiht, hier bleiben sollten. Allein, das war nicht das Leben des Evangeliums Jesu Christi! So brachen sie auf und wanderten predigend durch die Städte und Dörfer des umbrischen Landes; dann vereinigten sie sich in ihrer Hütte Rivo Torto bei Assisi, wo nun der Vater seinen Söhnen durch äußerste Zucht die unverwischbare Prägung gab.

Das gemeinsame Leben wurde genau geregelt. Ein Teil ging hinaus, um für den Tagesunterhalt zu sorgen, damit der andre Teil sich ganz seinen geistlichen Übungen hingeben konnte. Die Hütte war so eng, daß sie zu zwölf kaum darin sitzen konnten – wie war da an Andacht zu denken? Aber grade das war gefordert, daß man sich auch in der Enge konzentrieren lerne. Franz schrieb die Namen der Brüder an die Balken, so daß jeder sein Plätzlein hatte. Gesprochen wurde nur das Notwendige; private Freundschaften innerhalb der Gemeinschaft waren verfemt. Franz beaufsichtigte alles mit unvorstellbarer Intensität; er kannte jede Handlung und Regung der Seinen, verhörte darüber jeden Einzelnen und auch sich selber alle Tage, ja immerzu, seinem Scharfblick blieb nichts verborgen, nichts konnte man ihm vormachen. Für den kleinsten Fehl gab es grausame körperliche Strafen; aber auch so übten sie sich in der Entbehrung von Speise und Schlaf und in ständiger Mißhandlung des Körpers.

So fürchterlich und wahnhaft das alles scheine, es wurde doch freiwillig geleistet, und wenn die Beteiligten die schwersten Leiden erduldeten, so überwog doch immer wieder das Glücksgefühl, daß sie so zu Meistern ihrer selbst wurden. Noch für ihre Träume fühlten sie sich verantwortlich: wem Schlechtes geträumt hatte, der war selber schuld daran und übernahm eine entsprechende Buße. Aber sie lernten es, selig zu träumen. Sie hatten sich so in der Gewalt, ›daß sie nichts an ihr Ohr und Auge gelangen ließen, als was ihrer Anspannung diente‹. Als der Kaiser, es war der Welfe OTTO IV., mit großem Pomp dicht bei ihrer Hütte vorüberzog – was bedeutete dieser Kaiser? Franz blieb mit den Seinen in der Hütte und ließ nur einen heraustreten, um dem Welfen seinen nahen Sturz anzukündigen.

Vor aller Selbstgerechtigkeit aber bewahrte sie der unablässige Blick auf ihren Herrn, den Gekreuzigten. In Gethsemane war er allein gewesen, die Jünger waren ermattet, waren geflohen, der erste unter ihnen hatte ihn für eine Stunde verleugnet. Waren sie, die Franziskusjünger, besser als die Apostel, würden sie vor den Prüfungen dieses Herrn bestehen? Sie erkannten es durch ihren Heiligen, daß liebende und fromme Gefühle da nicht genügten, daß nur die geprüfte Seele und der gestählte Leib die Gefolgschaft Christi leisten könne.

Daß dabei jeder nur eben das Seine leisten könne, wußte Franziskus wohl und hielt als liebender Meister darauf, daß die geforderte Höchstspannung nicht zur Überspannung werde. Einmal weckte ein Bruder sie nachts durch den unwillkürlichen Angstschrei, er sterbe vor Hunger. Da ließ Franz Speise bringen, und damit der Betroffene keine Scham empfände, griff er selber als erster zu und ließ auch alle andern mitessen. Darin sprach seine ganze Zartheit. Immerhin lehrte er dazu, jeder müsse seine Kräfte kennen, man könne auch von der andern Seite her in Sünde fallen.

In solcher Zucht gereinigt und geeinigt, konnten sie nun endlich darangehen, ihr Werk in die Welt zu tragen. Sie verließen die Hütte von Rivo Torto und nahmen bei einem jener Kirchlein ihre Bleibe, die Franz einst wiederaufgebaut hatte. ›Sancta Maria von den Engeln‹ oder auch ›zur Portiuncula‹ genannt. Der Platz wurde ihnen von den Besitzern, Mönchen des heiligen Benedikt, freundlich überlassen. Hier war fortab die Mitte des Bundes. Und hier leitete nun Franziskus die neue Periode seines Wirkens, die der zielbewußten Ausbreitung, dadurch ein, daß er den Grund zu seinem ›zweiten Orden‹ legte, dem der weiblichen Gefolgschaft.

Ein achtzehnjähriges Mädchen von Assisi war von seiner Predigt so ergriffen worden, daß es ganz nach seinen Weisungen leben wollte. Nun am Palmsonntag 1212 entwich KLARA nebst zwei Gefährtinnen nächtlich aus dem Hause ihrer vornehmen Verwandten, die sie verheiraten wollten. Franz empfing das Gehorsamsgelübde der drei, schor ihnen das Haar und gab ihnen den Schleier; dann brachte er sie vorläufig bei den Benediktinerinnen unter. Die Proteste der Angehörigen halfen nichts, im Gegenteil, bald schlossen andere Mädchen sich an. Da sie im Unterschied zu den umherziehenden Brüdern hinter Mauern leben mußten, wies ihnen der Bischof jenes Damianskirchlein an, wo Franz damals eingekehrt war, als er die Welt verließ. Hier suchten die Mädchen nach den Weisungen, die Franz ihnen gab, ein Leben der evangelischen Vollkommenheit aufzubauen. Sie hießen ›die Armen Frauen‹ und später, als sich auch dieser zweite Orden über die Länder ausbreitete, die Franziskanerinnen oder Klarissen. Denn die junge Klara, eben erst Novizin, übernahm die Führung und erwies sich als die würdige Tochter ihres Meisters.

Die Brüder aber, Franz und die Seinen, brachen nun zu ihrem Predigtwerke auf, und diesmal nicht nur in die Nachbarprovinzen, sondern in alle Lande, die sie erreichen konnten. Es begannen für Franziskus fünfzehn Jahre heimatloser, ruheloser Wanderung, in denen er wahrlich wie sein Herr nicht hatte, wo er sein Haupt hinlege. Barfuß zog er von Ort zu Ort, unermüdlich, und sprach oft am gleichen Tage an vier oder fünf verschiedenen Stätten zum Volke. Erst in der letzten Zeit, da er zu schwach wurde, sah man ihn öfter auf einem Esel reiten.

Er predigte den Christen, aber er vergaß darum nicht das Gebot, allen und also auch den Ungläubigen zu predigen. Gleich sein erster Plan war eine Überfahrt nach Syrien, wo die Muselmanen infolge der Kreuzzüge die Christen als ihre blutigen Feinde kannten: er wollte im Frieden zu ihnen, und wenn er den Martertod fände. Da aber die Winde das Schiff verwehten, mußte er umkehren – für ihn ein Wink der Gottheit. Später, von Spanien her, wollte er Marokko erreichen, und abermals hemmte ihn eine höhere Gewalt, da er erkrankte. Von einem dritten und letzten Vorstoß wird noch zu melden sein. Das Schicksal wies ihn auf Italien als den Herd seines Wirkens zurück.

Die Zahl der Brüder mehrte sich rasch, in fünfzehn Jahren wurden aus zwölfen Tausende. Einzige Bedingung für den Eintritt war jene Forderung, die der Heiland, erfolglos, dem reichen Jüngling gestellt hatte: verkaufe, was du hast, und gib es den Armen. Damit wurde man frei zur Jüngerschaft. Darüber hinaus behielt Franz, solange das möglich war, die Prüfung der Zutretenden sich selber vor: persönlich nahm er jeden in den Bund auf. Er gab den Seinen nun auch ihren Namen vor der Welt, er schöpfte ihn aus dem Herrenwort: »Was ihr getan habt einem unter diesen meinen geringeren Brüdern, das habt ihr mir getan.« So hießen sie die Fratres Minores (Minoriten, Minderbrüder); das Volk nannte sie bald auch Franziskaner, Barfüßer und anderes.

Was bedeutete nun diese Stiftung für die Menschen von damals – was etwa mag sie der Nachwelt sagen?

### *Die neue Imitatio Christi*

Etwa vierzig Jahre vor Franz von Assisi hatte der Kaufmann WALDES von Lyon sich unter ähnlichen Umständen von der Welt abgekehrt. Auch er vernahm und befolgte das Gebot ›Verkaufe, was du hast‹, und er hielt sich buchstäblich an die Worte des Evangeliums, das er sich auf französisch verschaffte, und predigte daraufhin als Laie den Laien. Auch er hatte sich um Anerkennung durch Rom bemüht, hatte sie anfangs auch erhalten. Der Unterschied war: die Waldenser machten sich aus dem buchstäblichen Befolgen des Evangeliums eine Art Gerechtigkeit und konnten bald die römische Kirche nicht mehr verstehen, die so anders lebte als die Urkirche, die den Eid zuließ, das Blutgericht nicht verdammte und die Sakramente auch dann für gültig erklärte, wenn sie durch unwürdige Priester vollzogen wurden. Den

Männern der Kirche wiederum erschienen die Waldenser bald als zu unwissend; und in der Tat dachten diese kaum daran, sich mit den großen Traditionen des Christentums ernsthaft auseinanderzusetzen. Sie fanden, zweifelsohne mit Recht, in vielen Kirchenmännern das Unzulängliche; von ihren eignen Bedingtheiten wußten sie nichts, vielmehr waren sie überzeugt, daß sie mit ihrer Denkweise auf Grund ihrer Übersetzungen das ein für allemal richtige Verständnis der Bibel gefunden hätten. Demnach wurden sie verketzert und gründeten ihre Sonderkirche.

Auch Franziskus war ja kein Gelehrter und wollte es nicht sein. Auch er – und auch der hochgelehrte Papst Innozenz – sah den gewaltigen Abstand zwischen dem Evangelium und der bestehenden Christenheit; es gab damals wenige geistige Menschen, die ihn *nicht* sahen. Allerdings empfanden wohl die meisten, daß eine Weltreligion, in der jeder eben Geborene die Taufe empfing, sich notgedrungen anders regeln müsse als die kleine Wahlgemeinschaft des Neuen Testaments. Darüber hinaus aber empfanden die meisten, und Franz erfaßte es in all seiner Tiefe, daß von ihrem Himmelsgott und Erdenherrn noch ganz anderes ausging und da war als die Bücher der Bibel. Der Ewige war in der Person des Sohnes in Menschengestalt aufgetreten und hatte in seiner Liebesgemeinschaft wie in seinem Sakrament die bleibende Kommunion von Gott und Mensch gestiftet.

Diese Kommunion aber kannte man als das A und O alles Glaubens. Das heilige Mahl der Christen war geistig und irdisch zugleich, jeder echte Gottesdienst war es. Da weilte die Gottheit im Raum, und der Mensch fühlte sich zur Gottheit erhoben. Es wurde nicht ein Andenken gefeiert, sondern die Inkarnation alle Tage erneut. Dafür gab es die Kirche, wie es auch sonst um sie stehen mochte. Und von hier aus sah sich Franz nicht nur äußerlich, sondern aus der innersten Substanz heraus an die Kirche gebunden.

Hätte er in Christi Tagen gelebt! – Alle die alten großen Diener Christi, der Einsiedler ANTONIUS VON THEBEN wie der Mönchsvater BENEDIKT, der Papst GREGOR der Große wie der Kaiser

KARL, der stille Weise ANSELM VON CANTERBURY wie der mystische Streiter BERNHARD VON CLAIRVAUX – sie alle hätten es sich gewünscht, ihren geliebten Herrn mit Augen zu sehen wie einst die Apostel; und unablässig arbeitete dieser Wunsch in Franz von Assisi. Christus war Künder des Geistes, gewiß, aber dieser Geist sprach aus einem Menschenleibe, und das war richtig so: nicht bloß, weil die Sterblichen nun einmal an die sinnliche Erscheinung gebunden sind, sondern vor allem, weil Gott selber die Welt der Erscheinung liebte und seine Geschöpfe als Leibwesen geschaffen hatte. Das Göttliche im Irdischen zu finden, das bedeutete für Franz keine Resignation, sondern Erfüllung des Erdenlebens (in einem höheren Leben mochte es anders sein). Wo aber konnte man Göttliches irdisch finden, wenn doch der Gottmensch nur einmal vor über tausend Jahren dagewesen war? Franz antwortet: im Sakrament von Brot und Wein.

»Ich sehe nichts leibhaftig auf dieser Welt von ihm, dem höchsten Sohne Gottes, als seinen heiligsten Leib und sein heiligstes Blut.« So schreibt es Franz mit Gewicht, und hier ist der absolute, unerschütterliche Grund, weshalb er noch den kümmerlichsten Priester anerkennt und von den Seinen geehrt sehen will: denn nur der Priester kann die Wandlung vollziehen. Die Frage nach seiner Würdigkeit ist von vornherein unmöglich, weil auch der persönlich reinste Priester von sich aus, als schwache Kreatur, nur unwürdig wäre, ein solches Geheimnis zu vollziehen. Man ehrt also im Priester nicht die Person, sondern die ihm zugeteilte Sakramentalgewalt.

Gewiß bedeutete es eine Entsagung, wenn man den Herrn nur im eucharistischen Opfer sehen durfte und nicht Aug in Auge wie einst die Apostel. Aber griff der Unterschied wirklich ins Tiefere? Auch die jüdischen Zeitgenossen sahen in Jesus zunächst nichts anderes als ihresgleichen, den Nazarener, den Sohn des Zimmermanns, den seltsamen Rabbi; darum verurteilten sie ihn denn. Den Gott in ihm zu sehen bedurfte einer besonderen Eingebung. Insofern war es um 1200 nicht so viel anders als damals. »Alle«, so schreibt Franz warnend, »die den Herrn Jesus

Christ in seiner Menschlichkeit gesehen haben und ihn in seiner Geistigkeit und Göttlichkeit nicht sahen und nicht glaubten, er sei Gottes wahrer Sohn, sind verdammt. So auch jetzt: alle, die das Sakrament des Leibes Christi sehen, in der Form von Brot und Wein, und es nicht in seiner Geistigkeit und Göttlichkeit sehen und nicht glauben, daß es wahrhaftig der heiligste Leib und das Blut unsres Herrn Jesus Christus ist, sind verdammt nach dem Zeugnis des Höchsten selbst.«

Es war ja nicht leicht, in der Hostie etwas Leibhaftgöttliches zu sehen. Das war eine alte Erfahrung, und da nun Franz die Forderung einmal so herausgestellt hatte, haben die auf ihn folgenden Generationen bis ins Hoffnungslose darüber gerätselt. Auf alle Fälle bringen es seine Worte zum Ausdruck, daß es mit dem bloßen ›Glauben‹ nicht getan sei. Es bedurfte offenbar eines nachschöpferischen Aktes, damit das geläufige Glauben und gelernte Bekennen etwas von Wahrheit gewinne. Für ein solches Verwirklichen des Glaubens gab nun Franz ein lebendiges, seinen Zeitgenossen neues Vorbild.

Schon in seiner Jugendgeschichte sahen wir, wie er die Worte der Schrift buchstabengetreu nahm, aber nicht deshalb, weil er den Buchstaben zum Götzen machte, sondern weil es ihm gelang, im Buchstaben einen bleibenden, ganz aktuellen Sinn wachzurufen. Bei dieser Art ist er sein Leben lang geblieben. Er hielt es für Pflicht, seinem Meister auf das getreueste nachzuleben, und maß jeden eignen Schritt an dem, was Christus in diesem Augenblick getan haben würde. Der Gedanke der Imitatio Christi bekam durch ihn einen Sinn wie nie zuvor. Das war eben die unendliche Kunst: das Evangelium so von innen her zu verstehen, daß auch seine scheinbar zeitbedingten Züge keiner Umstellung und Deutung bedurften, sondern als notwendige Ausstrahlungen des Wesentlichen aufleuchteten. Es gibt da Beispiele, die noch heute ohne weiteres überzeugen. Als Franz einen Weihnachtstag mit wenigen Brüdern in seiner Einsiedelei von Greccio verbrachte, kam es ihm ein, daß er Heu und Stroh, einen Ochsen und einen Esel bringen ließ, der Wald wurde mit ein paar

Kerzen erleuchtet, einige Hirten und arme Leutlein kamen von selber hinzu, und dann sang er das Evangelium und erzählte als Künder von dem armen Kinde von Bethlehem, dem Könige des Alls. Dies Nachahmen erschien als so wichtig, daß alle Folgezeiten davon lernten. In andern Fällen wirkt sein Nachahmen nur persönlich rührend. Als er sich dem Tode nahefühlte, ließ er Brote bringen, ließ sie, da er selber schon zu schwach dazu war, von einem andern brechen und gab sie den Brüdern zum Essen hin. Nachher fragte er, ob heute Donnerstag sei, und da es verneint wurde, sagte er, er habe es gemeint – am Donnerstag hatte ja der Herr mit seinen Jüngern angesichts des Endes das Brot geteilt.

### *Das Maß des Menschen*

Als das wahrhaft Große und allzeit Maßgebende sah Franz an seinem Herrn die durch nichts einzuschränkende Freiheit und Hoheit des Daseins. Dieser Jesus lebte mit den Seinen ohne Sorge für den kommenden Tag, unbekümmert um Leiden, Schmach und Tod, denen er doch hätte ausweichen können, ein Weltfremder in einem positiven Sinne des Wortes: nämlich einer, der sich in nichts von den Gesinnungen und angeblichen Notwendigkeiten dieser ›Welt‹ abhängig macht. Nicht einmal nach dem Erfolge hatte er gefragt, da er im Sinne der damaligen Weltgewandten als ein durchaus Gescheiterter am Kreuze starb. Gleichwohl hatte er sein Leben nicht als ein weltloser Ekstatiker geführt, sondern als ein Meister, der quer zu seiner Zeit die Werte einer andern Wirklichkeit setzte. Alle seine Verneinungen waren nur der Schatten gewesen des großen Ja, mit dem er als der leibgebundene Mensch, der er war und sein wollte, den Sinn des Schöpfers erfüllte.

Diesen Wertsetzungen seines Meisters lebt Franziskus nach. Das Glück, im Dienste Christi den göttlichen Sinn der Schöpfung zu vollziehen, ist ihm von solcher Art, daß alle erdenklichen Leiden des Erdenlebens demgegenüber belanglos werden. Wenn

Franz besondere Gaben mitbekommen hat, so bedeuten sie für ihn Aufgaben und sonst nichts. Wenn ein Zauber, ja eine Macht von ihm ausgeht, so weiß er, das kommt von seinem Herrn und gehört ihm selber nicht. Wenn man ihm Ehren erweist oder seinen Wünschen entgegenkommt, so findet er für sich darin nur eine Erprobung, ja eine Gefahr: denn wie leicht könnte er damit den bequemen Süchten dieser Welt den kleinen Finger reichen. Gewiß, wirken will er: aber das heißt nicht, er möchte Erfolg für sich haben, sondern allein, er möchte ein Göttliches in den Herzen erwecken. Jenes Göttliche, das ihn selber beseligt.

Wenn es ihm aber schlecht geht, ja wenn er offenkundiges Unrecht erleidet, dann zetert er nicht über die menschliche Bosheit, sondern sagt sich: Mir geschieht nur recht! Kein Mensch hat einen Anspruch darauf, daß es ihm gut gehe, oder auch bloß, daß er von seinesgleichen gut behandelt werde. Aber jeder Mensch hat die Pflicht, Unglück und Unbill als eine nur zu verdiente Buße auf sich zu nehmen, sich dadurch frei über sie zu erheben und daran zu denken, daß der Eine, der ohne Schuld war, in aller Ergebung Ärgeres gelitten hat.

Nicht das Leiden stoisch verachten, nein, aus dem Leiden heraus zur entschiedenen Freiheit durchfinden, das liegt diesem Heiligen am Herzen. Er nimmt das Leiden nicht passiv hin, sondern verwandelt es in eine Aktion der Gottheit. Wunderbar kommt das zum Ausdruck in jener Rede über die vollkommene Freude, die er nach dem achten Kapitel der ›Blümlein‹ seinem Bruder Leo diktiert hätte – die auf alle Fälle ganz seines Geistes ist (S. 11 ff). Oder denken wir an jene Jugendszene zurück, wie er sich vor dem Vater erst versteckt und dann ihm entgegengeht. So hat er immer wieder aus dem Leiden sein eigenstes Handeln erweckt.

Unter den Menschen hat er zu rufen, zu wirken, zu verwandeln: aber für sich selber kann er nichts andres wollen als so, wie es ihm begegnet. Er hat da einen Amor fati von besonderer, höchst eindrucksvoller Prägung. Er lehrt: wer mit dem Schicksal rechte, dem gehe Gott verloren, und am meisten vollkommen sei, wer am schwersten versucht werde. Einen Jünger, der sich über die schlechten Christen in seiner Umgebung beklagt hatte, mahnt er, es als Gnade Gottes zu verstehen, wenn die Menschen – ob nun Außenstehende oder auch Mitbrüder – ihm Schwierigkeiten bereiteten, ja ihn mißhandelten: »Und liebe sie, die dir solches antun, und wolle gar nichts andres von ihnen, als was der Herr dir (durch sie) gibt; und wolle nicht, daß sie bessere Christen seien!« Das ist so unerwartet, daß man das letzte ›nicht‹ kurzerhand hat streichen wollen; aber es ist einwandfrei überliefert. Natürlich meint Franz nicht, der Jünger solle auf die andern nicht zum Guten zu wirken suchen, wohl aber, er möge, statt über andre zu urteilen, zu seinem Lose stehen. Es ist eine Art Auslegung des rätselhaften Gebotes, die Feinde zu lieben.

### *Natur und Wissenschaft*

Mit diesem Amor fati steht Franz ganz von selber mitten in der Natur. Seine Naturliebe hat mit Gefühligkeit nichts zu tun: aus innerem Rechte, als einer, der jenseits alles unwillkürlichen Machens seinen Stand gefunden hat, darf er Tier und Pflanze, Sonne und Mond seine Brüder nennen, und mit reiner Leuchtkraft nennt er im Sonnengesang auch den Tod seinen Bruder. Dies ist urchristliches Wissen: der Kosmos mit all seinen Wesen huldigt dem, der ihn geschaffen hat, der Mensch aber ist dazu da, für diese Huldigung Worte zu finden. So heißt es schon in dem ältesten erhaltenen Liede der Christen: »Alle herrlichen Gotteswerke sollen nicht schweigen und nicht die Sterne, die lichtspendenden, fehlen – die rauschenden Flüsse sollen lobsingen, alle Gewalten sollen einstimmen: Macht sei und Preis dem Geber alles Guten, amen, amen.« So haben im früheren Mittelalter NOTKER, der Dichter, und seine Gefährten, dann HILDEGARD VON BINGEN dieser herrlichen Welt ihre Stimme gegeben.

Auf gleiche und doch neue Weise stand nun Franz von Assisi als ein Liebender unter den Geschöpfen, und die Tiere selber liebten ohne Furcht den asketischen Wanderer. Auch sah man, wie vor ihm die Dämonen zurückwichen, die den Menschen gern den Geist und die Glieder verrenken; und sein eigner Körper, der während der letzten Krankheit in Schmerzen steif geworden war, glänzte nach dem Tode und wurde gelenkig wie der eines zarten Knaben. Wie Franz den Vögeln und Blumen predigte, wie er den bösen Wolf ermahnte oder etwa wie er beim Anblick eines weißen Lammes in Erinnerung an den Heiland so ergriffen war, daß er seinen Mantel als Kaufpreis dafür hergab, davon erzählen die Blümlein und die alten Bilder viel. »Aus allem machte er sich eine Treppe, um zum Thron zu gelangen.«

Einst, schon Jahrtausende vor dem Christentum und in Unterschichten immer fort, hatten die Menschen sich selber als kosmische Wesen gekannt und damit vor der Natur – bei aller Gewalt, die sie ihr oft antaten – in der Tiefe eine heilige Scheu empfunden. Nachdem nun das Christentum vierzig Generationen lang den Ton darauf gelegt hatte, in dem einen Gott den Hochgeistigen zu verehren und in sich selber die Naturtriebe energisch zu bändigen, begann unmerklich, gegen den echten Sinn der Religion, die Natur sich zu entgeisten. Wenn jetzt der Mensch sie zu fürchten hatte, rief er Gott und die Heiligen *gegen* die Natur an; im übrigen aber fand er nichts dabei, wenn er sich Städte baute, Tiere umbrachte, den Boden für sich ausnutzte. Das Feuer war eben nicht mehr ein Geheimnis vom Himmel, die Erde nicht die ehrwürdige Mutter. Willkür und Gewalt an ihnen schienen erlaubt, sofern sie nicht gegen ausdrückliche Bibelworte verstießen.

Hiergegen rief Franz noch einmal den uralten Lebenssinn wach. Jede Gewalt der Menschen war ihm verhaßt. Wenn er den Tieren half, so war ihm das ein Dienst an dem Schöpfergeist, von dem alle Wesen ihren Atem hatten. Er verbot, Bäume so zu fällen, daß sie nicht mehr nachsprießen konnten. Insonderheit heiligte er das Feuer. Er mochte keine Kerze löschen, kein entzündetes Stück Holz ohne Ehrfurcht berühren. Einmal in der waldigen Bergeinsamkeit des Alverno hatte er mit seinen Gefährten das Evangelium gelesen; als sie dann zur Hütte gingen, fanden sie sie brennend. Die andern begannen zu löschen, Franz aber half nicht mit, sondern nahm das Fell, mit dem er sich nachts zudeckte, und ging zurück in den Wald. Die Hütte wurde noch gerettet, Franz selber kam zum Essen wieder hin. Danach aber faßte er sein Urteil in das Wort: »Dies Fell will ich nicht mehr über mir haben, weil ich in meiner Habsucht nicht gewollt habe, daß die Schwester Flamme es verzehre.«

Aber der Mensch sollte auch sein eigenes Schaffen ehren, oder richtiger, sein Schaffen sollte so sein, daß irgend eine Spur des Göttlichen darin war, wie eben in der Natur. Franz zeigt diese Einstellung ebenso merkwürdig wie bedenkenswert in seinem Verhältnis zum Buchstaben. In seiner Zeit, wo man zum Beschreiben außer Tafeln nur das sehr kostbare Pergament hatte, wurde ohnedies nicht viel Müßiges aufgeschrieben. Franz aber meinte, alles Geschriebene müsse geheiligt sein, und prägte die hiermit gegebene Verantwortung auf seine Weise den Zeitgenossen ein. Er mochte nicht einen Buchstaben ohne Scheu anrühren, er ließ nichts Geschriebenes wegwerfen, er ließ selbst Schriften der Heiden nie an Orten liegen, wo sie verkamen – warum? Auch aus ihren Buchstaben könne man Gottes Namen zusammensetzen, und: das Gute in ihnen gehöre nicht den Heiden, sondern Gott. Das ist reine Weisheit in der scheinbaren Einfalt. Wer sich aber bewußt wurde, daß aus den Buchstaben, die er schrieb, einer von Gottes hundert Namen zusammengesetzt werden könne, der wird wohl mit größerer Achtsamkeit geschrieben haben.

Von hier aus wäre manches über das Verhältnis dieses Heiligen zur Wissenschaft zu sagen, die in dem vorangehenden Jahrhundert machtvoll heraufgewachsen war. Es war die Zeit der ersten Universitäten – namentlich Bologna und Paris –, die Zeit, wo man sich mit den Werken des Aristoteles, der Araber und Juden und mit den Lehren der Ketzer produktiv auseinanderzusetzen begann. Franz selber stand den Studien nicht nur äußerlich fern: er liebte sie nicht und wünschte sie für seine Jünger nicht. Er kannte andere Wege. Ein gelehrter Theologe sagte nach einem langen Gespräch mit ihm: »Die Theologie dieses Mannes ist wie ein fliegender Adler; unsre Wissenschaft aber kriecht auf dem

Bauch über die Erde.« Die Wissenschaft baut eben allein auf den Tastsinn; was sich nicht nachtasten läßt, gilt nicht. Franz traute den hellen Augen, die freilich durch strengste Erziehung zu klären waren. Dennoch und auch gerade deshalb hat der Mann, der jeden Buchstaben heiligte, der Wissenschaft der nächsten hundert Jahre unwillkürlich den stärksten Halt gegeben. Sie durfte nun die Schlichtheit, die Liebe, die heilige Eingebung nie aus den Augen verlieren.

## *Predigt und Armut*

Seit der Völkerwanderung, wenn nicht seit noch längerer Zeit, lag der Schwerpunkt aller kirchlichen Aufgaben im Kult. Gesänge, Gebete, Sakramente, Lesungen und Prozessionen, alles nach genauem, heilig gesetztem Ritus – das hieß *Opus Dei,* Gottes Werk; das führte die Gemeinde in das Haus des Herrn und war für die Weltgeistlichen wie auch für die Mönche die eigentliche Pflicht. Gegenüber diesem nach oben gerichteten Tun erschien die nach unten gerichtete Predigt eher als Menschenwerk; und an Seelsorge wurde in dem ohnedies streng geregelten, stammhaft ländlichen Leben wenig beansprucht. Obwohl von den führenden Geistern stets wichtig genommen, wurden daher diese Aufgaben von den Klerikern oft ungestraft vernachlässigt; und den Mönchen, die hinter ihren Klostermauern der *Vita contemplativa* lebten, kamen sie ohnehin nur ausnahmsweise zu.

Indessen, seit dem elften, zwölften Jahrhundert wirkte vieles zusammen – Kirchenreform, Kreuzzüge, Ketzerbewegungen und besonders das Aufblühen der Städte –, um die Predigt wichtiger, ja, um sie zur Notwendigkeit zu machen. Die Bürger wollten Erbauung und Belehrung, oft gar Diskussion; und die armen Leute, die da wenig wurzelfest in den Städten ihren Tagelohn suchten, mußten Seelsorge haben. Daher bekamen seit dem dreizehnten Jahrhundert die Lehre, das sittliche Leben, die karitativen Leistungen einen Akzent wie nie zuvor, bei den Geistlichen wie bei den Laien. Über diesen von Mensch zu Mensch gehenden

Dingen, die ja nicht eigentlich Religion sind, vernachlässigte man zwar das Sakrament keineswegs. Aber indem man die Macht der Sakramente nun leidenschaftlich bis ins Abergläubische herausstellte, gab man unvermerkt zu erkennen, daß das Kommunizieren mit den höheren Mächten nun nicht mehr so unerschütterlich wie einst das ganze Dasein trug.

Nicht mit einem Schlage trat diese Wendung ein. Das Bedürfnis der volkstümlichen Predigt wurde um 1200 erst von wenigen empfunden; und noch war nicht abzusehen, wie die traditionsgebundene, agrarisch fundierte Geistlichkeit sich auf die neuen Aufgaben umstellen könne. Da tat der Spanier DOMINIKUS einen entscheidenden Schritt, indem er, schon vor dem etwas jüngeren Franz ansetzend und parallel zu ihm wirkend, seinen Predigerorden aufbaute. Nicht das zeichnet also den Heiligen von Assisi aus, daß er das gleiche Bedürfnis erkannt hätte – erkannt hat er es wohl überhaupt erst nachträglich, als sein Werk schon im Gange war. Statt vom Bedürfnis und vom kirchlichen Eifer, in welchem Dominikus sich glühend verzehrte, nahm Franz seinen Ausgang allein vom Evangelium. Aus der Hingabe an seinen Herrn fand er zur hingebenden Liebe, zur asketischen Selbstgestaltung, zur Gemeinschaftsgründung, zum priesterlichen Sakrament und so denn auch zur Predigt. Das hing alles natürlich zusammen, und daß es ihm so geradezu und sichtbar aus dem gottmenschlichen Urbilde aufging, daraus entsprang seine große Wirkung. Das Urbild kannten die christlichen Zeitgenossen ja alle, aber nur er vermochte es so in Gegenwart zu verwandeln. Der Eindruck von diesem Prediger war nicht: ›der bringt uns, was wir brauchen‹, sondern: ›der tut die Werke Christi.‹

Und dafür bestand überall eine große Bereitschaft, im Gedränge der Städte wie bei den Hirten auf dem Felde, in den bereits bestehenden Mönchsorden wie am päpstlichen Hofe. Daneben, es ist klar, konnte es an allzumenschlichen Widerständen nicht fehlen, an Unverständnis, Trägheit, Kleinlichkeit, auch an Neid und, dem Heiligen besonders nothaft, an abgöttischer Verehrung. Weit auffallender ist es doch, zumal aus der Entfernung der Jahrhunderte, wie viele große und kleine Menschen diesen so ganz unabhängigen, so streng fordernden, so unzeitgemäßen Künder ernst genommen haben. Unzähligen erschien er als ein neuer Anfang des Christentums. Sie stimmten ihr Leben und Denken nach ihm um, so gut oder schlecht sie eben konnten, während naturgemäß nur die allerwenigsten in seinen Bund einzutreten vermochten.

Je mehr nun Franz seinen Namen sich ausbreiten sah, um so mehr gab er eine bestimmte Siegeslosung an seine Soldaten aus: die Armut. Man sah sie als eine Tugend vor sich, als eine Himmelsgestalt, als eine Fürstin, die man minnte wie der Ritter seine Herrin. Indem Frau Armut unablässig das Opfer des eignen Willens forderte, schied sie ihre Diener von der übrigen Menschheit. Franz verbot jeden Besitz, und Geld durften seine Brüder nicht einmal anrühren: die Übertretung dieses Verbotes wurde mit schmählichsten Strafen belegt. Alles edle Metall gehörte dem höheren Herrn, und einzig im Dienste des Sakraments durfte es seinen Platz haben.

Aber die Gesetze der Frau Armut galten nicht nur für den Einzelbruder, sondern auch für die Gemeinschaft. Sie durfte weder Häuser noch Kirchen zu eigen haben, also auch keine Klöster: die Franziskaner waren eine Armee obdachloser Wanderer, der man leere Häuser zur Leihe überließ. Die Gemeinschaft besaß keine Bücher, sie durfte nicht einmal Tuch zur Einkleidung neuer Brüder bereithalten, auch keine Nahrung für das jährliche Generalkapitel, wo sie bald zu Hunderten und zuletzt zu Tausenden zusammenkamen. Hier ging es allerdings so, daß die Bauern der ganzen Provinz ihre Ehre darein setzten, die Menge der heiligen ›Armen Christi‹ zu ernähren. Aber es versteht sich, daß diese unbedingte Armut zu Schwierigkeiten ohne Ende führte. Für Franz war das wohl nur ein Ausdruck für den ohnedies gegebenen Kampf, in dem die Seinen sich zu bewähren hätten, und dazu eine Mahnung, nur die durchaus Kampftüchtigen in den Bund aufzunehmen. Aber schon zu seinen Lebzeiten und erst recht nach seinem Tode haben zu einem Teil die Brüder, zum weitaus größeren Teil die amtlichen Kirchenlenker allerlei Umgehungen der Armutsgesetze aufgebracht, was dann zu bösen Streitigkeiten und Entzweiungen führen sollte.

### *Die römische Kirche*

In dem Maße, wie die franziskanische Predigt sich ausbreitete, wandte die römische Kurie den Brüdern verstärkte Aufmerksamkeit zu. Die provisorische Billigung durch INNOZENZ III. konnte nicht mehr genügen. Franz selber besuchte wiederholt den päpstlichen Hof, und unter Innozenz' Nachfolger HONORIUS III. (1216-1227) setzte sich der Kardinalbischof UGOLIN VON OSTIA, der spätere Papst GREGOR IX., mit seinem leidenschaftlichen Eifer für die neue Bewegung ein, deren innerliche Motive er schwerlich ganz erfaßt hatte. Er wurde mit der Zeit zu ihrem amtlichen Protektor.

Als Franz in Rom einmal bei Ugolin zu Gast geladen war, erbettelte er sich vor dem Mahle Brot in den Gassen der Stadt, und so setzte er sich zur Tafel, wo er neben dem Kardinal den Ehrenplatz erhielt. Diesem stieg die Röte empor, wie sein heilig-armer Nachbar jene Brocken vorholte; er äußerte, das Mahl würde wohl für alle gereicht haben. Franz aber aß seine Almosen, ja er bot davon den andern Gästen an, Geistlichen wie Rittern, und siehe da: alle nahmen es in andächtiger Freude. Darauf erklärte Franz dem Kardinal, er habe ihm nur Ehre angetan, da er das Brot des Königs Christus an seinen Tisch gebracht habe; die kleinen Leute, von denen er sich's erbettelt, hatten es ihm ja im Namen Christi gegeben.

Das ist wiederum ein Zeugnis für den Königsstolz dieses so bescheiden auftretenden Heiligen und zugleich ein Symbol dafür, wie er zu der gegebenen römischen Kirche stand. Er gliederte sich ihr mit natürlicher Sicherheit ein, aber er behielt sein eignes Gesetz und machte ihr klar, daß das ja auch ihr Urgesetz sei. Nicht an ihn, aber an sie war damit eine Frage gestellt. Entsprechend stand es mit seinem Bunde. Von Anbeginn an hatte

Franz sich ohne Zögern und Vorbehalt dem Papste unterstellt, aber allein für sich selber: der Bund sollte unter seiner Verantwortung keinem andern gehorchen als ihm. Es war den Brüdern verboten, Kirchenämter anzunehmen, denn niemand kann zwei Herren dienen. Damit wollte Franz nicht eine eigne Kirche neben oder gar gegen die römische setzen, sondern mit den Seinen die Seele und Jugendkraft der alten Kirche sein.

Auch kirchliche Schutzbriefe durften die Brüder nicht annehmen, so verlockend es oft sein mochte, gab es doch vorerst viele Bischöfe, die diese noch unbekannten, armseligen Wanderer nicht predigen lassen wollten, wenn sie nicht irgendeinen Ausweis vorzeigen konnten. Aber die Brüder sollten es eben nicht leicht haben, sondern an solchen Widerständen sich bewähren. Als Franz selber in Imola den Bischof um das Predigtrecht bat, wurde er abgewiesen: dafür sei er, der Bischof da, er brauche keinen Fremden. Franz zog sich in allem schuldigen Gehorsam zurück – aber nach einer Stunde kam er wieder. Auf die Frage, was er denn noch wolle, entgegnete er: »Herr, wenn ein Vater seinen Sohn zur einen Türe hinausjagt, soll er durch die andere wieder herein.« Da umarmte ihn der Bischof und gewährte ihm alles.

Das ganze Verhältnis dieses Mannes zu seiner Kirche kommt in solchen Szenen zum Ausdruck. Wenn es zutrifft, daß er Ungesundes an ihr fand oder daß er sich von ihr beengt und bevormundet fühlte, so ist es gewiß, daß das in seinen Augen nur eine Forderung mehr für ihn selber bedeutete. Er durfte sich nicht anbequemen, allerdings aber durfte er schon gar nicht Proteste und Reformforderungen erschallen lassen, wie so manche es taten. Derlei hieß ja nur, sich auf die Ebene stellen, von der sich freizumachen der Sinn seines Lebens war. Daß das Vorschreiten auf seinen so viel steileren Bahnen von ihm und den Seinen eine enorme Selbsterprobung verlangte, mußte ihm jederzeit deutlich sein. Aber auch der Herr des Evangeliums hatte ja von sich und seiner kleinen Wahlgemeinschaft das Äußerste verlangt.

In sieben Jahren der öffentlichen Predigt hatte Franz ein paar hundert um sich geschart und ging nun auf dem Pfingstkapitel aller Brüder, das er bei der Portiuncula in Assisi 1219 abhielt, zur planvollen Welteroberung über. Ein großer Trupp zog nach Deutschland, andre nach Frankreich, nach Spanien und Portugal, nach Ungarn; einzelne wagten die Mission in Tunis und Marokko. Franz selber aber schiffte sich mit zwölf Gefährten nach Ägypten ein, wo eben ein Kreuzheer an der Nilmündung von Damiette stand; er wollte die Ungläubigen in ihrem Kernlande angreifen.

Doch nicht an dem von der Kirche geleiteten Kriegszuge nahm Franz damit teil: er wagte den Versuch, den ganzen Krieg in sich aufzulösen, indem er den Sultan selber bekehrte. So ging er kühn in das Sarazenenlager hinüber, wo er zunächst feindselig empfangen wurde, und erreichte es, daß er dem Sultan vorgeführt wurde. AL-KAMIL, ein großer Fürst und zugleich ein Dichter und Gelehrter, hörte ihn durch Dolmetscher aufmerksam an, mehrere Tage, wie es heißt; inzwischen ließ er ihn frei umhergehen. Nachdem er dem Fremdling Geschenke angeboten, die Franz natürlich ausschlug, entließ er ihn in Ehren. »Bete für mich«, sagte er, »daß Gott mir den Glauben enthülle, der ihm am gefälligsten ist.« Dann befahl er, ihn zu den Kreuzfahrern zurückzugeleiten; Mission in seinem Heere wünschte er nicht.

So endete der dritte und letzte Versuch dieses Getreuen Christi, den ›Ungläubigen‹ zu predigen, die doch auch dem Ewigen dienten. Franz stieß hier auf eine Welt, wo seine Macht erlosch. Der Sultan war derselbe Al-Kamil, der einige Jahre später mit dem Staufer FRIEDRICH II. in freundschaftlichem Briefverkehr mathematische Aufgaben austauschte. Seine verständige Humanität erkannte es an, daß alles an Franz echt war. Aber wenn dieser entweder zu bekehren oder den Martertod zu erleiden hoffte – für solche urchristlichen Spannungen fehlte drüben das Gefühl. Dagegen im Kreuzheer, dessen Unternehmen übrigens kläglich scheiterte, und dann bei den Christen in Syrien vermochte Franz viele neue Brüder zu gewinnen. Doch mußte er Buße dafür leisten, daß er die Grenze, an der ihn das Schicksal zweimal zurückgehalten, nun doch überschritten hatte. Von Ägypten brachte er jene Augenkrankheit heim, die ihn unter schweren Martern allmählich fast blind gemacht hat.

## *Vom Bruderbund zum Mönchsorden*

Und noch andre dunkle Schatten warf diese Fahrt. In dem Jahr seiner Abwesenheit waren zum ersten Mal einige der Seinen offen von seiner Richtschnur abgewichen. Eine führende Gruppe verschärfte damals die Fastengebote des Bundes und glaubte damit etwas Besseres zu sein. Einer versammelte die Aussätzigen um sich, für die der Bund sorgte, und wollte mit ihnen einen gesonderten Orden gründen. Ein Bruder gar, dem die Obhut der Klarissen anvertraut war, verschaffte sich einen päpstlichen Freibrief, daß er die Gegner der Armen Frauen mit dem Bann belegen dürfe. Inzwischen verbreitete sich das Gerücht, Franz sei ums Leben gekommen.

Wäre Franz als Märtyrer im Orient verschwunden, durch einen schweren, aber bildhaften und innerlich sieghaften Tod, er wäre seinen Gefolgsleuten zur Sage geworden, und das hätte seiner Stiftung eine Kraft verliehen, der gegenüber Ordnungsfragen nicht viel bedeuteten. Da ihm jedoch dieser Weg der Nachfolge Christi versagt blieb, so erkannte der Heimkehrende, daß er selber das tun müsse, was er lieber einem nach ihm überlassen hätte. Ungern gewiß und mit manchen Zögerungen verwandelte nun Franz seinen lebendigen Bruderbund in einen geregelten Mönchsorden.

Es lag ja auf der Hand, daß eine Tausendzahl, wie sie jetzt beisammen war, nicht so geleitet werden könne wie ihrer zwölf. Franz ging also zum Papst und erbat sich den Kardinal Ugolin als besonderen Papst für die Seinen. Damit war über die allgemeine römische Aufsicht hinaus eine römische Oberleitung eingesetzt. Im Einvernehmen mit Franz und Ugolin erließ HONORIUS III. ein Gesetz, wonach jeder neu Eintretende ein Probejahr abzuleisten hatte und nach erfolgter Aufnahme den Orden nicht mehr verlassen durfte. Damit wurden die Brüder zu Mönchen. Klöster freilich gab es nach wie vor nicht, der Orden blieb eine einzige mobile Gemeinschaft. An ihrer Spitze sollte fortab ein ›gemeinsamer Diener‹ stehen – ein demütiges Wort, das aber in seiner lateinischen Form ›Generalminister‹ bald genug einen herrscherlichen Klang bekam. Franz ließ seinen Jünger PETER CATANII zu diesem Amte wählen und gelobte ihm als erster Gehorsam.

Da mußte denn auch aus der alten, einst von Innozenz III. mündlich bestätigten Aufzeichnung über ›das Leben des Evangeliums Jesu Christi‹ eine formulierte Ordensregel werden. Nur ergab sich hierbei Schwierigkeit über Schwierigkeit. Jene Aufzeichnung von 1210 war in den verstrichenen elf Jahren – eigentlich ja eine sehr kurze Zeit – je nach den neu auftretenden Bedürfnissen wiederholt erweitert worden, nicht zum Vorteil ihrer Übersichtlichkeit. Überhaupt war sie mehr eine Mahnschrift, eine Sammlung großer Leitworte, als ein Gesetzestext; und grade so, nicht technisch, aber evangelisch, hatte Franz sie gemeint. Aber den Männern der Kurie wie auch den Praktikern und den Gelehrten im Orden schien das nicht mehr genügend. Und nun kam eine noch stärkere Schwierigkeit von außen her: das große Laterankonzil von 1215 hatte aus guten Gründen und ohne jeden Seitenblick auf die noch unscheinbaren Franziskaner den Erlaß neuer Regeln verboten. Wer fortab eine monastische Gruppe eigner Art gründen wollte, der sollte in jedem Falle eine der vorhandenen Regeln zugrundelegen, unter denen die Benedikts die wichtigste war, während die Augustinerregel wegen ihrer skizzenhaften Kürze jeder Neugründung große Freiheiten offenließ. Nun ist klar, daß die Kirche nicht geneigt war, von einem solchen eben erst erlassenen Grundgesetz schon wenige Jahre später abzuweichen. Aber es ist ebenso klar, daß Franz bei aller Demut gegen Rom sich hierin nicht fügen, sondern den ursprünglichen Sinn seines Werkes festhalten wollte.

Auf dem Pfingstkapitel von 1221, wo man die Zahl der Brüder und Novizen auf etwa dreitausend schätzte, fand die entscheidende Auseinandersetzung statt. Ein Kardinal verlangte die Annahme einer bestehenden Regel, die man ja durch eigne Bestimmungen nach Belieben ergänzen konnte – und so hatte letzthin der heilige Dominikus seinen Orden auf Grund der Augustinerregel errichtet. Viele unter den Brüdern, namentlich die Gelehrten, stimmten dem bei. Aber dagegen erhob sich Franz und sprach: »Meine Brüder, meine Brüder! Der Herr hat mich auf dem Wege der Einfalt berufen und mir den Weg der Einfalt gezeigt. Und ich will nicht, daß ihr mir eine Regel nennet, weder vom heiligen Augustin noch vom heiligen Benedikt noch vom heiligen Bernhard. Und der Herr hat mir gesagt, was er wollte: ich solle in der Welt ein neuer Narr sein. Und er hat euch in der Welt auf einem andern Weg führen wollen als dem eurer Wissenschaft.«

Ein *neuer* Narr! Er wußte, daß das Christentum an einer Wende stand. Es lohnt, diesen Satz in seinem außerordentlichen Latein festzuhalten: Et dixit Dominus mihi quod volebat quod essem unus novellus pazzus in mundo. – Dies ist das Kapitel, auf dem Franz über das Thema predigte: Gepriesen sei der Herr mein Gott, der meine Hände zum *Kampf* unterweist.

Tatsächlich setzte Franz die Annahme seiner eignen Regel durch: es war die von 1210 in ihrer erweiterten Form, in der sie noch heute als ›die frühere Regel‹ vorliegt. In ihren 24 Kapitelchen gibt sie viel von seiner persönlichen Weise und ist im Umfang immer erst ein Bruchteil etwa der Regula Benedikts.

In die gleiche Zeit fällt nach der Überlieferung noch ein andres Ordnungswerk, die förmliche Begründung des ›Dritten Ordens‹, der zwar erst später endgültig reguliert wurde. Es handelt sich um die weitere Gemeinschaft jener, die zwar aus irgendwelchen Gründen nicht einfach die Welt zu verlassen vermögen, aber doch an ihrem Platze im Sinne der franziskanischen Predigt als Büßende leben wollen. Die Angehörigen dieser Gemeinschaft sollten zugunsten der Armen allem Überfluß entsagen und strenge kirchliche Zucht halten; nur in seltensten Fällen durften sie Waffen tragen und Eide leisten. Das war denn der Kreis, der das Bild des Franziskus mit all seinen Legenden liebend weitertrug. Größte Namen finden sich unter den franziskanischen Tertiariern: die heilige ELISABETH von Thüringen und der heilige König LUDWIG IX. von Frankreich; DANTE selber; PETRARCA und BOCCACCIO, GIOTTO, RAFFAEL und MICHELANGELO; CERVANTES, LOPE und CALDERON. Die Reihe geht fort bis ins 20. Jahrhundert.

### *Die endgültige Regel und das Testament*

Der Streit um die Regel kam trotz ihrer formellen Annahme nicht zur Ruhe, und schließlich fand Franz selber, daß in dem vorliegenden Text Mahnung und Befehl zu sehr vermischt seien. Die Regel sollte den Seinen himmlisches Brot sein, das gleich dem Abendmahl das Unsterbliche in ihnen nährte; aber in ihrem fließend-lebendigen Reichtum zerfiel sie ihnen in Krümel. Da entschloß er sich, aus den Krumen eine Hostie zu schaffen. Er entwarf die endgültige Regel, die in einem weit strafferen Stil nur ein Drittel der älteren ausmacht. Der persönliche Ton des ›neuen Narren‹ klingt schon deshalb nur noch ferne hindurch, weil Franz seine in der Bergeinsamkeit niedergelegte Urfassung den Kundigen unter den Brüdern und dann der römischen Kurie zur Prüfung übergab. Was er von ihren sprachlichen und sachlichen Änderungswünschen annehmen konnte, kam in die vorliegende Fassung hinein; nicht weniges wurde aus seinem Entwurf gestrichen. Er hat dann das Ganze gebilligt, und der Papst gab ihm die feierliche Bestätigung (1223).

So war es geworden, und so mußte es nun sein. Der Gedanke, in dem Text auch weiterhin den eignen Entwurf und die Beiträge der andern zu unterscheiden, konnte einem Franz von Assisi nicht beikommen, er hätte ihn nicht bloß als müßig, sondern geradezu als gottlos empfunden. Da er sein Ja gesagt hatte, war die Regel in unverrückbarer Wirklichkeit die seine. So wie sie war,

war sie ihm Gottes Stimme. Nicht auf dem Buchstaben beruhte ja der Orden, sondern auf dem Lebenshauch, der von dem Gründer ausging und die an sich toten Buchstaben mitbeseelte. Mit all ihrer Wichtigkeit fixierte die Regel also nur etwas, was auch ohne sie da sein sollte. Und hier hatte sich mit der Zeit doch Wesentliches geändert. Einst in den Anfängen seines Auftretens hatte Franz selber das Bedürfnis empfunden, in der Form einer regelähnlichen Niederschrift die Leitgedanken des in Taten noch unbewährten Bundes aufzustellen. Jetzt aber, wo der große Gang seines Lebens allen vor Augen stand, wo seine Nachfolge Christi in Männern und Frauen aller Völker aus der Idee zur Tat geworden war, jetzt stand das Beispiel offen und bildhaft vor Augen; und nicht mehr vorschwebende Leitziele, sondern den festen Rückhalt hatte die Regel nun zu geben.

Gleichwohl blieb eine tiefere Frage offen. Die Regel war dasjenige, was jeder Minderbruder bei sich tragen sollte, sozusagen sein einziger Besitz. Wenn nun der Gründer mit seiner eignen Stimme nur noch fernher in ihr vernehmlich war, wenn darüber hinaus allein mündliche Überlieferungen von ihm zu all denen sprachen, die ihr ganzes Dasein seiner Führung unterstellt hatten – hatte dann Franz das Seine wirklich getan? Mußte er nicht jedem Einzelnen unter den Brüdern, den gegenwärtigen wie den zukünftigen, sein persönliches Wort mitgeben, etwas unvertauschbar Eigenes, woran jeder sich nach seiner besonderen Art heranbilden konnte, unabhängig von indirekten Belehrungen und Deutungen? Zur Regel gehörte es nun einmal (so wenig Franz das liebte), daß man ihre Sätze beredete, erläuterte, mehr oder minder maßgebend glossierte. Um so mehr bedurfte es neben der Regel eines rein menschlichen Wortes, das dank seiner bezwingenden Beseeltheit jede erdenkbare Auslegung hinter sich zurückließ.

So verfaßte Franz gegen Lebensende sein Testament mit dem Befehl, daß jeder Minorit es neben der Regel ständig bei sich trage. Mit Recht verwahrte er sich dagegen, daß dies nun eine zweite Regel sei; viele Kurzsichtige allerdings haben ihn damals wie heute hierin nicht begriffen. Aber eben: Wenn die Regel bestimmt, daß die Brüder, denen es zugeteilt wird, Lohnarbeit verrichten sollen (Kap. 5), so liegt es nahe, über Art und Umfang dieser Verpflichtung zu diskutieren. Wenn hingegen das Testament sagt: Ich habe Handarbeit getan und will sie weiter tun, und alle andern Brüder sollen das auch – so ist da nichts zu diskutieren. Vielmehr wird auf den Lebenssinn der Arbeit verwiesen, den jeder auf seine Weise bestätigen soll. Darum gehören Regel und Testament zusammen. Die Regel macht Mönche. Das Testament macht die Mönche zu Jüngern, Brüdern, Vollziehern eines göttlichen Sinnes

### *Der Sonnengesang und die Wundmale*

Franziskus hat den Erlaß der endgültigen Regel nicht lange überlebt. An dem Kapitel, wo sie den Brüdern feierlich verkündigt wurde, nahm er nur mit einem Briefe teil und verbrachte seine heiligsten Zeiten im einsamen Gebirge. Während der Orden, von seinem General verwaltet, von seinem Kardinal und der Kurie überwacht, sich tätig ausbreitete, lenkte Franz ihn nur aus der Ferne und ohne Amt. Um so mehr schenkte er ihm ein inneres Vorbild der Treue und des christlichen Sieges. Während sein Körper die Kräfte verlor, gab er es doch nicht auf, umherzuziehen und karg zu leben wie je. Seine Augenkrankheit wurde so schlimm, daß er monatelang völlig lichtblind in einer finstern Hütte liegen mußte, wo die Mäuse ihm weder zu Schlaf noch zu Gebet die Ruhe lassen wollten. Statt etwas dagegen zu unternehmen – überall hätte man ihn mit der größten Hingebung aufgenommen –, rettete er sich nach einer Stunde, die den so Erprobten denn doch der Verzweiflung nahe brachte, durch ein neues Werk. Er fand den Sonnengesang: den Dank an Gott für alle Kreaturen, die der Mensch mißbrauchte. Es war sein erstes und einziges Gedicht: nicht in irgendwelchen Kunstformen, sondern in der urchristlichen Form der Psalmodie. Zugleich war es das erste Gedicht in italienischer Sprache, das wir kennen. Die

Hymne wurde, solange Franz lebte, nicht aufgeschrieben. Er prägte sie den Brüdern mündlich ein und dachte sie mit diesem Sang als Spielleute des Herrn in alle Welt zu senden.

So verbrachte er zwei Jahre in äußerem Elend und innerer Freiheit. Der Orden wuchs und wuchs, die früher mißtrauisch empfangenen und gar verfolgten Bettelmönche wurden nun in der weiten Welt freundlich aufgenommen, ja dringend herbeigewünscht; die große Organisation der römischen Kirche ebnete ihnen die Wege und sicherte auf allerlei Weise ihren Unterhalt, ohne daß der Orden selber formell etwas besaß. Nur um so dringlicher wurde es dem Stifter, jenen Geist der Unbedingtheit, auf den er sein Werk gestellt hatte, mit seinen geminderten Kräften ungemindert zu verwirklichen. Er dachte in entlegenen Gegenden, wo keiner ihn kenne, verachtet wie einst, die härteste Zucht zu erneuern; er wollte zu den Aussätzigen zurückkehren, um ihnen zu dienen. Er umgab sich mit einer erlesenen Schar von Jüngern, um immer neu seinen Geist zu pflanzen und zu pflegen.

Aber jetzt versagte ihm der Körper. Er ließ sich nach Assisi bringen – und hätte er weggewollt, das Volk von Assisi hätte ihn mit Gewalt gehindert, um den Leib des mächtigen Heiligen auf jeden Fall in seinen Mauern zu bewahren. Franz schrieb sein Testament, ein Abschiedswort für all die Brüder in der Ferne des Raumes wie der Zeit. Als der Arzt ihn aufgab, dichtete er noch als Ausklang des Sonnenhymnus den Preis des Todes. Dann wurde er nach der Portiuncula getragen, jener Stätte seiner Erwählung und seines ersten Aufbruchs in die Welt. Dort ließ er sich das Evangelium der Passion vorlesen, legte sich nackt, wie sein Herr am Kreuz, auf die nackte Erde, und nachdem er von einem Bruder wie ein Almosen einen fremden Rock angenommen, starb er. Es war der 3. Oktober 1226.

Als er tot war, konnten alle das sehen und fassen, was zwei Jahre lang nur den Vertrautesten bekannt gewesen war: er trug Narben wie von durchgeschlagenen Nägeln an Händen und Füßen und ein klaffendes Wundmal an der Seite. Stigmatisierte hat es seither viele gegeben; hier war der erste. Schon Paulus hatte gesagt, und mancher Heilige hatte es nachempfunden, durch Christus sei die Welt ihm gekreuzigt und er der Welt: er trage die Wundmale des Herrn an seinem Leibe. Das hieß, er war ihm bis ins letzte anverwandelt, er war nicht mehr als ein Glied am Leibe Christi, in ihm lebte Christus. Das war – in einem hoch verbindlichen Sinne – geistig gemeint. In Franz von Assisi verwandelte es sich ins Körperliche: den Zeiten nach ihm ein ungeheures Sinnbild, aber freilich auch ein Signal der Entfernung von dem, was einst das Kreuz und die Gegenwart Christi gewesen waren.

Hatte man früher in der Passion Christi den triumphalen Kampf gesehen, darin der Welterlöser ›hingeopfert Sieger blieb‹, während der besiegte Tod in seiner Ohnmacht verhöhnt wurde, so stellte man sich nun das ›Haupt voll Blut und Wunden‹ und alles Grausige des Allzumenschlichen vor Augen. Hatten die Künstler einst jedes Abbilden des Leidens verpönt, dann die Kreuzigung als kosmisches Ereignis dargestellt und die Bilder der Pein, wo es sie gab, denen der Herrlichkeit tief untergeordnet, so widmeten sie sich nun den blutrünstigen Themen des Schmerzensmannes, der Pietà und des schmählich gebrochenen Crucifixus, deren naturnahe Darstellung in die Mitte der religiösen Vorstellungswelt rückte. Hatten die Christen einst in ihrem Herrn den allmächtigen Verwandler gesehen, der sie so hoch erhob, daß ihnen physisches Leiden, Angst und Tod nur noch wenig bedeuteten, so kamen nun die Zeiten, wo sie in Christus den armen Menschen sahen und Angst und Tod ihnen Lieblingsworte wurden. Und diese Umwertungen schienen sich grade auf Franz von Assisi berufen zu können.

Franz sah diese neue Wirklichkeit heraufziehen – und wer, der in ihr stand, wußte noch recht von der alten? Es geschah nach der Verkündigung seiner endgültigen Regel, also nach dem Abschluß seines Ordenswerkes, daß er sich mit wenigen Genossen in die Bergeinsamkeit des Alverno zurückzog. Und da, ganz seinen heiligsten Sorgen hingegeben, erfuhr er, um welchen Loses willen das körperliche Martyrium ihm versagt war. Da rang er mit den furchtbarsten Geistern, die die christliche Nacht ihm emporsenden konnte. Da sah er vor sich das Schicksal einer Welt, über die nicht mehr das kosmische Kreuz, sondern der irdisch Gekreuzigte regierte – und es schossen auf den glühendsten Beter die Todeszeichen seines Gottes vom Himmel zur Erde. Es war, so melden die Geschichten, am Festtag der Kreuzerhöhung, 1224 Jahre nach des Heilands Geburt: vielleicht die denkwürdigste Stunde des christlichen Äons.

### *Wirkung und Wesen*

Der Historiker kann wohl in jedem Jahrhundert den Beginn eines neuen Zeitalters finden. Aber das dreizehnte Jahrhundert hebt sich dadurch von den voraufgehenden ab, daß weite Kreise sich damals eines Neubeginns entschieden bewußt waren. Bis dahin hatten die Christen, vom Glauben an die Nähe des Jüngsten Tages geleitet, zukünftige Erdenjahrhunderte kaum in Betracht ziehen können. Aber kurz vor 1200 hatte der süditalienische Abt Joachim von Fiore die Idee formuliert, daß noch eine lange Zukunft der Christenheit, ein Zeitalter des Geistes, zu erwarten sei. Als nun Franz von Assisi auftrat, als er, durch die Wundmale Christi unvergleichlich ausgezeichnet, unter die großen Heiligen erhoben wurde, da galt er vielen als derjenige, der das neue Zeitalter heraufführte, als das berufene Nach- und Neubild Jesu Christi.

So haben die spiritualen Franziskaner ihn geschildert. Aber auch aus der weiten Ferne betrachtet, bezeichnet das mit Franziskus anhebende Jahrhundert eine sichtbare Wende der christlichen Geschichte, die gewiß nicht unvorbereitet kam. Im Leben der Kirche, des Staates und der Gesellschaft wurde es zu einem Zeitalter der großen Entscheidungen. Ein neues Streben und Denken, das mit dem Namen Renaissance nur teilhaft umfaßt wird, arbeitete sich empor. Sehr vieles wäre darüber zu sagen, und kein Zweifel besteht, daß Franziskus und sein Orden an diesen Wandlungen als starke Kräfte beteiligt waren.

Doch immer wieder führen die Aus- und Nachwirkungen auf ihn selber zurück, diesen Mann, der seinen dreifachen Orden, und was sonst von ihm ausging, so ganz auf das lebendige Vorbild gegründet hatte. Wie vor ihm in einer noch fester umschlossenen Zeit Bernhard von Clairvaux, wie nach ihm in voller Gelöstheit Dante, so fühlte Franz von Assisi die Kräfte wie die Nöte des christlichen Kosmos in seiner einen Seele. Hier erlitt, hier bewältigte und gestaltete er sie; und damit fiel alles, was in seiner Zeit christlich war, unter seine Macht. Keiner hatte eine Frage oder Verwirrung, deren Lösung er nicht besaß, keiner ein Geheimnis, das er nicht erriet: er hatte das Gesetz, das alle Erscheinungen seiner Weltenstunde erklärte.

In Begriffen sind solche Gesetze nicht faßbar. Sie werden gelebt, und indem wir den Gang eines Lebens als groß, sinnvoll, notwendig begreifen, kommen wir dem Ganzen jener Weltenstunde nahe. So ist nicht eigentlich Franz aus seiner Zeit heraus zu erklären, sondern eher umgekehrt. Indem wir dieser außerordentlichen Natur näherkommen, erfassen wir etwas vom Leben des abendländischen Geistes.

*Wolfram von den Steinen*

## *Das Neue Testament*

Synoptische Ausgabe
in vier Sprachen

Die Frohe Botschaft, die in über 2000 Jahren viel bewirkt hat und ein ständiges Bedürfnis nach neuen, zeitgemäßen Anpassungen weckt, hier zurückgebracht auf ihre ursprüngliche Form und ihre drei nachhaltigsten Übertragungen:

- in der griechischen Urfassung und Grundlage für alles Weitere
- in der lateinischen Vulgata, als Sprache der Kirche von gewaltiger Ausstrahlung
- in der Übersetzung Martin Luthers, dem größten sprachschöpferischen Ereignis der deutschen Literatur
- in der gleicherweise bedeutsamen Version der ›King James Bible‹ von 1611, die das heutige Englisch mitgeprägt hat.

Ein typographisches Wunderwerk aus dem Jahre MDCCCLVIII. Die vier Fassungen stehen zum Vergleich nebeneinander als übersichtliches Stück Religions-, Kultur- und vor allem Sprachgeschichte. Ein Handbuch für alle, die sich mit Literatur abgeben oder die mit dem Übersetzen zu tun haben.

»Noch immer ist die alt-neue Bibel das menschlichste, das vielfältigste, das wichtigste, das tiefste und höchste Erzählwerk der Welt. Wer den Menschen angesiedelt sieht zwischen dem Affen und dem atomaren Holocaust, dem möge die Bibel ihren Trost spenden bis zum jüngsten und ältesten Tag.« *Rudolf Augstein*

## *Lobet den Herrn*

Gebete großer Dichter und Denker.
Gesammelt von Christian Strich.
Mit einem Vorwort von Thomas Merton
und einem Essay von Alexis Carrel

Gebete großer Dichter und Denker aus eineinhalb Jahrtausenden, von Augustinus, Walther von der Vogelweide, Franz von Assisi, Thomas von Aquin, Francesco Petrarca, Katharina von Siena, Albrecht Dürer, Michelangelo, Martin Luther, Johann Wolfgang von Goethe, Friedrich Hölderlin, Heinrich von Kleist, Annette von Droste-Hülshoff, Eduard Mörike, Sören Kierkegaard, Theodor Fontane u.v.a.

»Das kräftigste Gebet ist das, das da hervorgeht aus einem ledigen Gemüt. Je lediger dieses ist, desto würdiger und vollkommener ist das Gebet und das Werk. Das ist ein lediges Gemüt, das durch nichts verwirrt und an nichts gebunden ist.« *Meister Eckehart*

»Beten ist eine Erhebung des Herzens zu dem Absoluten, das an und für sich die Liebe ist und nichts für sich hat; die Andacht selber wird die Gewährung, die Bitte selber die Seligkeit…«
*Georg Wilhelm Friedrich Hegel*

# Thomas a Kempis
## *Die Nachfolge Christi*

Ein kernhafter Auszug aus
›De imitatione Christi‹
Nach dem lateinischen Urtext
bearbeitet und mit Anmerkungen
herausgegeben von E. A. Kernwart

Dieses Werk faßt die Grundtendenzen der mittelalterlichen Mystik zusammen. Es erschien erstmals 1470 in lateinischer Sprache und fand durch all die Jahrhunderte ungeheure Verbreitung und Resonanz. Als christliches Erbauungsbuch hat es bis heute seine Bedeutung bewahrt.

»Die *Nachfolge Christi* ist eins der vortrefflichsten Werke, die je verfaßt worden sind. Wohl dem, der nach dem Inhalte dieses Buches lebt und sich nicht damit begnügt, dasselbe bloß zu bewundern.«
*Gottfried Wilhelm Leibniz*

»Nächst der Bibel das verbreitetste Buch der Erde und von Katholiken und Protestanten gleich begierig gelesen, in alle europäischen und in zahlreiche außereuropäische Sprachen übersetzt. Es popularisiert die Lehre der großen Mystiker auf eine sehr edle, freie und kraftvolle Art.« *Egon Friedell*

»Was brachte und was bringt diesem verbreitetsten Brevier bis zu unseren Tagen den Enthusiasmus von Millionen? Es ist ein schlichtes Buch, jedem verständlich. Es ist ein undogmatisches Buch, mehr ein Ratgeber für die Lebensführung als eine Aussage über die transzendente Welt. Es vermittelt nicht subtile Einsichten, sondern löst Konflikte, aus denen jeder herauskommen möchte. Es polemisiert nicht nur gegen kompliziertes Wissen, auch gegen die Überschätzung jeden Könnens außer dem einzigen, das Thomas für wichtig hielt: der Kunst, mit sich ins reine zu kommen.« *Ludwig Marcuse*

Teresa von Avila

*Die innere Burg*

Herausgegeben und übersetzt von
Fritz Vogelgsang

»Teresa war mitnichten, was man sich unter einem klösterlichen Geschöpf vorstellt, weder dem Leibe noch der Seele noch dem Geiste nach, was alles auf höchste Aktivität gestellt war. Die frommen Bücher langweilten sie nicht weniger als das obligate Hersagen der Gebete. Sie wünschte, daß man von Herzen fröhlich sei und sich damit beschäftige, die anderen zu erheitern. Und daß man sich sehr hüten solle, ›seinem Geist zu entfliehen‹, wenn man so glücklich sei, einen zu haben. Alle großen Einsiedler und Mönche waren mächtige und heroische Liebhaber der Wirklichkeit, welche die Fackel des Lebens weitergaben, nie vom Leben flüchtende Feiglinge und selbstische Visionäre. Mit Verfall quittiert die Kirche, wenn ihrem geistigen Leben die mystische Nahrung aus diesem Elan vital versagt bleibt.« *Franz Blei*

»An Teresa darf nicht das Normalmaß gelegt werden. Sie ist ein Phänomen, wie es nicht in jedem Jahrhundert vorkommt.« *Walter Nigg*

Ernest Renan

*Das Leben Jesu*

Vom Verfasser autorisierte Übertragung aus dem Französischen

»Renans *Leben Jesu* ist eine exquisite Bijouteriearbeit. Er macht aus der Passionsgeschichte eine schimmernde Idylle, ›une délicieuse pastorale‹... Der eingeborene Sohn Gottes, tiefste Mitwisser seiner Geheimnisse und höchste Mandatar seines Willens, der die Pole der Welt vertauscht, alles umgeworfen und das Antlitz der Erde verwandelt hat, ist bei Renan ein liebenswürdiger Wanderprediger, naiver Seelenhirte und heiterer Volksfreund... Renan war kein bloßer Vergleicher von Textbrocken und disputierender Hegelianer wie Strauß, der Verfasser jenes Stuben- und Lampenbuchs, sondern ein Orientalist im umfassendsten Sinne des Wortes: Kenner aller kleinasitischen Sprachen, Glaubensdialekte und Lebensformen, Archäolog, Geograph, Ethnograph, Folklorist, vor allem Psycholog. Und dazu kam noch seine ungeheure künstlerische Überlegenheit. Die Straußische Arbeit ist ein philologisch-dialektischer Sandhaufen, die seinige eine Porzellankostbarkeit, jene ein obstinates Pastorengebrumme, diese ein Stück Kammermusik.«
*Egon Friedell*

»Ich habe Renans *Leben Jesu* gelesen: es ist gut geschrieben und darin in vieler Beziehung ein Muster: das Temperament ist ergötzlich. Die Erzählung vom Tod werde ich vielleicht für Dich übersetzen.«
*James Joyce an Stanislaus Joyce*

»Renans *Leben Jesu* ist das köstlichste Fünfte Evangelium, man könnte es das Thomas-Evangelium nennen.« *Oscar Wilde*

# Meister Eckehart
## *Deutsche Predigten und Traktate*

Herausgegeben und übersetzt von
Josef Quint

»Der stärkste Kopf, der energischste, radikalste Denker unter den Mystikern, der, welcher das zu Verschweigende am eindringlichsten bewußt gemacht hat, war Meister Eckehart. Lange bevor die ›Entmythologisierung‹ erfunden wurde, war er der radikalste Entmythologisierer.
Eckehart war die Aufklärung – ohne Verklärung, war aufgeklärter als die Aufklärung. Er war in der Tat viel gefährlicher als später Luther, als die Entlarvung des Priester-Betrugs im achtzehnten Jahrhundert, als der harmlose Atheist des zwanzigsten. Eckehart deckte den ›Abgrund‹ auf, den alle Religionen und Philosophien zudeckten.« *Ludwig Marcuse*

»Meister Eckehart ist einer der tiefsten und universellsten Köpfe, die Deutschland hervorgebracht hat – eine eigenartige Kreuzung aus einem kristallklaren Denker, einem Dichter von unvergleichlicher Wucht, Plastik und Originalität der Bildsprache und einem religiösen Genie.« *Egon Friedell*

»Eckehart hat den Unterschied zwischen Haben und Sein mit einer Eindringlichkeit und Klarheit beschrieben und analysiert, wie sie von niemandem je wieder erreicht worden ist.« *Erich Fromm*

# *Dichter und Denker im Diogenes Verlag*

Roman. Aus dem Lateinischen von Alfred Hartmann. Mit einem Porträt des Autors von Erasmus von Rotterdam

## ● Friedrich Nietzsche

*Vom Nutzen und Nachteil der Historie für das Leben*

Herausgegeben und mit einem Nachwort von Michael Landmann

*Brevier*

Ausgewählt, herausgegeben und mit einem Vorwort von Wolfgang Kraus

## ● George Orwell

*Im Innern des Wals*

Erzählungen und Essays. Aus dem Englischen von Felix Gasbarra und Peter Naujack

*Rache ist sauer*

Essays. Deutsch von Felix Gasbarra, Peter Naujack und Claudia Schmölders

## ● Arthur Schopenhauer

*Aphorismen zur Lebensweisheit*

Textidentisch mit Band 8 der ›Zürcher Ausgabe‹. Herausgegeben von Arthur Hübscher. Mit einem Nachwort von Egon Friedell

## ● Stendhal

*Über die Liebe*

Essay. Aus dem Französischen von Franz Hessel. Mit Fragmenten, einem Anhang aus dem Nachlaß des Autors und einer Anmerkung von Franz Blei

## ● Henry David Thoreau

*Walden oder Leben in den Wäldern*

Essay. Aus dem Amerikanischen von Emma Emmerich und Tatjana Fischer. Mit einem Vorwort von Walter E. Richartz. Mit Anmerkungen, Sach- und Namenregister sowie Chronik

*Über die Pflicht zum Ungehorsam gegen den Staat/Civil Disobedience*

Essay. Zweisprachige Ausgabe. Deutsch von Walter E. Richartz. Mit einem Nachwort von Manfred Allié, mit Anmerkungen und einer Zeittafel

*Vom Spazieren*

Essay. Deutsch von Dirk van Gunsteren

## ● Wie soll man leben?

Anton Čechov liest Marc Aurel. Aus dem Russischen übersetzt, herausgegeben und mit einem Vorwort von Peter Urban

## ● Oscar Wilde

*Der Sozialismus und die Seele des Menschen*

Ein Essay. Aus dem Englischen von Gustav Landauer und Hedwig Lachmann. Frontispiz von Walter Crane